# REDES SOCIAIS DE PROTEÇÃO INTEGRAL À CRIANÇA E AO ADOLESCENTE

FUNDAÇÃO EDITORA DA UNESP

*Presidente do Conselho Curador*
Herman Jacobus Cornelis Voorwald

*Diretor-Presidente*
José Castilho Marques Neto

*Editor Executivo*
Jézio Hernani Bomfim Gutierre

*Conselho Editorial Acadêmico*
Alberto Tsuyoshi Ikeda
Célia Aparecida Ferreira Tolentino
Eda Maria Góes
Elisabeth Criscuolo Urbinati
Ildeberto Muniz de Almeida
Luiz Gonzaga Marchezan
Nilson Ghirardello
Paulo César Corrêa Borges
Sérgio Vicente Motta
Vicente Pleitez

*Editores Assistentes*
Anderson Nobara
Henrique Zanardi
Jorge Pereira Filho

LUCIANO ANTONIO FURINI

# REDES SOCIAIS DE PROTEÇÃO INTEGRAL À CRIANÇA E AO ADOLESCENTE

FALÁCIA OU EFICÁCIA?

© 2011 Editora UNESP

Direitos de publicação reservados à:
Fundação Editora da UNESP (FEU)
Praça da Sé, 108
01001-900 – São Paulo – SP
Tel.: (0xx11) 3242-7171
Fax: (0xx11) 3242-7172
www.editoraunesp.com.br
feu@editora.unesp.br

CIP – BRASIL. Catalogação na fonte
Sindicato Nacional dos Editores de Livros, RJ

F983r

Furini, Luciano Antonio
   Redes sociais de proteção integral à criança e ao adolescente: falácia ou eficácia? / Luciano Antonio Furini. São Paulo: Unesp, 2011.
   il.

Inclui bibliografia
ISBN 978-85-393-0103-4

1. Redes de relações sociais. 2. Assistência social. 3. Bem-estar social. 4. Direitos das crianças – Brasil. 5. Direitos dos adolescentes – Brasil. I. Título.

11-1495.                                             CDD: 302.3
                                                         CDU: 316.472.4

Este livro é publicado pelo projeto *Edição de Textos de Docentes e Pós-Graduados da UNESP* – Pró-Reitoria de Pós-Graduação da UNESP (PROPG) / Fundação Editora da UNESP (FEU)

Editora afiliada:

Asociación de Editoriales Universitarias de América Latina y el Caribe

Associação Brasileira de Editoras Universitárias

*Este livro é dedicado a todos que o tornaram possível.*

*Obrigado!*

# SUMÁRIO

Introdução   9

1   A proteção integral à criança e ao adolescente   23
2   Infância e adolescência distantes da proteção integral   91
3   A política dos saberes   111
4   Representações sociais   135
5   Redes sociais   167

Conclusão   217
Referências bibliográficas   227
Anexo   235

# INTRODUÇÃO

A sociedade brasileira é caracterizada pelas desigualdades sociais, em várias escalas. Paisagens revelam contrastes nas formas de ocupação do solo, regiões apresentam disparidades na capacidade produtiva, cidades contextualizam extrema diversidade intraurbana e interurbana, lugares contrapõem resquícios culturais variados e os brasileiros representam todas essas diferenças em meio à formação da memória coletiva e aos agrupamentos sociais aos quais pertencem, subjetivando as desigualdades sociais segundo tais representações.

A condição de vida dos brasileiros está sempre ameaçada pela instabilidade social e suas consequências econômicas, políticas e culturais, entre outras, em que a justiça social é descaracterizada e perde o sentido, transformada em acessório complementar à dominação imposta.

Nesse contexto, surgem diversas formas de enfrentamento das desigualdades sociais ou de suas consequências, fazendo emergir questionamentos sobre suas intencionalidades e os resultados por elas alcançados.

É em meio a essa complexidade que as redes sociais se formam buscando alcançar diferentes objetivos. Compreender como as redes sociais se caracterizam como importante mediador, tanto no âmbito teórico, ao revelar as formas de organização socioespacial, quanto na prática, ao potencializar transformações sociais, é o que buscamos neste trabalho.

A relação entre esfera pública e privada no Brasil guarda aspectos bastante específicos, embora se insira em um contexto global de certa homogeneidade quanto à forma de organização social. No Brasil da segunda metade do século XX, após um período que vai da fase do autoritarismo ditatorial, nas décadas de 1960 e 1970, passando pela fase da *redemocratização*, na década de 1980, até a fase de *abertura e flexibilização*, na década de 1990, as relações entre as esferas pública e privada no trato da questão social oscilam entre as concepções que apontam a centralidade do Estado (seguridade social), do *mercado* ou de um suposto *terceiro setor*,[1] como ambientes adequados ao enfrentamento das desigualdades sociais.

No início do século XXI, encontramos aspectos relacionados a essas três supostas fases. A estrutura hierárquica, com os excessos burocráticos dos órgãos públicos, guarda aspectos da primeira fase. O ímpeto transformador de tendência à criação de espaços de participação popular guarda aspectos da segunda, e o surgimento de diversos tipos de organizações não governamentais é herança da terceira.

Em meio a esse conjunto de fatores, as relações entre esfera pública e privada ganham novo contorno. Pessoas e instituições estabelecem relações contraditórias, segundo as quais instituições de ímpeto participativo perdem força nas mãos de pessoas com perfil autoritário, segundo moldes hierárquicos; pessoas de ímpeto participativo são como que adestradas, em razão do tipo de organização da instituição a que pertencem ou da burocracia que enfrentam para atuar.

Desse modo, uma das características do período atual é a velocidade dos avanços tecnológicos em meio a ambientes que abrigam concomitantemente hierarquia e tradição. Essa realidade contemporânea gerou modos de organização passíveis de assimilar essa velocidade das transformações, tais como alguns tipos de redes sociais. Os canais de comunicação[2] em rede estabelecem uma lógica no espaço geográfico que constitui uma *linguagem* diferenciada. Essa nova linguagem encerra tendências à perpetuação do acúmulo de informações, saberes e poder em prol dos que detêm, controlam ou manipulam a comunicação, impedindo, por meio de reestruturações, que as iniciativas tradicionais contrárias a essa lógica possam realizar transformações significativas.

É certo que a corrupção das estruturas participativas, por meio das lógicas hierárquica, burocrática ou de tendência ao fortalecimento dos grupos

---

1 Considerando o Estado como primeiro setor e o mercado como segundo setor, teóricos buscam cunhar o terceiro setor como o *social*, distanciando analítica e estrategicamente o Estado e o mercado das responsabilidades sociais. Montaño (2003) revela várias debilidades da noção de terceiro setor e considera sua construção teórica e sua aplicação prática como uma estratégia para desresponsabilizar o Estado e o capital da ação social.

2 A comunicação em questão é ampla e implica um emaranhado de conexões com diversos tipos de emissores, receptores, canais e objetos.

de interesses, ocorre no âmbito social. As redes sociais temáticas, caso alcancem tendência à autonomia,[3] surgem como âmbitos possíveis de superação dessa limitação.

Estabelecemos algumas referências básicas por meio de recortes e delimitações que permitiram conhecer as quantidades e qualidades próprias da rede e do segmento populacional pesquisado. Assim, para construir nosso objeto de pesquisa, procedemos da seguinte forma. Primeiro, identificamos o fenômeno da proteção da criança e do adolescente na escala municipal em uma cidade média. Em seguida, transformamos esse fenômeno em objeto analisável por meio da utilização do âmbito temático, no qual foi considerado como um tema que pode ser delimitado, tornando-se passível de correlação. A partir daí, pudemos analisar as particularidades do tema por meio de três perspectivas mais amplas.

A primeira perspectiva está relacionada à *complexidade ideológica*, na qual os limites da noção de ideologia encerram problemas que procuramos *considerar* por meio da abordagem epistemológica, com base na hipótese de que existe algo na sociedade que é irrepresentável e que a maior aproximação em relação a ele se dá pelo grau de certeza do conhecimento contido nos saberes espacializados.

A segunda perspectiva se relaciona ao posicionamento dos agentes que atuam em relação ao tema, que procuramos abordar por meio da Teoria das Representações Sociais e da Teoria do Núcleo Central, utilizando a perspectiva do Grupo Midi[4] para comparar as representações de um mesmo

---

3 Propomos *tendência à autonomia* como processo contínuo de busca, no qual o acesso às condições de superação das novas desigualdades sociais é possível, sem recorrência a favores de grupos que exploram a sociedade, mas por meio de conquistas alternativas que envolvam a participação popular na reconstrução do social. Essa postura implica conflitos, já que encerra repartição de poder em uma sociedade voltada à acumulação desse. Deste modo, a escala do individual entra em atrito com a escala do social, o que inviabiliza concepções de autonomia plena, já que a inconstância, própria do social, confere o grau de contradição que impossibilita a estabilização da autonomia conquistada.

4 Sá (1998) aponta três macrotendências nas pesquisas relacionadas à Teoria das Representações Sociais: a *primeira* busca dar conta da gênese histórica de uma representação que pode ser conseguida por meio da perspectiva de Serge Moscovici ou Denise Jodelet; a *segunda* busca comparar as representações de grupos diferentes ou do mesmo grupo e refere-se à perspectiva estrutural do Grupo Midi, com Jean Claude Abric; a *terceira* busca saber como as inserções sociais concretas dos sujeitos condicionam suas representações, o que pode ser conseguido por meio da perspectiva de Willen Doise.

grupo. Inserimo-nos desse modo na perspectiva que trata do conteúdo cognitivo das representações sociais.

A terceira perspectiva se efetiva por meio da análise de redes sociais. Embora diversos estudos concordem que não existe uma teoria das redes sociais, a análise de redes sociais, como uma estratégia ampla de investigar a estrutura social, pode ser utilizada na pesquisa de diversas questões sociais (Marteleto, 2001, p.72).

Nas três perspectivas, as relações sociais são centrais. Na primeira, a mediação social tem o tema como unidade de correlação com as formas de geração, imposição, assimilação, aceitação, recusa ou eliminação de saberes sociais. Na segunda, a unidade é o campo representacional do grupo de envolvidos em relação ao tema. Já na terceira, a unidade são as redes de contatos pessoais no contexto do tema.

Os procedimentos utilizados, tais como o uso de questionários, entrevistas, pesquisa documental e observações, baseiam-se em princípios e pressupostos que, entre outras características, buscam identificar direcionamentos, processos, fluxos, ações, estrutura e transformações das redes sociais, além de sua ligação intrínseca com as representações sociais. A proposta contida no Estatuto da Criança e do Adolescente (ECA) relativa à proteção social é questão prioritária nesta pesquisa, pois está diretamente relacionada com as redes sociais temáticas que buscamos identificar. A questão central da pesquisa tangencia a identificação das redes sociais, suas gêneses e transformações.

Alguns princípios se mostram coerentes com as perspectivas adotadas: as pessoas produzem representações sociais influenciadas pelo espaço vivido, como o das redes sociais, e também estão inseridas em redes sociais influenciadas por representações sociais desse espaço vivido; as redes sociais pressupõem o predomínio de fluxos que podem ultrapassar as limitações das hierarquias próprias das relações pessoais em ambientes institucionais; o estudo das redes sociais é importante para a compreensão da real função das políticas públicas direcionadas à criança e ao adolescente; para uma melhor compreensão do grau de organização em rede é fundamental conhecer a influência das representações sociais – relativas ao universo da proteção integral – produzidas pelos segmentos da população envolvidos; dois ou mais processos ou fenômenos conjugados podem formar uma *auto-organização* – como em uma sinergia em que algo superior é gerado e que permite superar e ultrapassar limites impostos. Assim, uma organização de nível superior pode surgir e significar, por exemplo, uma rede de proteção que, além de articular vários profissionais de programas e projetos, produzindo em conjunto algo que é superior à soma das partes, incrementa, ainda mais, a crítica ao modo de enfrentamento das questões suscitadas a partir da rede.

Esses princípios nos levam às seguintes questões acerca da realidade a ser pesquisada, as quais possibilitam conhecer algumas particularidades: Quais aspectos da proteção integral da criança e do adolescente são alcançados? Quais aspectos dessa proteção integral não são alcançados? Quais áreas poderiam ser impulsionadas? No município de Presidente Prudente (SP) existe rede de proteção integral à infância e à adolescência? Quais os *pontos cegos* da tentativa de implantação da rede *on-line* no município, ou seja, o que não é considerado, mas é relevante quando se busca organizá-la? Qual dimensão é mais, ou menos, contemplada na lógica atual de estabelecimento das atividades direcionadas aos assistidos pelas políticas de proteção integral (lúdico, lazer, autonomia, preparação para o trabalho)? A lógica da ruptura presente na atual formação familiar confere quais novos elementos aos trabalhos da assistência social? A rede de proteção integral pode ser uma organização de nível superior, mesmo sendo intencionalmente estabelecida? É possível interferir na formação de uma rede para conferir padrões de autonomia e aleatoriedade? Até que ponto as ações assistenciais impedem ou programam a organização em redes? Como as redes se articulam nas diferentes escalas? Em Presidente Prudente existe uma rede integrada que articule as diversas redes sociais? Buscando responder a essas questões estabelecemos os procedimentos, orientados por algumas proposições, descritos em seguida.

Sendo a rede social que pesquisamos a da proteção integral à criança e ao adolescente no município de Presidente Prudente, a pesquisa tangencia tanto a proposta de análise em redes sociais temáticas pelo pesquisador quanto o grau empírico de proteção efetiva do objeto.

A delimitação do campo de análise considera o envolvimento do sujeito pesquisador com o fenômeno e a apreensão empírica do objeto pesquisado. A conceituação de *redes sociais temáticas* é proposta teórica e os limites da proteção integral à criança e ao adolescente constitui o âmbito de análise. As redes sociais temáticas configuram a possibilidade de transformações sociais, ante ambientes controlados, quando possuem tendência à autonomia e não fomentam outras formas de exploração e de geração das desigualdades sociais.

As barreiras tradicionais que impedem mudanças objetivas contra as desigualdades sociais caracterizam-se pela capacidade de adaptação e reestruturação perante as tendências à transformação. Revestir o tradicional com roupagem moderna e desenvolvimentista é recurso comum no Brasil.

Propomos que a visibilidade proporcionada por redes sociais temáticas pode inviabilizar parte das estratégias de controle social que impedem tais mudanças.

Consideramos que a Figura 1 apresenta a informação e a capacidade de comunicação como algo implícito à produção do espaço. Produzir espaço, no âmbito das redes sociais, implica superar a lógica da produção do espaço, na qual as escalas locais estão distantes dos processos decisórios.

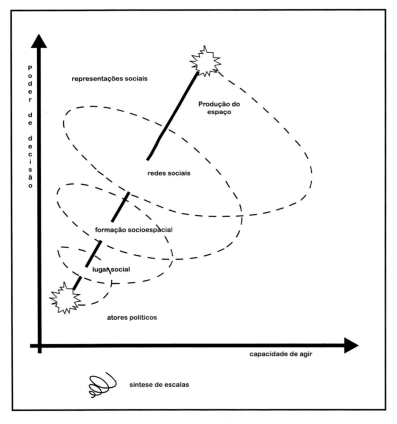

Figura 1 – Mapa conceitual cujas categorias geográficas lugar social, formação socioespacial e redes sociais permitem apropriação intersubjetiva da luta dos sujeitos sociais. Fonte: Guimarães (2003, p.19).

REDES SOCIAIS DE PROTEÇÃO INTEGRAL À CRIANÇA E AO ADOLESCENTE **15**

Esse mapa conceitual (Figura 1) remete a uma síntese de escalas na qual redes sociais e representações sociais redefinem a produção do espaço. O poder de decisão e a capacidade de agir estariam circunscritos à capacidade de transitar entre escalas, e essa capacidade é intrínseca às redes sociais que implicam *caminhar junto*. A capacidade das redes sociais de ultrapassar as fronteiras hierárquicas pode, em alguns casos, dissolver os limites socioespaciais criados no modo atual de organização da sociedade.

A lógica organizacional ocorre hoje também por meio de redes técnicas. Essa lógica, ao gerar objetos e estruturas que respondem ao comando organizacional, prevalece sobre forças alternativas que atuem limitadas a lógicas organizacionais anteriores. As redes sociais temáticas podem enfrentar essa lógica respondendo com velocidade e abrangência mais adequadas. Embora o ser humano se insira sempre em um determinado contexto, se ele não se representar contextualizado, suas ações serão restritas. As redes sociais temáticas podem permitir tal representação da contextualização.

Durante o mestrado, aproximamo-nos da temática das políticas públicas destinadas ao enfrentamento das desigualdades sociais (Furini, 2003), quando pudemos dissertar sobre os processos sociais excludentes e os casos de vulnerabilidade extrema, caso da população de rua pesquisada. Essa aproximação ocorreu também durante a participação no grupo de pesquisa Centro de Estudos e de Mapeamento da Exclusão Social para Políticas Públicas (Cemespp),[5] que possibilitou o acesso ao projeto Rede Local de Atenção à Criança e ao Adolescente no Município de Presidente Prudente, elaborado no ano de 1999, com a formulação de uma proposta ainda em vigor, com apoio financeiro do Banco Nacional de Desenvolvimento Econômico e Social (BNDES), a despeito das barreiras e dificuldades na sua implantação. A forma de enfrentamento das desigualdades sociais passou a ser central a partir de então, o que nos aproximou do tema da proteção integral à criança e ao adolescente em escala local.

Buscamos responder as questões anteriormente apresentadas por meio dos seguintes procedimentos: identificar os núcleos e projetos de iniciativa governamental e não governamental que se relacionem à proteção integral

---

5 O Cemespp é composto por professores e alunos da graduação e pós-graduação de diversas áreas (Geografia, Estatística, Engenharia Ambiental, Arquitetura e Fisioterapia, entre outros) da Unesp/FCT/Presidente Prudente.

à criança e ao adolescente ou que, na parcialidade própria, contribua para o tema; analisar os resultados alcançados por alguns atendimentos à criança e ao adolescente; comparar o direcionamento (dos gestores, assistentes sociais, educadores sociais) com as recentes tendências em relação ao trato da questão da infância; mapear os setores censitários de atuação das entidades/projetos/programas; identificar os níveis de inanição institucional de algumas entidades/projetos/programas; identificar as representações sociais inerentes às redes sociais pesquisadas; identificar as influências das lógicas mais relevantes e suas matrizes discursivas nas redes sociais pesquisadas.

Foi por meio do setor da assistência social que iniciamos as pesquisas. Em um primeiro momento, após a leitura de bibliografia afim, realizamos visitas à Secretaria Municipal de Assistência Social (SMAS), à Divisão Regional da Assistência e Desenvolvimento Social (Drads-SP), ao Departamento de Serviço Social da Associação Toledo de Ensino e Ministério Público – Promotoria de Justiça da Infância e Juventude do município. Em seguida, a partir de pesquisa na SMAS, tivemos acesso a todos os programas e projetos relacionados ao tema e visitamos os núcleos de assistência social do município, realizando entrevistas. Pesquisamos também outros setores que incluem assistentes sociais entre seus profissionais, sempre mantendo a assistência social como eixo principal. Participando de algumas reuniões em órgãos públicos, colhendo dados na pesquisa documental e realizando observações de campo, formamos uma base geral de dados.

Como podemos observar no Cartograma 1, em vários locais ocorrem atendimentos à criança e ao adolescente na cidade. Aplicamos um questionário em 38 locais,[6] buscando compreender, entre outros aspectos, os contatos mantidos entre eles. Após o preenchimento do questionário, procedíamos com a pesquisa documental. Em geral, as visitas e pesquisas de campo foram momentos que possibilitaram correlacionar informações e descobrir novos contatos. Além do que, em muitos lugares, os atendimentos se davam em meio à pesquisa, revelando-se um ambiente propício para a realização das observações de campo.

---

6 Considerando uma classificação em setores por nós estabelecidos, foram aplicados vinte questionários em núcleos ligados à SMAS, seis ligados à Saúde, quatro ligados aos órgãos ou associações que chamamos de participativos, três entidades privadas, três do setor da Justiça e dois do setor da Educação (a classificação por setores será especificada mais adiante).

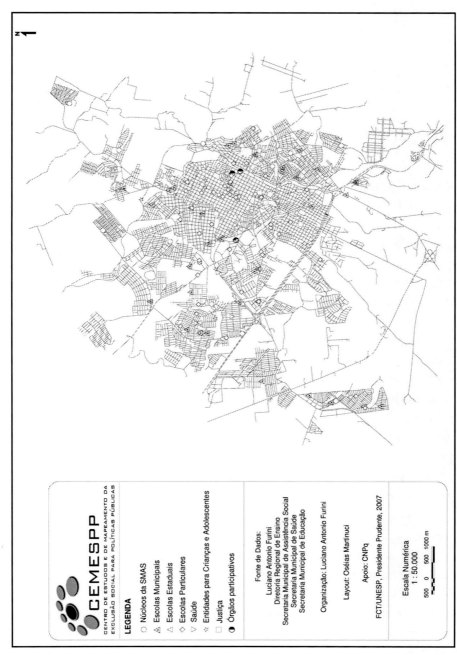

Cartograma 1 – Locais de tendimento à criança e ao adolescente em Presidente Prudente (SP), 2006.

De acordo com as abordagens escolhidas, realizamos vários tipos de entrevistas. Colhemos depoimentos orais temáticos, com base em Meihy (2000), buscando conhecer o universo do profissional envolvido e sua relação com a temática pesquisada. Esses depoentes foram escolhidos de acordo com sua localização na rede e conforme projeto, setor, órgão público, entidades privadas ou organizações governamentais que representavam: pessoas relacionadas à SMAS, ao Conselho Tutelar (CT), ao Conselho Municipal dos Direitos da Criança e Adolescente (CMDCA), a entidades privadas (Núcleo TTERÊ de Realização Profissional, Casa do Pequeno Trabalhador e Serviço de Obras Sociais (SOS)), à Rede Criança Prudente, à Comissão do Programa de Erradicação do Trabalho Infantil. Na SMAS foram entrevistadas três diretoras, uma de cada um dos departamentos de Ação e Atenção Comunitária, de Atenção à Família e de Atenção a Organizações Não Governamentais (ONG) e Organizações Governamentais (OG). Além das três diretoras da SMAS, foram entrevistadas as representantes dos projetos Criança Cidadã e Alerta, o primeiro em razão do grande número de atendidos e de núcleos no município, o segundo em virtude de revelações surgidas durante as observações.

Outras entrevistas estão ligadas à Teoria das Representações Sociais, mais especificamente a Teoria do Núcleo Central, como a Técnica de Evocação Livre. Buscamos, desse modo, identificar as representações sociais relativas a alguns temas que compõem a pesquisa.

Para a Análise de Redes Sociais, realizamos o teste de centralidade e conectividade, tanto para identificar quais pessoas eram centrais em relação à proteção *integral* à criança e ao adolescente no município, quanto para conhecer qual a constituição da rede social quanto à forma, à estrutura e aos graus de conexões.

Na pesquisa documental realizada, identificamos os tipos de enfrentamento contidos nas políticas públicas por meio de programas e projetos, órgãos e diretrizes. Foram analisados ofícios, relatórios, relação de atendimentos e de atendidos, de acordo com o local pesquisado.

As observações de campo também foram muito importantes. Somente quando participamos efetivamente de reuniões e acompanhamos atendimentos nos núcleos dos projetos ou nos órgãos públicos é que pudemos entender aspectos da existência de distância entre diretrizes, relatórios dos atendimentos e atendimentos efetivos. Em vários locais, tivemos que voltar mais de uma vez e em alguns, como o CMDCA e a SMAS,[7] tivemos que permanecer por longos períodos.

Outras áreas, tais como Saúde, Educação, Trabalho e Cultura, foram consideradas nas inter-relações com a assistência social. Trabalhos específicos relacionados à proteção integral à criança e ao adolescente nessas áreas ocorrem no município, contudo somente nos detivemos aos contatos desses trabalhos com o setor da assistência social. Ademais, tanto o Conselho Tutelar quanto o CMDCA são órgãos cuja criação e composição têm o setor da assistência social como central, ora em razão dos encaminhamentos mais comuns para essa área, ora pelo fato de que os profissionais mais envolvidos na questão já passaram por esse setor ou com ele mantêm vínculos. No entanto, pesquisas relativas a esses outros setores em relação ao tema podem contribuir significativamente para a compreensão de outros aspectos relativos à problemática.

Na área da Seguridade Social, as políticas públicas objetivadas no espaço urbano revelam uma rede articulada cujas ações se direcionam para áreas que apresentam maiores carências infraestruturais e baixo poder aquisitivo da população. A vivência do espaço urbano é também transformada por essas políticas, que influenciam diretamente vários segmentos populacionais. O espaço urbano brasileiro é caracterizado por intensas mudanças, sua produção envolve segregação e fragmentação constante.

No que se refere às políticas públicas, o espaço geográfico de uma cidade média, como Presidente Prudente (SP) – cuja população é de aproximadamente 204 mil habitantes[8] –, poderia ser amplamente conhecido por profissionais que tratam da questão social, pois não se trata de grandes cidades, que possuem enormes áreas a serem pesquisadas e atendidas, além de relações mais complexas. É relevante pensarmos nisso, pois Presidente Prudente é mais pesquisada que muitas cidades médias do Brasil, e, mesmo assim, quando perguntamos aos profissionais que tratam da proteção integral à criança e ao adolescente sobre a quantidade de crianças passíveis de proteção na cidade, essa informação não comparece de forma evidente. Independentemente de qual seja a real função da assistência social, conhecer e divulgar esses dados parece ir ao encontro de barreiras próprias da política

---

7 A SMAS, além de gerir os diversos núcleos assistenciais direcionados às crianças e aos adolescentes no município e enviar funcionários para participar de conselhos e comissões, realiza vários tipos de atendimento na própria sede da secretaria.

8 População estimada para o ano de 2005. No censo 2000, a quantidade de pessoas residentes no município era de 189.186 (Censo, 2000).

local. A publicação e a divulgação das *carências da cidade* não interessam aos governantes, mas apenas o que a cidade faz em benefício dos moradores durante sua gestão.

Essa constatação remete à história de Presidente Prudente e às características a ela relacionadas. A cidade de Presidente Prudente, localizada a oeste do estado de São Paulo, surgiu após a instalação da Estrada de Ferro Sorocabana, a qual, entre outros objetivos, buscou criar um corredor de escoamento da produção cafeeira no início do século XX. Em 1914, iniciou-se o tráfego de trens e com isso a ocupação intensa da região, denominada *Alta Sorocabana*. Nesse período, as relações políticas baseavam-se no coronelismo e a criação de Presidente Prudente aconteceu pelos *esforços* dos coronéis Goulart e Marcondes e pela pressão do grande desenvolvimento econômico que ia alcançando a região (Abreu, 1972).

Ao longo de suas fases econômicas (fase do pastoreio, fase do café, fase da policultura e da pecuária), Presidente Prudente atraia população da Alta Sorocabana e de outros estados. Em razão de sua posição estratégica e de suas características econômicas, tornou-se influente no sul do Mato Grosso e no norte do Paraná. Já na década de 1960, *milhares* de pessoas passavam anualmente pela cidade e, não conseguindo ali se estabelecer, a maioria era reencaminhada para outras localidades (Leite, 1972).

As pesquisas realizadas sobre a década de 1960, desenvolvidas por Abreu (1972), já registram a presença de grande número de desempregados e empregados informalmente, delineando o quadro dos bairros periféricos da cidade no âmbito das atividades econômicas. Segundo o mesmo autor, o *compadrismo* permeava as relações sociais.

Em relação ao estado de São Paulo, a região de Presidente Prudente é uma das menos *desenvolvidas* economicamente no que tange ao prisma do desenvolvimento tecnológico. Possui um número reduzido de indústrias, grandes áreas de pecuária extensiva e está atrasada no estabelecimento de estruturas básicas para a implantação de sistemas informacionais mais avançados; mesmo assim, caracteriza-se como cidade média, em razão das funções intermediárias que exerce nas relações entre as cidades da rede urbana a que pertence (Sposito, 2005, p.107). Essas funções estão relacionadas aos estabelecimentos comerciais e de serviços que se instalaram no município, com destaque para os estabelecimentos de ensino.

Neste trabalho, procuramos caracterizar o fenômeno objetivado e o objeto teorizado sob aspectos epistemológicos. Assim, no Capítulo 1, apresentamos a proteção integral à criança e ao adolescente no âmbito da assistência social em Presidente Prudente, identificando o objetivo das políticas relacionadas ao tema, a forma com que os profissionais envolvidos interpretam e atuam em relação a esse objetivo e quais ações que efetivamente chegam aos que foram classificados como beneficiários.

O Capítulo 2 discute aspectos da ontologia da infância. Segundo a bibliografia consultada, a infância existe em razão de condições históricas e está atravessando uma fase nunca experimentada, na qual a historicidade atual lança novos desafios ao âmbito infantil. Essa aproximação da constituição da infância permite problematizar os direcionamentos das políticas relacionadas a faixas etárias específicas.

No Capítulo 3, relacionamos Estado, mercado e sociedade, como um todo, ao tema das políticas de proteção integral à criança e ao adolescente. Partindo da noção de ideologia e relacionando-a com a epistemologia, chegamos à Teoria das Representações Sociais, relação que permite identificar possibilidades de conhecimento do universo pesquisado e consequentemente caminhos alternativos que se configuram ou podem se configurar na realidade socioespacial de cidades médias.

O Capítulo 4 aborda as representações sociais formadas por profissionais que fazem parte da rede social temática. A Teoria das Representações Sociais e a Teoria do Núcleo Central são utilizadas para identificar tais representações e, consequentemente, correlacioná-las com os demais resultados do trabalho.

Por fim, o Capítulo 5 trata das redes sociais temáticas como ambientes propícios ao enfrentamento das questões sociais que atualmente apresentam alta complexidade. A partir da identificação da gênese e abrangência da rede social temática é possível compreender como esta está influenciada por tipos de controle ou possui tendência à autonomia, ou ainda se ela está em processo de passagem de uma para outra. A rede social temática, embora configure a parcialidade, apresenta vínculos verticais e horizontais, o que permite tratar de sua constituição interna e de suas relações externas. Insere-se, assim, na abordagem geográfica como âmbito multiescalar de articulação com território, lugar, região e paisagem.

Nas considerações finais, algumas tentativas de síntese são realizadas, ora mostrando a coerência encontrada na abordagem, ora propondo procedimentos compatíveis com os resultados.

# 1
# A PROTEÇÃO INTEGRAL
## À CRIANÇA E AO ADOLESCENTE

A gênese das políticas sociais ocorre na Alemanha do século XIX, quando Bismarck oscilava entre tornar ilegais muitas organizações de trabalhadores e instituir leis, como as de acidentes de trabalho, seguro-doença, proteção à invalidez e proteção à aposentadoria. A consolidação da intervenção do Estado na economia, em âmbito mundial, só ocorreria no pós-1929, com o enfrentamento da crise, descartando, assim, a aplicação radical do preceito liberal de não intervenção estatal (Granemann, 2006, p.14).

Para Rezende (2006, p.35), os direitos sociais só passaram a ser reconhecidos em meio à crise dos anos 1929-1930, quando a ampliação desse papel social do Estado torna-se inevitável ante a dimensão da crise, e mais ainda, no contexto estabelecido após a Segunda Guerra Mundial, com a consolidação do Estado de Bem-Estar. Teria existido, dessa maneira, uma tensão no cerne do Estado, em que a forma de utilização dos recursos dos impostos colocou a questão referente à concentração e distribuição da riqueza. Rezende (idem) busca mostrar que a tensão é real e pode ser comprovada, quando, por um lado, segmentos do capital empreendem estratégias para maiores investimentos na área da economia, em detrimento das políticas sociais, e, por outro, os trabalhadores se organizaram pela conquista de direitos.

Caracteristicamente, as políticas sociais ocupam um âmbito de atrito entre a ordem pretendida e a efetiva complexidade existente. No Brasil, os benefícios sociais conquistados no período após a Segunda Guerra Mundial não prevaleceram. Pobreza e desigualdade ganham visibilidade a partir de 1960-1970 e alcançam maiores proporções a partir da crise da década de 1980. É nesse contexto que o desinvestimento estatal em políticas sociais consolida-se, com as políticas neoliberais, e é relacionado, por pesquisadores do serviço social, ao aumento de fenômenos como "o de crianças e adolescentes em conflito com a lei, população em situação de rua e a violência urbana" (Souza, 2006, p.84).

Embora os problemas ligados à questão da infância e da adolescência apresentem índices alarmantes no Brasil do final do século XX, já em 1927, uma forma de controle foi instituída, como Código de Menores, tendo como seu autor e primeiro juiz Mello Matos. Os princípios do código eram estabelecidos a partir da noção de *situação irregular*, que "considerava os *menores* como objeto de medidas judiciais quando encontrados em situação irregular" (Tôrres et al., 2006, p.102, grifo do autor). Com base nesses princípios, ações assistencialistas e repressivas permearam a política de atendimento à infância em grande parte do século XX, no Brasil, e objetivaram instituições emblemáticas dos respectivos períodos:

> O Serviço de Assistência ao Menor (SAM), criado em 1941, e a Fundação Nacional de Bem-Estar do Menor (Funabem), criada em 1964, após o golpe militar, com o objetivo de substituir o SAM, são os exemplos emblemáticos da visão e da prática de atendimento às crianças e aos adolescentes que predominaram (guardadas pequenas diferenças não substantivas) durante o período compreendido entre a era Vargas e a ditadura militar recente, amparados pelo Código de Menores. (idem, p.104)

A partir do movimento de luta no período pós-1974, organizações não governamentais, igrejas e universidades geram projetos alternativos, como uma manifestação contra a política oficial de atendimento, ora denunciando a precariedade do atendimento, ora valorizando as potencialidades das crianças e dos adolescentes.

> Mostrava-se importante, naquele momento, garantir, constitucionalmente, elementos para a definição do paradigma da Proteção Integral como norteador de uma nova forma de conceber a política de atendimento à infância/adolescência. Era fundamental que as crianças e os adolescentes deixassem de ser vistos *como menores em situação irregular* – e, portanto, objeto de medidas judiciais – e passassem, pelo menos no plano legal, a ser considerados sujeitos de direitos, portanto cidadãos. As forças sociais que defendiam essa proposição

estavam concentradas em nível nacional. Foi essa articulação que propiciou a aprovação do Artigo 227 na Constituição Federal de 1988. Após a promulgação da Constituição, as organizações da sociedade civil que participaram do processo constituinte influenciando a área da criança e do adolescente se articularam com setores progressistas da Magistratura, do Ministério Público e do Poder Executivo, defensores da doutrina de Proteção Integral, para elaborar e articular a aprovação da Lei Complementar aos Artigos 227 e 228 da Constituição, que viria a ser chamada de Estatuto da Criança e do Adolescente – ECA (Lei nº 8069/90). (idem, p.107, grifos do autor)

Destacando que, ainda hoje, são precipitadas e equivocadas as análises que buscam condenar o ECA, esses autores apontam alguns espaços potenciais de alternativas, que o ECA possibilitou, como o CMDCA e o Conselho Tutelar (CT).

É preciso, no entanto, enfatizar desde já, que o uso *mágico* da palavra direitos não garante isonomia em muitos casos, apenas encobre, sob ilusionismo, o assistencialismo cultivado. A mistura entre discursos por direitos e práticas de controle é muito comum. Esse distanciamento, entre discurso e prática, parece ser mais recorrente em cidades como Presidente Prudente (SP), que se situam distantes dos focos mais tensos de reivindicações. Para Santos (2006, p.13), direito juntamente com ciência formam os dois grandes motores da racionalidade moderna ocidental. Ele sugere considerar a existência de outras racionalidades. A nosso ver, um dos limites da noção de *direito* é a não observância de sua negação, *o não direito*, e sua gênese projetiva desligada da prática. A consideração do não direito implica, no caso dos profissionais que buscam efetivar direitos, uma luta ampla e não residual, como ocorre quando se focalizam direitos mais *acessíveis*. A gênese projetiva desligada da prática é relevante, pois confere ao direito uma forma modelar de aplicação que, em muitos tipos de atendimento, está distante da realidade do atendido.

## A consolidação estatutária da proteção integral

Levando em conta as desigualdades sociais existentes na sociedade brasileira, e a vulnerabilidade a que grande parcela da população está sujeita, analisamos as políticas públicas destinadas à criança e ao adolescente, em meio ao contexto local de um município brasileiro.

Partimos do pressuposto de que o adulto sadio, trabalhador, responsável, integrado a uma família é a base das disposições gerais relativas à *ordem social*[1] no Brasil, é também o modelo a ser atingido pelas faixas etárias inferiores. A infância é tratada como o estágio para se tornar adulto e não como uma fase em si. A maioria das atividades relacionadas à criança e ao adolescente é futurista. O presente é ausente e o futuro é presente.

No caso estudado, a prioridade de atendimento e proteção às crianças e aos adolescentes expressa a busca pela construção de uma sociedade melhor, menos desigual e com menor vulnerabilidade. No âmbito da *ordem social*, essa prioridade implica o seguinte silogismo: premissa a) todo ser social em desenvolvimento será um adulto ideal se for protegido; premissa b) a criança é um ser social em desenvolvimento; premissa c) a criança deve ser protegida.

Os dispositivos legais relacionados à seguridade social, à educação, à cultura, aos desportos e à família são os que tratam diretamente da questão da proteção à criança e ao adolescente. Além da seguridade social, outros setores, como os da economia, segurança pública e política, também apresentam relações importantes com a questão. No âmbito da assistência social, a proteção social é dividida em básica e especial.

> A proteção social básica tem como objetivos prevenir situações de risco por meio do desenvolvimento de potencialidades e aquisições, e o fortalecimento de vínculos familiares e comunitários. Destina-se à população que vive em situação de vulnerabilidade social decorrente da pobreza, privação (ausência de renda, precário ou nulo acesso aos serviços públicos, dentre outros) e, ou, fragilização de vínculos afetivos – relacionais e de pertencimento social (discriminações etárias, étnicas, de gênero ou por deficiências, dentre outras). (Brasil, PNAS, 2004, p.34)

> A proteção social especial é a modalidade de atendimento assistencial destinada a famílias e indivíduos que se encontram em situação de risco pessoal e social, por ocorrência de abandono, maus tratos físicos e, ou, psíquicos, abuso

---

1 O texto da Constituição da República Federativa do Brasil de 1988, em seu Título VIII, trata da Ordem Social na qual a Seguridade Social está contida.

sexual, uso de substâncias psicoativas, cumprimento de medidas socioeducativas, situação de rua, situação de trabalho infantil, entre outras. (idem, p.39)

A territorialização da assistência social no Brasil ocorreu em concomitância com as tensões que nortearam as relações entre desiguais, próprias da sociedade brasileira. A assistência social, por mais que tenha transformado seu modo de ação e de conceber as causas das desigualdades sociais, ainda carrega o estigma do assistencialismo, e, por vezes, de práticas assistencialistas. Ministério do Desenvolvimento Social, Secretarias Estaduais de Assistência e Desenvolvimento Social, Divisões Regionais de Desenvolvimento e Assistência Social, Secretarias Municipais de Assistência Social, Núcleos de Assistência Social e Postos de Assistência Social no interior de outras instituições, como hospitais ou projetos educacionais específicos, formam o eixo estrutural, que atinge as diversas escalas geográficas, no âmbito das políticas públicas de assistência social no Brasil. Forma-se desse modo uma instância de poder que territorializa não somente a assistência, mas, também, uma contradição, na qual a espacialidade da assistência social depende em grande parte do fracasso da sociedade, como geradora de isonomia.

Elegemos a assistência social como eixo desta abordagem por ser o setor que se revelou mais central na articulação formal com outros setores relacionados à proteção integral. Além disso, esse setor executa ações assistenciais de iniciativa governamentais, o que, de certa maneira, implica a continuidade do nosso trabalho, desenvolvido em nível de mestrado (Furini, 2003), no qual tratamos de ações assistenciais de iniciativa não governamentais.

A distância entre assistência social ideal e assistência social real é acentuada, pois o objeto *questões sociais* implica realidades idealizadas em uma infinidade de opções, tornando a elaboração e execução das políticas públicas um desafio constante e repleto de significados. Nesse abismo entre o ideal e o real, muitas vezes, os diversos profissionais envolvidos no processo são ignorados, como se não fossem sujeitos de um processo. Buscando contribuir para a reversão desse quadro, este trabalho pretende mostrar nuanças das diversas potencialidades de representação e ação de profissionais envolvidos com a assistência social.

No aspecto profissional, contudo, não basta ao serviço social recusar a tradição herdada da caridade organizada, mostrando *como um saber superior* que o serviço social se diferencia, como profissão, pelo fato de a caridade organizada não possuir "ação planejada, frente à contradição estrutural da sociedade capitalista" (Rezende, 2006, p.30). O fato de o Estado ser, para esses defensores, o criador "de um conjunto de instituições prestadoras dos tipos de serviço que viessem suprir as necessidades de natureza social da grande maioria da sociedade excluída do acesso à riqueza" (idem, p.34) – ações que proporcionarão, a partir do final do século XIX, segundo essa autora, as condições históricas e também materiais que, a partir daquele momento, determinaram toda a emergência do serviço social – traz em si a concepção de Estado como espaço vazio ocupado pelo capital, o que desqualifica a opção por *ação planejada*, como elemento superior à caridade organizada. Como ação planejada, ela ocorreria, em grande parte, sob desígnios controlados, o que não a torna superior à caridade organizada.

Desse modo, a concepção de Estado passa a ser importante nessa abordagem, como veremos no Capítulo 3. Inicialmente, preferimos identificar o Estado como espaço de múltiplas tensões no qual, até mesmo, a atuação dos profissionais da área da assistência social deve ser considerada em contextos mais amplos, em que os grupos de interesses, os capitais, e as elites influenciam nas representações sociais, gerando saberes controladores, porém passíveis de superação. O potencial alternativo do serviço social não está na natureza mesma do âmbito profissional, mas nos contrassaberes surgidos a partir da falência de saberes estabelecidos. Falência que parte dos profissionais, não somente do serviço social, transforma em luta por alternativas em direção à equidade social.

O enfrentamento das questões sociais no Brasil, por meio da assistência social, remete ao caráter sempre inacabado das formas de intervenção:

> De sua inclusão no tripé da seguridade social à sua transformação, de fato, em mecanismo de acesso da população excluída aos bens e serviços coletivos resta à assistência social um longo caminho a percorrer. Sua implementação como parte do processo de descentralização política administrativa, é marcada pelas diferenças políticas e ideológicas que caracterizam as administrações públicas no Brasil. (Souza, 2006, p.87)

O texto da Política Nacional de Assistência Social (PNAS), aprovado em 2004, busca implementar a concepção de assistência social como política pública e de direito social, com os pressupostos da territorialização, descentralização e intersetorialidade. A PNAS foi aprovada como sendo a materialização das diretrizes da Lei Orgânica da Assistência Social (Loas).

O Ministério do Desenvolvimento Social e Combate à Fome, a Secretaria Nacional de Assistência Social e o Conselho Nacional de Assistência Social cumprem as deliberações da IV Conferência Nacional de Assistência Social, realizada em Brasília, em dezembro de 2003. Oficialmente "expressa exatamente a materialidade do conteúdo da Assistência Social como pilar do Sistema Proteção Social Brasileiro no âmbito da Seguridade Social" (Brasil, PNAS, 2004, p.8).

No bojo da PNAS, a principal deliberação foi a proposta de implementação do Sistema Único de Assistência Social (Suas), "requisito essencial da Loas para dar efetividade à assistência social como política pública" (idem). O Suas propõe a regularização e organização, em todo o território nacional, das ações socioassistenciais que norteiam esses novos pressupostos da assistência social.

A proteção integral à criança e ao adolescente se estabelece como campo privilegiado nesse contexto de re-elaboração da assistência social. Todavia, a proposta do Suas prioriza a matricialidade sociofamiliar, o que nos permite abordar as redes sociais de proteção integral à criança e ao adolescente, porém observando a possível constituição mais abrangente das redes socioassistenciais propostas no Suas e que buscam superar a focalização por meio da centralidade da família com políticas de cunho universalista. É importante observar que embora se mude o tema, a centralidade temática permanece, mesmo que com temas mais amplos. Ademais, é provável que a simples ampliação da abordagem para o âmbito da família implique a existência de subtemas. O costume de ocorrer apenas mudanças nominais de projeto e programas, continuando a tratar a problemática da forma anterior à mudança, está ainda presente; contudo, a estrutura a ser implantada pelo Suas pode mudar, ao menos em parte, essa prática.

O Suas encontra-se em fase de divulgação no município de Presidente Prudente. Sua objetivação implica mudanças representacionais e organizacionais. A partir do Suas, os setores de informação, avaliação e monitoramento passam a ser tratados como setores estratégicos de gestão, no sentido de que eles não sejam circunstanciais e sim constitutivos e indispensáveis para todas as fases do processo. Desse modo, busca classificar como eixo estruturante de ação a matricialidade sociofamiliar e, assim, superar a focalização.

A superação da focalização é tema de relevância, visto que vai ao encontro da universalização do atendimento. A centralidade da família superaria a focalização em situações de risco de segmentos específicos, desde que relacionada ao coletivo e não ao individual. Trata-se, portanto, de um avanço, pois diminui a possibilidade de discriminação por segmento.

Identificamos a atuação, norteada pelo prisma da focalização, dos órgãos públicos do município que se relacionam à temática da proteção integral à criança e ao adolescente. A integração entre esses órgãos ocorre de acordo com as demandas, mas alguns vínculos já apontam para a formação de um campo de ações no qual a visibilidade do tema pode trazer transformações profundas que ultrapassem os limites hierárquicos-burocráticos.

Dentre os órgãos e grupos listados no Quadro 1, pesquisamos os que apresentavam maior centralidade em relação ao tema. Classificamos como órgãos e grupos governamentais, aqueles cuja iniciativa e manutenção ficam a cargo de uma ou mais das instâncias municipais, estaduais e federais, e como órgãos e grupos governamentais participativos, aqueles que, embora recebam recursos governamentais, guardam em sua criação e gestão formas participativas e parcerias, mesmo que também estejam ligados a uma ou mais esferas de governo. O fato de pesquisarmos redes sociais é condicionante na priorização dos aspectos conectivos entre eles. Porém nos detivemos mais àqueles que apresentaram maior atuação ou foram mais citados pelos entrevistados no âmbito da temática. Além disso, em geral, observamos que esses órgãos e grupos enceram realidades bastante controladas, mesmo aqueles que têm caráter participativo. As possibilidades de transformação ocorrem quando esse controle é abalado e uma das formas de fazê-lo é questionar essas realidades.

Contrapor os aspectos relativos ao propósito da criação desses órgãos com o que realmente eles realizam e o que os funcionários pensam realizar por meio deles é o objetivo que buscamos atingir com este trabalho. Pensamos ser a correlação entre essas três instâncias uma forma reveladora dos limites atuais existentes na formulação, na execução e nos resultados das políticas públicas relativas à proteção integral à criança e ao adolescente.

Apresentaremos a seguir uma análise das ações de proteção integral à criança e ao adolescente por profissionais inseridos em diversas áreas cuja assistência social possui algum tipo de vínculo, seja por meio de ações realizadas por assistentes sociais, seja por ações realizadas por outros profissio-

Quadro 1 – Órgãos e grupos de iniciativa governamental relacionados à proteção integral à criança e ao adolescente, Presidente Prudente (SP), 2006.

**GOVERNAMENTAIS**
1. Ambulatório Regional de Saúde Mental
2. Câmara Municipal
3. Companhia Prudentina de Desenvolvimento (Prudenco)
4. Delegacia de Defesa da Mulher (DDM)
5. Divisão Regional da Assistência e Desenvolvimento Social (SP)
6. Fundação Estadual do Bem-Estar do Menor (Febem) P. Prudente
7. Juizado de Direito da Infância e Juventude
8. Ministério Público – Promotoria de Justiça da Infância e Juventude
9. Polícia Militar
10. Secretaria Municipal de Cultura e Turismo
11. Secretaria Municipal de Saúde
12. Secretaria Municipal de Assistência Social
13. Secretaria Municipal de Educação
14. Secretaria Municipal de Esportes

**GOVERNAMENTAIS PARTICIPATIVOS**
1. Comissão do "Programa de Erradicação do Trabalho Infantil"
2. Conselho Municipal Anti-Drogas (Comad)
3. Conselho Municipal da Assistência Social
4. Conselho Municipal dos Direitos da Criança e do Adolescente
5. Conselho Tutelar
6. Grupo de Empresários e Profissionais Amigos da Criança (Gepac)
7. Rede Criança Prudente
8. Rede Social São Paulo

Pesquisa e organização dos dados: Luciano Antonio Furini.
Fonte: Entrevistas/Pesquisa documental.

nais que interagem com o serviço social. Muitos profissionais se relacionam com a assistência social para pesquisar, planejar, gerir ou executar ações de proteção, o que permite estabelecermos uma classificação.

## A subcultura assistencial na territorialização da proteção integral à criança e ao adolescente

Para efeito de análise, classificamos sete setores:[2] a) *assistência social*, por se tratar de setor fortemente ligado ao tema, pesquisamos tanto a Secretaria Municipal de Assistência Social quanto os vários projetos por ela desenvol-

---

2 Setores relativos ao universo de proteção encontrado, embora, em alguns casos, guardem relação com os setores tradicionais do município, como educação, saúde e assistência social.

vidos; b) *educação*, no qual pesquisamos dois projetos que envolvem assistentes sociais; c) *saúde*, em que pesquisamos alguns hospitais e núcleos de saúde que também possuem assistentes sociais em seus quadros profissionais; d) *entidades privadas*, no qual pesquisamos apenas duas entidades, já que havíamos realizado pesquisa anterior com diversas delas e, neste trabalho, buscamos especificidades da ação dos assistentes sociais, profissionais comumente empregados nessas entidades; e) *justiça*, que engloba órgãos como o Juizado de Justiça da Infância e Juventude, a Promotoria de Justiça da Infância e Juventude e a Fundação Centro de Atendimento Socioeducativo ao Adolescente (Fundação Casa);[3] f) *participativos*, no qual incluímos o CMDCA, o CT, a Rede Criança Prudente, a Rede Social São Paulo e a Comissão do Programa de Erradicação do Trabalho Infantil; e g) *universidades*, incluído para compreendermos aspectos da proximidade entre pesquisadores e seus respectivos trabalhos e os profissionais que planejam e executam políticas públicas.

A SMAS é o órgão público que executa os programas e projetos de assistência social no município, de acordo com o Conselho Municipal de Assistência Social, o Fundo Municipal de Assistência Social e a Política Municipal de Assistência Social. Sua atuação é condição necessária para a realização dos repasses federais e estaduais, de acordo com a Lei Orgânica da Assistência Social (Loas). Considerando os projetos a que tivemos acesso, a Secretaria Municipal de Assistência Social de Presidente Prudente atendia, em 2005, aproximadamente 2.330 crianças e adolescentes diretamente, e desses, cerca de 620 recebiam algum tipo de auxílio financeiro por meio dos projetos. Já o Programa Bolsa Família do governo federal, ao qual não tivemos acesso,[4] concedeu bolsa para mais de cinco mil famílias no município no ano de 2005.

---

3 A antiga Fundação Estadual do Bem-Estar do Menor (Febem) passa a se chamar Fundação Centro de Atendimento Socioeducativo ao Adolescente (Fundação Casa). A mudança na denominação ocorreu no final de 2006. É evidente que o novo nome ainda não extinguiu velhas práticas. Os núcleos da Febem, espalhados pelo estado de São Paulo, sempre foram lugares onde ocorreram agressões física e psicológica aos adolescentes ali presos.

4 Buscamos dados do Programa Bolsa Família do governo federal, tanto na SMAS quanto no Ministério de Desenvolvimento Social (MDS), e ambos não os forneceram. O representante do órgão municipal alegou que o banco não disponibiliza os dados, já o representante do MDS alegou que somente seria possível por meio de convênio, o que não poderia ser viabilizado naquele momento.

Nos Cartogramas 2 e 3 podemos observar uma síntese dos atendimentos às crianças e aos adolescentes realizados pela SMAS, no que se refere às áreas de domicílio dos atendidos e aos fluxos estabelecidos nesses atendimentos, a partir dos setores censitários. Os deslocamentos que crianças e adolescentes realizam para ser atendidos se concentram nas proximidades dos Cras e dos núcleos de atendimento da SMAS; contudo, diversos deslocamentos entre áreas distantes ocorrem, indicando ausência de atendimento em determinadas áreas, ou dificuldades na organização dos atendimentos, revelando limites na abrangência dos atendimentos.

A focalização é característica na atuação da SMAS e mesmo quando a família é priorizada o intuito é proteger a criança e o adolescente. Os poucos recursos destinados à população de rua,[5] em comparação aos recursos destinados à criança e ao adolescente, são exemplos de que ao adulto pouco é oferecido na tentativa de restituir-lhe o convívio social. Podemos questionar se a prioridade de atendimento à criança e ao adolescente, em detrimento do adulto e do idoso, não configura uma orientação para o trabalho. É como se os diversos projetos buscassem satisfazer o mercado, dando pouca atenção aos que não apresentam condições de se inserir diretamente nele.

Essas considerações nos levam a perguntar se a instituição da Assistência Social não seria a cristalização da vulnerabilidade social no Brasil. Se a demanda implica assistência social, a assistência social também pode implicar demanda. Como afirma Nasciutti (2005, p.124), uma instituição, "enquanto mediador entre o que é da ordem social e cultural e o que é da ordem do indivíduo/sujeito/ator", tem potencial para ser centro de mudanças, mas também instrumento de controle. Isso já é de conhecimento de muitos estudiosos; contudo, o que nós destacamos é a representação que se constrói da instituição. Uma ação institucional pode não só atuar no local – onde o problema ocorre – e sobre as pessoas atingidas, como também, dissimular as representações sociais relacionadas ao problema, por meio de ações paliativas, amenizando suas consequências simbólicas.

Desse modo, podemos mostrar que para as instituições que atendem casos de carência e vulnerabilidade social pode ocorrer uma inversão comprometedora quando lutam por manter os atendimentos, mesmo que estes não

---

5 A SMAS recebe recursos municipais, estaduais e federais para atender o migrante e a população de rua – pessoas que utilizam as ruas como local de moradia.

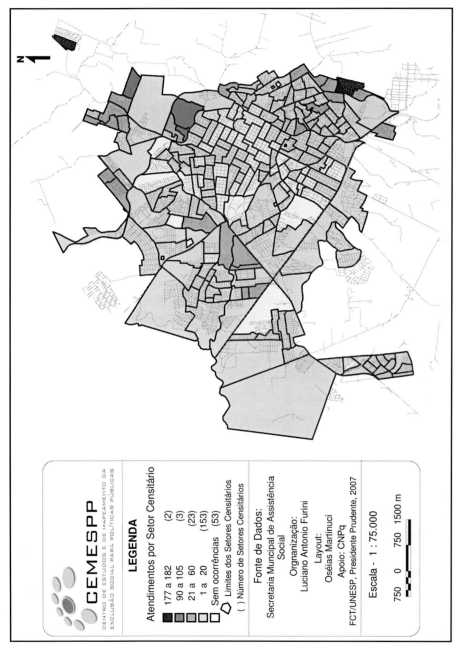

Cartograma 2 – Secretaria Municipal de Assistência Social, Atendimento à Criança e ao Adolescente em Presidente Prudente (SP), 2006.

# REDES SOCIAIS DE PROTEÇÃO INTEGRAL À CRIANÇA E AO ADOLESCENTE 35

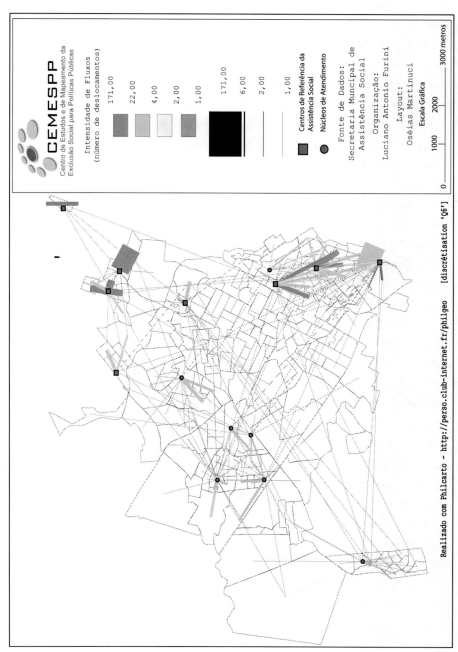

Cartograma 3 – Fluxos. Secretaria Municipal de Assistência Social, Atendimento à Criança e ao Adolescente em Presidente Prudente (SP), 2006.

sejam adequados para a erradicação ou tendência a erradicação do problema. Ultrapassar essa visão limitada remete à superação de limites ligados ao âmbito representacional, ao qual nos referimos antes.

O contexto social de muitas pessoas em situações menos abastadas é permeado por casos de uniões instáveis entre cônjuges, mães jovens, morte prematura, limitações físicas ou mentais, violência, carência material, pouca possibilidade de mobilidade urbana e interurbana, conjuntura reproduzida por desigualdades sociais próprias do Brasil.

Neste ponto, podemos notar que parcelas da população carente são ignoradas por limites na estrutura de enfrentamento da questão. Deixar parcelas de vulnerabilizados à margem, sem atendimento e atenção especial, torna-se algo instituído. Os indicadores sociais, como modo de divulgação das informações socioespaciais, podem abonar projetos ineficazes de enfrentamento da questão, quando apresentam dados parciais ou sobrevalorizados. A importância dos indicadores sociais é destacada na PNAS, o que demonstra um reconhecimento de que existem dificuldades nesse aspecto.

Por um lado, não conferimos à assistência social o crédito de configurar uma política pública que busca a alternativa participativa e justa. Buscamos evidenciar que as bases representacionais em que a assistência social se apoia devem ser reavaliadas, o que pode propiciar transformações na competência e abrangência desse setor. Por outro, não concebemos a assistência social como um campo de controle do Estado para manter o poder em determinado modo de produção. Diversos tipos de atendimentos desse setor são ações que estarão presentes em diversas formas de organização das sociedades. O que não é admissível, nesse caso, é a exceção se tornar a regra. A pessoa recebe uma ajuda e, em geral, desconhece a lógica global e local em que essa ajuda se insere. Esse desconhecimento pode impedir um posicionamento crítico, que direcione forças à contestação e à participação ampla em movimentos sociais.

Como podemos identificar no Cartograma 4, as áreas de média e alta exclusão da cidade (ver Anexo) não são atendidas com a mesma intensidade por projetos da SMAS, revelando existir um descompasso entre uma possível demanda e a efetiva oferta de benefícios direcionados à criança e ao adolescente.

REDES SOCIAIS DE PROTEÇÃO INTEGRAL À CRIANÇA E AO ADOLESCENTE    37

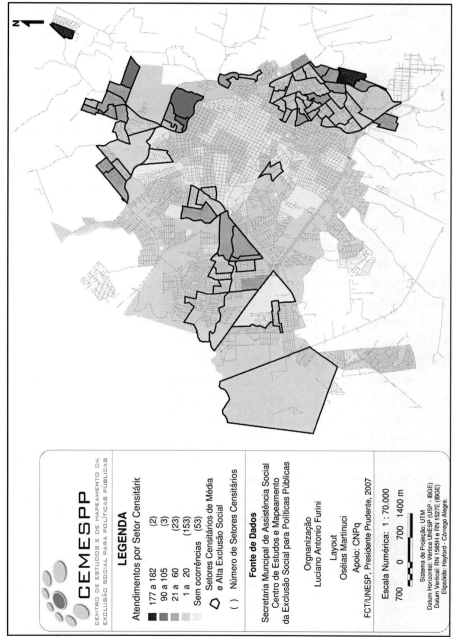

Cartograma 4 – Relação entre as áreas de exclusão social e de atendimento à criança e ao adolescente em Presidente Prudente (SP), 2006.

No Brasil, os recursos para a assistência social partem das esferas do governo federal, estadual e municipal. Organizações não governamentais também contribuem com recursos. O orçamento para questões sociais relacionadas à assistência social é formado pela política dos mínimos sociais, o que faz que, embora os indicadores sociais apontem os segmentos e as áreas mais carentes de recursos, os atendimentos se limitem aos recursos que se têm e não aos recursos que se deveriam ter. Abre-se aqui uma questão central. Até que ponto é importante aumentar os recursos para a assistência social? Saber os limites das ações da assistência social é um desafio; ademais, vários projetos nessa área poderiam ser programados para acabar, como sugere Demo (2003, p.109). Para esse autor, à medida que as populações assistidas atingem certa autonomia, os projetos que as apoiavam devem desaparecer.

A concentração de parcos recursos governamentais evidencia o caráter paliativo dos programas e projetos sociais, os quais, muitas vezes, atendem somente uns poucos privilegiados que conseguiram ter acesso à informação. Essas ações assistenciais são *pontuais*, idealizadas por um pensamento social limitado a fatores de controle social e não condizentes com os mais simples princípios de universalização e abrangência dos trabalhos.

Em razão de sua forma, intensidade e influência, a assistência social pode ser considerada a *legenda do mapa da exploração mundial*. Ao acessarmos os dados e as metodologias implementadas, conseguimos vislumbrar vários aspectos das consequências dos processos excludentes que circulam mundialmente, mesmo quando as ações não são abrangentes ou eficientes.

A gama de projetos, programas e funcionários envolvidos na assistência social revela a intensidade e abrangência das ações. Além da respectiva forma de enfrentamento da questão, tal estrutura de enfrentamento pode consumir grande parte dos recursos, antes de estes chegarem ao destino final. Estima-se que em alguns casos cerca de 80% dos recursos são destinados aos *gastos-meios* (informação verbal).[6]

---

6 Em palestra proferida no Simpósio de Serviço Social realizado na Associação Educacional Toledo de Presidente Prudente (SP), com o tema "Terceiro setor", proferida em 13 de maio de 2004, Carlos Montaño mostrou que grande parte dos recursos destinados às políticas de assistência social é utilizada para manter a estrutura da assistência, o que, de certo modo, faz que projetos de transferência direta de renda, como no caso do Programa Bolsa Família, sejam mais eficazes nesse sentido.

Entre os profissionais envolvidos diretamente no trato da questão, identificamos assistentes sociais, professores, educadores sociais, psicólogos, motoristas, cozinheiras, encarregados de serviços gerais, policiais, vigias, advogados, administradores de empresa, contadores, além de diversos técnicos e estagiários de diferentes áreas. Embora os assistentes sociais e educadores sociais somem maior número, a gama de profissões demonstra a diversidade de posturas implícitas nos atendimentos.

No caso dos assistentes sociais, o grau de dedicação aos trabalhos burocráticos implica uma inversão de valores. Muitas vezes, o assistente social, em meio a tal situação, se vê impedido de atuar em outras iniciativas que busquem a emancipação efetiva dos atendidos. Indagados sobre o grau de autonomia que possuem para atuar, alguns dizem não possuir essa autonomia e outros dizem ter autonomia, mas destacam que é uma *autonomia relativa* aos recursos disponíveis e às responsabilidades do órgãos públicos ou entidades aos quais pertencem. Em geral, nota-se certo enquadramento, próprio das relações trabalhistas, em que os funcionários cumprem as atribuições do seu cargo, o que é ainda mais agravado pela forma com que os profissionais interpretam os objetivos das políticas e a postura dos políticos vencedores.

O espaço de atuação é, então, caracterizado pelas representações sociais em relação aos atendidos, aos políticos vencedores, aos recursos disponíveis e à competência da área profissional. São limites que o enfrentamento do tema não consegue ultrapassar, no âmbito das particularidades de cada segmento, restando à rede social temática a possibilidade de superação, já que esta pode superar esses limites, caso a interface dos contatos produza visibilidade temática e assim exija ações mais amplas a partir de participações mais espontâneas.

A execução das políticas de assistência social no município envolve a objetivação de diversos programas por meio de núcleos de atendimento, localizados em diversos bairros da cidade. Essa proximidade com as famílias constitui-se em estratégia importante, pois permite ao profissional envolvido maior inserção e comprometimento com os casos de vulnerabilidade.

Como frisamos, a família é o âmbito de atuação privilegiado, mesmo na questão da infância e da adolescência. Pensamos que além de proteger a família é necessário proteger a familiaridade. Em várias famílias, o grau de reciprocidade entre consanguíneos e agregados é muito baixo. Padrastos e enteados, avós e netos, mães e filhos, todas essas relações em meio a situações em que os membros da família, ou mesmo amigos, apresentam problemas graves de dependência química implicam um estranhamento que desencadeia constantes rupturas dos laços sociais. Esse contexto de desestruturação das redes sociais espontâneas, em razão de uma série de fatores sociais, implicou, historicamente, a elaboração de diversos tipos de enfrentamento da questão, objetivados em políticas públicas.

Acesso é uma palavra-chave do serviço social, pois toda luta social e efetivação de políticas públicas nessa área passa pela possibilidade de acesso aos bens e serviços, muitas vezes barrados pela riqueza acumulada. No cerne dessa possibilidade de acesso encontra-se a capacidade social de a população agir. Na concepção de autores do serviço social, a efetivação do acesso implica que o usuário se objetiva entre ser público alvo ou sujeito de direito (Rezende, 2006, p.41). Em geral, a efetivação do acesso é de natureza interveniente, que ocorre quando os órgãos públicos ou entidades atingem o público alvo, e não recorrentes, que se dão quando o acesso aos direitos ocorre por meio de denúncia, a partir do potencial sujeito de direito, em seu contexto informativo.

A grande quantidade de programas e projetos, implementados e executados nas diversas escalas geográficas, aponta para uma carência de articulação nos diferentes níveis. Em Presidente Prudente, identificamos 21 projetos de iniciativa governamental e 36 de iniciativa não governamental, cadastrados na SMAS, relacionados à criança e ao adolescente, mas que guardam semelhanças em suas áreas de atuação.

Observamos que a territorialidade dos programas e projetos influencia sobremaneira sua execução e efetivação. Os Centros de Educação para Cidadania e os Núcleos de Ação Comunitária[7] comportam diversos programas e projetos; assim, alguns bairros são atendidos com vários projetos, enquanto outros não são abrangidos. Segundo diretoras da SMAS, os atendimentos priorizam os *bolsões de pobreza*.

---

7 Os Centros de Educação para Cidadania (CEC) e os Núcleos de Ação Comunitária (NAC) constituem locais que, segundo os objetivos, buscam dar atenção às necessidades objetivas e subjetivas da população atendida. A partir de 2006, novas denominações trouxeram novas propostas de atendimento, surgindo assim os Centros de Referência da Assistência Social (Cras), que serão desenvolvidos em núcleos antigos, sob nova denominação.

# REDES SOCIAIS DE PROTEÇÃO INTEGRAL À CRIANÇA E AO ADOLESCENTE 41

Quadro 2 – Relação dos programas e projetos de iniciativa governamental voltados à criança e ao adolescente, desenvolvidos ou acompanhados pela SMAS, Presidente Prudente (SP), 2006.

| Nome | |
|---|---|
| 1. Ação Jovem | 12. Educação Profissional Encaminhamento para Mercado |
| 2. Alerta | |
| 3. Apoio e Orientação Familiar | 13. Enfrentamento da Pobreza |
| 4. Atenção à Pessoa Portadora de Deficiência | 14. Erradicação do Trabalho Infantil (Peti) |
| 5. Atenção Especial | 15. Família Ação |
| 6. Auxílio Gás | 16. Jovem Cidadão |
| 7. Bolsa Família | 17. Núcleos de Ação Comunitária |
| 8. Centros de Educação para Cidadania | 18. Prestação de Serviço à Comunidade |
| 9. Comissão Local de Defesa dos Direitos da Criança e Adolescente. | 19. Proteção Especial à Criança e ao Adolescente |
| 10. Complemento à Escola e à Família | 20. Renda Cidadã Fortalecendo a Família |
| 11. Criança Cidadã | 21. Sentinela |

Fonte: SMAS de Presidente Prudente (SP).

Pesquisa e organização dos dados: Luciano Antonio Furini.

Obs.: a SMAS desenvolve também programas e projetos para adultos.

Quadro 3 – Relação dos programas e projetos de iniciativa não governamental, acompanhados pela SMAS de Presidente Prudente (SP), 2006.

| Nome | |
|---|---|
| 1. Acolher 1 | 19. Espaço Amigo |
| 2. Acolher 2 | 20. Esperança |
| 3. Acreditar | 21. Esquadrão da Vida |
| 4. Adolescente Aprendiz | 22. Extensão Comunitária |
| 5. Atendimentos Terapêuticos Pedagógicos | 23. Inclusão Social da Pessoa com Deficiência |
| 6. Caminhar | 24. Interação |
| 7. Canguru | 25. Jovem do Futuro |
| 8. Casa da Criança | 26. Mão Amiga |
| 9. Casa do Brinquedo | 27. Pessoa Portadora de Deficiência |
| 10. Combate à Evasão Escolar | 28. Profissional |
| 11. Creches | 29. Promoção à Família |
| 12. Crescer | 30. Restabelecimento de Vínculos Familiares |
| 13. Crescer e Aprender | 31. Ser Livre |
| 14. Criando Asas | 32. SOS Bombeiros no Resgate da Cidadania |
| 15. Dignidade | 33. Talentos de Hoje, Líderes de Amanhã |
| 16. Educação para o Trabalho | 34. Terapêutico |
| 17. Educando | 35. Vivências Terapêuticas |
| 18. Escola de Educação | 36. Zona Azul |

Fonte: SMAS de Presidente Prudente (SP).

Pesquisa e organização dos dados: Luciano Antonio Furini.

Utilizando as noções de escala de origem e escala de impacto de M. Santos (2002), podemos afirmar que o desvendar das particularidades da escala de origem, quando do planejamento, e da escala de impacto, quando da execução, é relevante neste trabalho.

Resta saber se a proposta dos Centros de Referência da Assistência Social (Cras) é uma nova forma de atendimento ou apenas um novo nome para antigas formas, já que, conforme mostramos anteriormente, costumam ocorrer diversas mudanças nominais, porém não afetando significativamente as formas de atendimento.

Conforme vemos na Tabela 1, a maioria dos núcleos de atendimento da SMAS leva o nome dos bairros, projetos ou estabelecimentos em que foram instalados. A quantidade de projetos realizados nos núcleos varia de acordo com a localização e a estrutura existente.

Tabela 1 – Relação dos núcleos de atendimento da SMAS voltados ao atendimento de crianças e de adolescentes, Presidente Prudente (SP), 2006.

| Núcleo | Número de funcionários |
|---|---|
| Alexandrina | 7 |
| Ana Jacinta | 2 |
| Augusto de Paula | 9 |
| Brasil Novo | 4 |
| Cambuci | 9 |
| Cecap* | 4 |
| Cidade da Criança – Projeto Aquarela | 8 |
| Distrito de Montalvão | 2 |
| Itapura | * |
| Itatiaia – Peti | 4 |
| Jequitibás | 3 |
| Monte Alto | 1 |
| Morada do Sol | 11 |
| Nochete | 8 |
| Núcleo da SMAS** | 78 |
| Núcleo do Projeto Alerta | 6 |
| Núcleo do Projeto Sentinela | 8 |
| Sabará | 3 |
| São Pedro | 2 |
| Sesi | 2 |
| Vale das Parreiras* | 6 |
| Vila Iti | 8 |
| **Total** | **185** |

Fonte: SMAS de Presidente Prudente (SP). Pesquisa e organização dos dados: Luciano Antonio Furini (2006) (dados referentes a 2005).

* Núcleo instalado em entidade não governamental.

** Na SMAS ocorrem outros tipos de atendimento não relacionados diretamente com crianças e adolescentes.

Os núcleos caracterizam-se como *espaços renitentes*, pois por meio deles os profissionais envolvidos insistem em desenvolver o projeto, mesmo que os objetivos propostos nos projetos não estejam sendo atingidos a contento. Diversas políticas públicas são metamorfoseadas ao chegarem nessa escala de impacto, em que o atendimento se consolida. Em geral, as diversas políticas implementadas, por meio de programas e projetos, encontram viabilidade em poucas ações assistenciais. Repasse de recursos, estabelecimento de regras, atividades de qualificação profissional e lazer controlado são quase a maioria das ações ou atividades, mesmo que os objetivos do projeto estabeleçam atividades mais elaboradas.

A SMAS estabelece uma relação entre projetos (ações assistenciais) e núcleos (locais/objetos assistenciais) em que alguns núcleos desenvolvem vários projetos e alguns projetos possuem um núcleo próprio. Os projetos Sentinela e Alerta, por exemplo, possuem núcleos próprios. É comum na política de assistência social se chamar de projeto algo que está em execução, o que permite pensarmos que se trata de simples continuidade no processo de execução do projeto, ou que a perspectiva futurista das ações torna o *projeto* como meio, em um fim em si, não alcançando resultados específicos, mas controlando sob o rótulo do *atendimento executado,* possíveis transformações na forma de atendimento.

*Projeto Alerta e a objetivação das medidas socioeducativas*: o Projeto Alerta foi criado em 1997, no município de Presidente Prudente. Em parceria com a Febem executa o cumprimento das medidas socioeducativas por meio da SMAS. Após o registro da ocorrência e a decisão do Juizado de Justiça da Infância e Juventude, com acompanhamento da Promotoria de Justiça da Infância e Juventude local, a respectiva equipe técnica do Fórum realiza os encaminhamentos. As medidas socioeducativas observadas no projeto foram a Liberdade Assistida (LA) e a Prestação de Serviço à Comunidade (PSC).

A LA consiste em atendimento semanal individual, podendo ocorrer participação em oficinas ministradas por estagiários, e sua duração é, em geral, de seis meses. Pesquisas mostram que a metodologia utilizada na LA não apresenta bons resultados, e, entre os fatores negativos, está:

> o contexto da violência presente na comunidade onde geralmente vive o jovem que tende a neutralizar o efeito que ela poderia ter. Responsabiliza-se também esta violência pelo número cada vez maior de jovens assassinados no período

do cumprimento da medida. Segundo a Febem, nos últimos anos cresceu 68% o número de mortes de jovens em LA, passando de 81 em 1997 para 136 em 1999. (IBCCRIM apud Torezan, 2004, p.154)

As assistentes sociais responsáveis relataram casos de adolescentes do Projeto Alerta de Presidente Prudente que foram enviados à Febem ou que morreram.

A PSC é realizada em órgãos públicos ou entidades não governamentais com duração, em geral, entre dois e quatro meses. Um dos entraves do atendimento é que "a presença de jovens infratores num ambiente de trabalho, como escolas, creches e hospitais, é fator de perturbação e ameaça, o que dificulta parcerias para a implementação desta medida" (Torezan, 2004, p.153). Observamos que, dos casos que são encaminhados para cumprir PSC no município, vários apresentam dificuldades em cumprir integralmente, sendo comuns as advertências aos jovens por motivo de faltas.

No primeiro semestre de 2006, pesquisamos os casos registrados no Projeto Alerta em 2005. Identificamos 154 atendimentos a adolescentes a partir de 16 anos, inseridos no projeto para cumprir PSC, com noventa casos, ou LA, com 71 casos, e em sete casos as duas medidas ocorreram simultaneamente. Do total de atendidos, 58 estavam fora da escola, e esse número pode ser bem maior, já que em vários casos observamos baixa escolaridade e falta de informações em conjunto.

A Tabela 2 apresenta seis das 33 medidas socioeducativas existentes. As demais são em número reduzido, porém significativas, como os cinco casos de envolvimento em roubo qualificado, outros cinco em tráfico de drogas, três em homicídio culposo e dois em estupro. A evasão escolar não apresenta percentual elevado nos casos de dano e lesão corporal.

O precário modo de atuação da Fundação Casa (ex-Febem) demonstra como a sociedade brasileira representa os jovens que cometeram infração. O encarceramento da juventude pode ter início ainda nas creches, tendo continuidade nas escolas e em outros projetos sociais direcionados à centralidade do trabalho, culminando com a *internação* na Febem ou com a morte. É nesse contexto que a redução da maioridade penal é buscada com vigor por alguns segmentos da população brasileira e aceita por grande parte desta, mas "a redução da maioridade penal demonstra uma ótica vingativa da sociedade em relação à juventude" (Teixeira, 2004, p.101).

REDES SOCIAIS DE PROTEÇÃO INTEGRAL À CRIANÇA E AO ADOLESCENTE **45**

Tabela 2 – Projeto Alerta: casos mais comuns atendidos, Presidente Prudente (SP), 2006.

| Número de casos | Tipo de infração | Escolaridade mais comum (maiores números) | Tipo de medida aplicada mais comum | Estavam fora da escola |
|---|---|---|---|---|
| 38 | Dano (pichação, depredação) | Ensino médio | PSC | 3 |
| 37 | Furto (tentativa de furto) | 27 até o ciclo IV do Ensino Fundamental | LA | 17 |
| 18 | Lesão corporal (agressão) | Dez até o ciclo IV do Ensino Fundamental | PSC | Nenhum |
| 09 | Porte de arma (disparo) | Seis até o ciclo IV do Ensino Fundamental | LA /PSC | 7 |
| 16 | Porte ou uso de drogas | 14 até o ciclo IV do Ensino Fundamental | LA | 11 |
| 07 | Roubo simples (tentativa de roubo) | Sete até o ciclo IV do Ensino Fundamental | LA | 5 |
| 29 | Outros | Outros | Outros | 15 |
| **154** | **Total** | | | *58 |

Fonte: Secretaria Municipal de Assistência Social de Presidente Prudente (SP)/ Projeto Alerta. Pesquisa e organização dos dados: Luciano Antonio Furini (2006) (dados referentes a 2005).

* Vários registros daqueles que não completaram o Ensino Fundamental não apontavam se o atendido estava fora da escola. É possível que esse número seja bem maior.

As escolas entram nessa trajetória tanto de forma ampla, ao restringir em excesso o vivido da infância, quanto de forma específica, quando discrimina e aparta os alunos problemáticos, concentrando-os em escolas estigmatizadas, mesmo que isso se deva ao fato de ser ensino supletivo. Dos casos atendidos pelo Projeto Alerta, identificamos que 56 concentram-se em nove escolas, e a uma delas pertenciam 14 jovens. Somando-se o alto índice de evasão escolar, temos uma evidente concentração de jovens que cometeram infrações em poucas escolas, mesmo que referentes a cursos supletivos. Desse modo, não bastassem as dificuldades características das escolas brasileiras, temos esse agravamento.

Essas considerações corroboram as abordagens que mostram a precariedade dos sistemas de ensino em diversos países, "a declinante autoridade das escolas foi bem documentada, e em meio a uma estrutura comunicacional radicalmente modificada elas se tornaram (para citar Marshall McLuhan) *casas de detenção* e não de atenção" (Postman, 1999, p.165, grifos nossos). O fenômeno *bullying*[8] pode ser um indicativo importante dessa provável função da escola como *casas de detenção*. Não é distante a relação entre a caracterização dos casos de violência nas prisões e a dos casos de *bullying* nas escolas, guardadas as proporções.

A distribuição dos domicílios dos atendidos do Projeto Alerta, por setor censitário (Cartograma 5), mostra uma relação com as áreas consideradas de média e alta exclusão (cf. Anexo), com poucas exceções, notadamente alguns casos de *dano ao patrimônio* e pichação. Contudo, várias áreas consideradas de média e alta exclusão não apresentam ocorrências, o que não significa que não haja potencialidade implícita para ocorrências futuras. A nosso ver, a variável escola e o consequente modo de organização e de educação pode ser relevante dentro dessas áreas mais vulneráveis.

O Projeto Criança Cidadã existe desde 1997 no município, porém, o tipo de atendimento existe há mais tempo com outros nomes, como o de Educação Suplementar, surgindo por volta de 1993. O Projeto Criança Cidadã atende crianças e adolescentes de 7 a 14 anos em diversos núcleos, conforme Tabela 1.

Em 2005, aproximadamente 1.400 crianças e adolescentes permaneceram por algum período no projeto, e 133 receberam bolsa auxílio de R$ 100,00.[9] O fluxo de entrada e saída é alto. A permanência pode durar desde alguns dias até alguns anos, dependendo do caso. Como a quantidade de vagas é limitada, a participação se efetiva após contato entre vizinhos, parentes e amigos locais, não tendo uma busca específica por parte da SMAS. Em geral são formadas turmas de até 25, nos períodos diurno e vespertino, contrários ao período escolar. Duas fases classificam os atendimentos: entre 7 e 12 anos incompletos e entre 12 e 14 anos. Segundo um membro da equipe técnica do projeto, o objetivo maior é o sucesso da criança na escola, visto como *única* forma de alterar a condição de vida. Mesmo assim, esse objetivo não está sendo atingido:

> Porque hoje não se pensa em qualidade, pensa só em quantidade, se a gente for ter um resgate aí de como foi o Criança Cidadã e como que ele é hoje, se

---

8 *Bullying* é o conjunto de comportamentos agressivos, repetidos e intencionais, adotado por um ou mais alunos contra outro(s), causando dor, angústia e sofrimento (Fante, 2005).

9 No Brasil, o valor do salário mínimo era de R$ 300,00 em dezembro de 2005.

REDES SOCIAIS DE PROTEÇÃO INTEGRAL À CRIANÇA E AO ADOLESCENTE   47

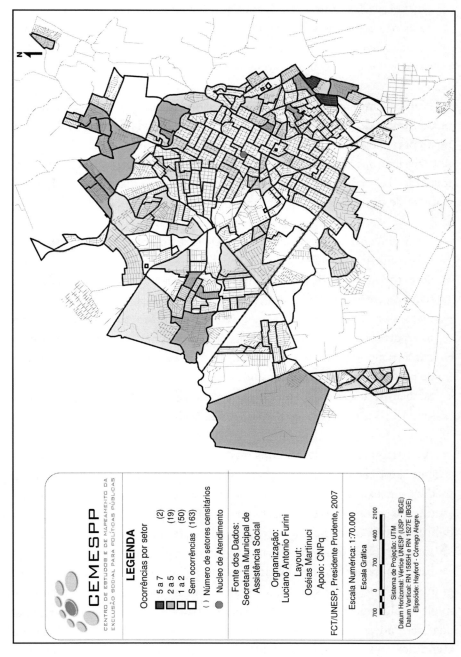

Cartograma 5 – Projeto Alerta em Presidente Prudente (SP), 2006.

investia muito, é aquilo que eu falo, nulo, na questão dos educadores, na forma-ção, porque aí a gente enfrenta aquelas questões de valores, de atitudes muitas vezes não corresponde ao propósito, aos princípios, às diretrizes do projeto e hoje não investe em capacitação e também os educadores se sentem desvalori-zados, então eu falo que não atinge o objetivo. (assistente social da SMAS)

Nem mesmo avaliações específicas são realizadas, o que pode indicar outra função do projeto, como a de creche fora da faixa etária ou de prepa-ração para o trabalho. Configura-se uma falha na busca de conferir ao em-pobrecido uma melhor oportunidade na vida, ou a objetivação de diretrizes formadas por saberes que buscam direcionar para o trabalho ou, desde já, trata-se de *tirar das ruas* aqueles que podem vir a incomodar?

A gente não consegue implantar a avaliação, o que a gente fala, assim, até pela avaliação, dele não atender o objetivo, porque mensalmente eles (os educa-dores sociais dos núcleos) mandam um resumo mensal, e a gente vê muita rota-tividade, então você tem, assim, não tem uma coisa elaborada [...] de avaliação, mas você consegue perceber algumas coisas. Se o objetivo é que a criança fique na escola com sucesso, você pega os boletins das crianças, nota baixa, você vê que a criança falta muito na escola, aí, muitas vezes, por que desligou a criança do projeto? Por que a criança saiu? Por que foi trabalhar! Então, vai trabalhar, também deixou a escola, então é por isso que a gente entende que não está atin-gindo, mas não tem uma avaliação sistematizada. (idem)

A distribuição dos domicílios dos atendidos do Projeto Criança Cida-dã, por setor censitário (Cartograma 6), mostra que, nesse caso, as áreas de média e alta exclusão (cf. Anexo) são priorizadas pela SMAS, e que uma es-trutura de ação preventiva já está territorializada na cidade. Contudo, essa distribuição não implica um atendimento criterioso, já que não existe um levantamento sistemático e uma divulgação ampla dos trabalhos.

Embora os núcleos de atendimento do Projeto Criança Cidadã (Carto-grama 6) atendam os setores censitários que se localizam no entorno dos núcleos, algumas crianças se deslocam de bairros distantes para participar das atividades, como podemos notar na distribuição dos domicílios dos atendidos do Projeto Criança Cidadã do núcleo Monte Alto, por setor cen-sitário (Cartograma 7).

REDES SOCIAIS DE PROTEÇÃO INTEGRAL À CRIANÇA E AO ADOLESCENTE 49

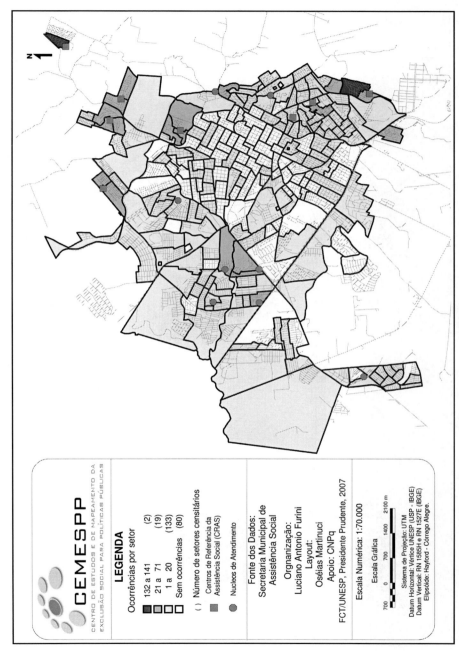

Cartograma 6 – Projeto Criança Cidadã em Presidente Prudente (SP), 2006.

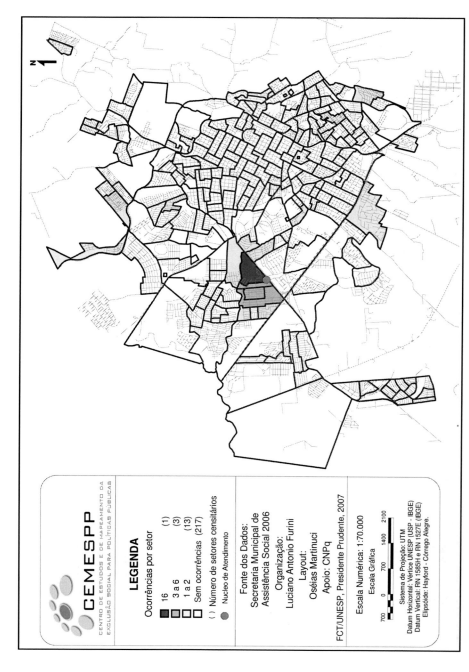

Cartograma 7 – Projeto Criança Cidadã: Núcleo Monte Alto, em Presidente Prudente (SP), 2006.

REDES SOCIAIS DE PROTEÇÃO INTEGRAL À CRIANÇA E AO ADOLESCENTE **51**

O Programa Sentinela foi implantado pelo governo federal dentro do Plano Nacional de Enfrentamento à Violência Sexual Infanto-juvenil. É desenvolvido em um núcleo específico, no município, desde 2002, com essa mesma denominação. Em 54 dos 81 casos ocorridos em 2005, as vítimas cursavam até o ciclo III do Ensino Fundamental, e dez, do total de casos, receberam bolsa auxílio de R$ 25,00/mês.

Tabela 3 – Relação dos tipos de atendimentos do Projeto Sentinela, Presidente Prudente (SP), 2006.

| Tipo | Número de casos |
| --- | --- |
| AVP* Atos obscenos | 1 |
| AVP Estupros | 11 |
| AVP Abuso sexual | 61 |
| Exploração Sexual | 8 |
| Total | 81 |

Fonte: SMAS de Presidente Prudente (SP). Pesquisa e organização dos dados: Luciano Antonio Furini (2006).
*Atentado Violento ao Pudor (AVP).

O atendimento prestado pelo Programa Sentinela envolve também uma série de órgãos públicos, entidades e estabelecimentos, entre os quais: hospitais, delegacias, conselhos, escolas, universidades, além das várias secretarias para o desenvolvimento de atividades culturais e esportivas. Oficinas pedagógicas e os tradicionais cursos de informática também fazem parte das atividades. Os casos de exploração sexual implicam a participação das crianças e dos adolescentes em atividades durante a semana toda, os demais, apenas a presença das vítimas, uma vez por semana, no núcleo, somando-se as visitas às famílias.

Tabela 4 – Locais de denúncia dos casos de abuso e exploração sexual de crianças e de adolescentes, Presidente Prudente (SP), 2006.

| Local da denúncia | Número de casos |
| --- | --- |
| Delegacia de Defesa da Mulher | 42 |
| Conselho Tutelar | 21 |
| Secretaria Municipal de Assistência Social SMAS | 12 |
| Fórum Presidente Prudente | 4 |
| Secretaria da Saúde | 2 |
| Total | 81 |

Fonte: SMAS de Presidente Prudente (SP). Pesquisa e organização dos dados: Luciano Antonio Furini (2006).

As causas principais das ocorrências, apontadas pela assistente social responsável, são o trabalho da mãe, o alcoolismo, a ausência do pai e as fugas de casa. Não são mencionadas questões mais amplas ou estruturais.

Conforme o caso do Projeto Alerta, a distribuição dos domicílios dos atendidos do Projeto Sentinela, por setor censitário (Cartograma 8), mostra também uma relação com as áreas de média e alta exclusão (cf. Anexo A). A particularidade dessa distribuição é que ela abrange diversos bairros, não se concentrando apenas em algumas áreas.

Tornou-se evidente o fato de que a criança não busca ajuda, nem denuncia facilmente o atentado que sofre; portanto, as políticas precisam, por princípio, agir preventivamente e dar visibilidade e oportunidades para o enfrentamento.

O Programa de Erradicação do Trabalho Infantil (Peti), juntamente com outras iniciativas derivadas da luta pela defesa dos direitos das crianças e dos adolescentes, como a organização do Fórum Nacional de Prevenção e Erradicação do Trabalho Infantil e Proteção do Trabalhador Adolescente e a elaboração de um plano nacional para a erradicação do trabalho infantil, pela Comissão Nacional para Erradicação do Trabalho Infantil, do Ministério do Trabalho, configuram avanços no combate ao problema (Brasil, MS, 2005).

O Peti é um programa de transferência de renda do Ministério do Desenvolvimento Social e Combate à Fome desenvolvido em parceria com o governo municipal. No ano de 2005, sessenta crianças recebiam bolsa auxílio de R$ 25,00/mês e todas foram retiradas do trabalho que realizavam recolhendo resíduos sólidos no *lixão* e/ou nas ruas do município, sendo vinculadas ao Núcleo Itatiaia da SMAS, o único que atende crianças e adolescentes em situação de exploração no trabalho. Algumas adolescentes do Projeto Sentinela, que eram vítimas de abuso e exploração sexual, também receberam bolsa auxílio do Peti.

O atendimento a esses casos extremos representa apenas uma pequena parcela das crianças e dos adolescentes em situação de trabalho. Iniciativas que envolvam ações mais abrangentes nos diversos segmentos profissionais estão por ser realizadas.

Para além da regulamentação da questão, contida no Estatuto da Criança e do Adolescente (ECA), é necessário rever os limites da concepção de *aprendiz*, e assim analisar se o *contrato aprendiz* caracteriza realmente um

REDES SOCIAIS DE PROTEÇÃO INTEGRAL À CRIANÇA E AO ADOLESCENTE 53

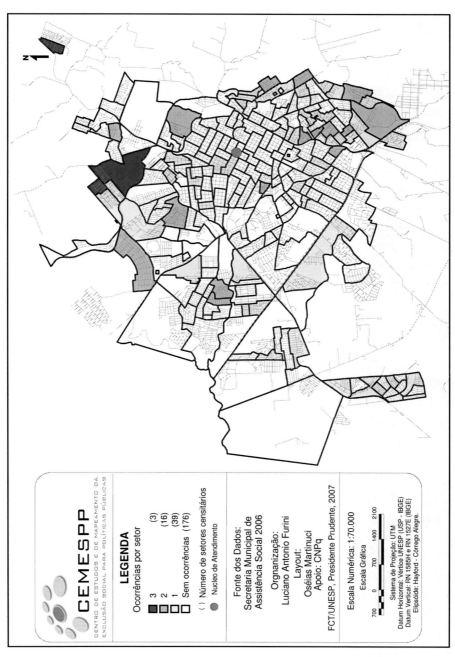

Cartograma 8 – Projeto Sentinela em Presidente Prudente (SP), 2006.

benefício, ou mais uma forma de exploração ao adolescente. Tal contrato implica regras que beneficiam mais o empregador que o adolescente, como a redução na alíquota de contribuição do Fundo de Garantia por Tempo de Serviço (FGTS) por parte do empregador. Considerar a inserção do adolescente no mercado de trabalho como um favor, concedido pelo contrato aprendiz e pelas organizações não governamentais agenciadoras do emprego infantil, é no mínimo uma incoerência, retratada na forma velada como se inicia a exploração pelo trabalho nesse caso.

O Cartograma 9 mostra a distribuição dos domicílios dos atendidos do Peti, por setor censitário, na cidade de Presidente Prudente. Note-se que o atendimento é bastante pontual e restringe-se ao entorno do *lixão* do município. É possível que a mesma linha de extrema exploração, que caracteriza o trabalho no *lixão*, se repita em outras áreas da cidade. O atendimento em prol da erradicação do trabalho infantil implica um sistema de informações que indique áreas, setores e segmentos mais vulneráveis para se iniciar um procedimento mais abrangente.

O Projeto Renda Cidadã Fortalecendo a Família é um projeto desenvolvido em convênio com o Estado, buscando fortalecer o núcleo familiar. Nesse projeto, a família em *situação de pobreza e exclusão* é o foco de atenção. Embora destinado à família, o projeto atende famílias que contenham crianças e adolescentes. Trata-se de uma bolsa de auxílio, cujo valor em 2005 era de R$ 60,00/mês, a qual dura um ano e pode ser renovada por mais um. Após esse período, a família permanece dois anos sem poder participar novamente. Em 2005, 121 mães estavam recebendo a bolsa e sendo atendidas pelo projeto. No município ocorreram casos em que as famílias, após dois anos, se inseriram novamente no projeto. Em geral, eram atendidas as famílias dos Núcleo de Ação Comunitária (NAC), apenas alguns casos pertencem a bairros nos quais os NAC não atuam.

Aparentemente esse projeto vai ao encontro da proposta do Suas, no que diz respeito à centralidade da família; contudo, as limitações estruturais são difíceis de ser ultrapassadas, como mostra a assistente social ao explicar os objetivos do projeto:

> Fortalecer o núcleo familiar, pra que ele consiga se emancipar financeiramente, consiga se inserir dentro da comunidade, provocar mudança interna e mudança na sua comunidade também, através da emancipação, [...] qualidade

# REDES SOCIAIS DE PROTEÇÃO INTEGRAL À CRIANÇA E AO ADOLESCENTE 55

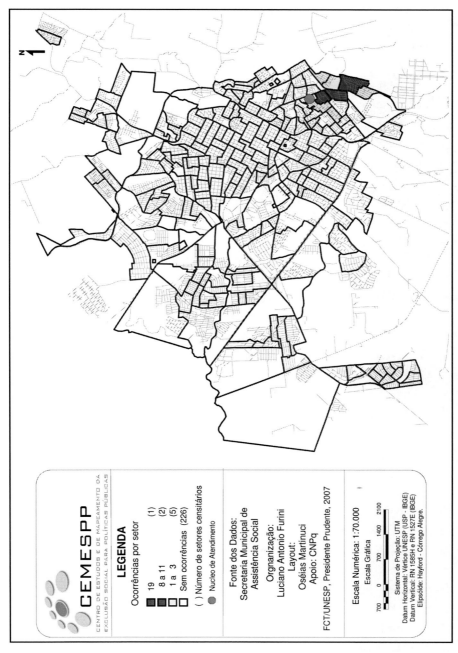

Cartograma 9 – Programa de Erradicação do Trabalho Infantil (Peti), em Presidente Prudente (SP), 2006.

de vida, então tentamos oferecer ferramentas que possibilitam a essa família caminhar sozinha, possibilitam a essa família sair desse círculo de dependência da assistente social constante. Conseguimos, muitos casos sim e outros não, são famílias que, quando eu falo outros não, são famílias que elas já estão no ciclo de dependência tão grande, que o trabalho vai muito além disso, fortalecendo, ele tenta conter toda a família [...], mas tem questões que você precisa, por exemplo, um atendimento psiquiátrico, que você precisa de uma orientação familiar, nós encaminhamos pra outros recursos da comunidade, mas você sabe que é uma família que não vai caminhar tão rápido quanto outras. (assistente social, diretora do departamento de atenção à família da SMAS)

Diversos cursos são oferecidos para os atendidos, mais especificamente para a mãe – a mulher é a beneficiária do projeto. Os cursos são sugeridos pelas beneficiárias, e os de panificação e de cabeleireira são os mais requisitados.

O Projeto Jovem Cidadão é direcionado à *educação para o mundo do trabalho,* buscando atingir adolescentes entre 15 e 18 anos. É executado somente nos NAC, por meio de recursos do Estado destinados ao projeto Renda Cidadã Fortalecendo a Família, mas não se trata de repasse financeiro direto para o Jovem Cidadão e também não existe bolsa de auxílio. Em 2005, duzentos adolescentes passaram pelo projeto.

Os NAC atendem adolescentes buscando inseri-los em cursos profissionalizantes de entidades, como a Fundação Gabriel de Campos, o Conselho Central da Fundação São Vicente de Paula, a Fundação Mirim de Presidente Prudente e a Casa do Pequeno Trabalhador, ocorrendo, até mesmo, o agenciamento do emprego junto a empresas.

O Projeto Ação Jovem é desenvolvido em parceria com o Estado, destinado a adolescentes e jovens entre 15 e 23 anos, com o recebimento de uma bolsa auxílio, a qual, em 2005, era no valor de R$ 60,00/mês e 145 adolescentes estavam cadastrados. Esse projeto destina-se a adolescentes com risco de evasão escolar ou que estejam fora da escola e que, a partir do projeto, possam ser inseridos novamente, daí a necessidade de acompanhamento da frequência e do desempenho escolar como condição para a manutenção do auxílio.

É comum que adolescentes do projeto Jovem Cidadão sejam incluídos no projeto Ação Jovem; aliás, não é difícil encontrar adolescentes que apresentam desempenho escolar insatisfatório, o que pode gerar certo comodismo no sistema de inclusão de adolescentes no projeto. Não foi identificado um sistema municipal de classificação para o projeto, a inclusão fica mais vinculada ao universo de cada núcleo da SMAS.

Em geral, os projetos apresentam *condições de uso*, como ter renda *per capita* compatível ou possuir filhos até tal idade, e assim por diante. Os demais projetos são incorporados pelos núcleos e nem sempre possuem um contorno específico. Muitas vezes, a sobreposição de projetos torna difícil a distinção entre eles. Saber se uma ação pertence a este ou aquele projeto pode tornar-se uma questão de classificação muito subjetiva.

Além dos programas e projetos listados no Quadro 3, existem outros, que não estão ali relacionados pelo fato de a SMAS realizar apenas o cadastro das famílias, caso do Programa Bolsa Família – cujas classificação, escolha e distribuição são realizadas pelo governo federal –, ou por pertencerem a outras secretarias, como o Programa Bolsa Escola da Secretaria de Educação e a Casa do Adolescente da Secretaria da Saúde.

A distribuição dos domicílios dos atendidos dos projetos Renda Cidadã Fortalecendo a Família, Jovem Cidadão e Ação Jovem por setor censitário (Cartogramas 10, 11 e 12) mostra que esses atendimentos atingem os domicílios do entorno dos núcleos da SMAS que configurem NAC ou Centros de Educação para a Cidadania (CEC). Isso torna evidente que não existem critérios municipais para o atendimento, mas somente aqueles contidos nas normas dos projetos e programas.

Alguns *limites das políticas públicas na SMAS* podem ser identificados. É evidente que no seio do sistema capitalista, a relação custo-benefício é bastante valorizada. Na problemática da avaliação dos programas e projetos surgem dois aspectos importantes. O primeiro aspecto diz respeito aos resultados e à relevância individual de cada um deles e questiona a importância e a eficiência destes perante seus objetivos, isso é significativo e merece atenção e critérios de avaliação que levem em consideração as representações sociais envolvidas. O outro aspecto é referente aos investimentos em assistência social em sentido amplo e põe em dúvida a verdadeira função da assistência social. Nesse caso há um conflito político que envolve a questão e que também aponta para a centralidade do trabalho.

A avaliação dos resultados dos projetos deve remeter a critérios que considerem o grau de desenraizamento e de desidentidade presentes. A perda de vínculos com o lugar e o território, juntamente com o estranhamento

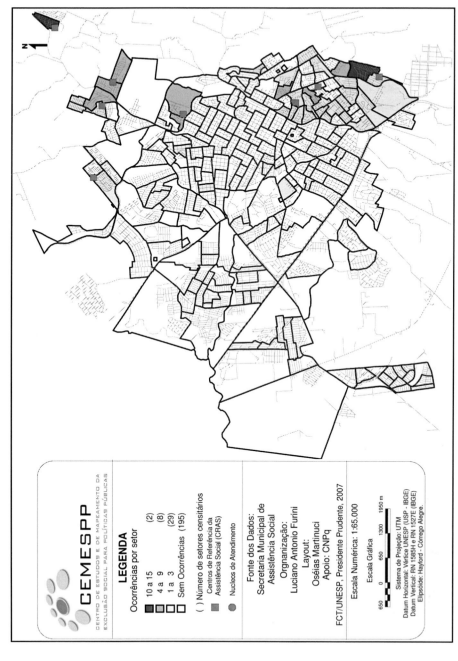

Cartograma 10 – Projeto Renda Cidadã Fortalecendo a Família, em Presidente Prudente (SP), 2006.

# REDES SOCIAIS DE PROTEÇÃO INTEGRAL À CRIANÇA E AO ADOLESCENTE 59

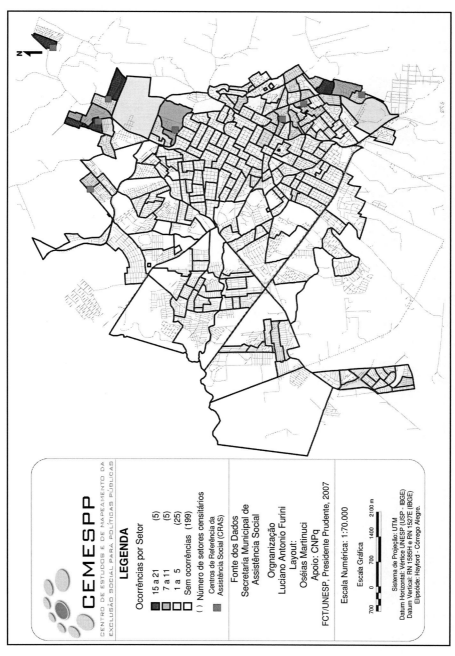

Cartograma 11 – Projeto Jovem Cidadão, em Presidente Prudente (SP), 2006.

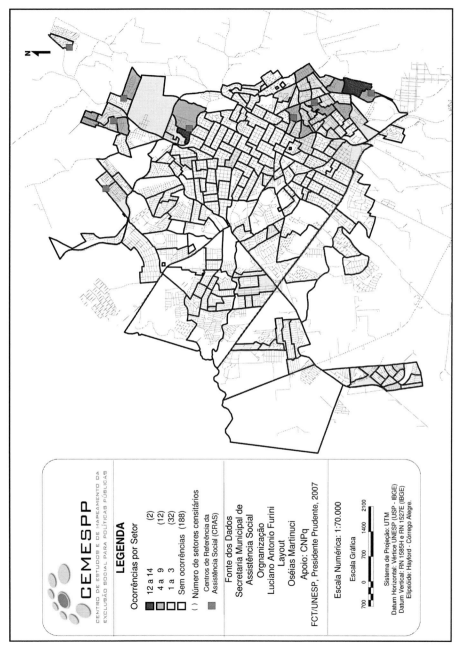

Cartograma 12 – Projeto Ação Jovem, em Presidente Prudente (SP), 2006.

do sujeito, surgidos nas redes sociais espontâneas, indica o grau de vulnerabilidade presente e como os saberes desse sujeito ou de seu grupo foram suprimidos ou *reeditados*. São aspectos mais assimiláveis pela pesquisa qualitativa, que não podem ser remetidos à relação custo-benefício por limitações contidas nas próprias barreiras criadas na sociedade, que tendem a homogeneizar o que não é possível ser homogeneizado.

A grande quantidade de passagens intraurbanas distribuídas no decorrer das ações desenvolvidas pelos projetos da assistência social demonstra que a mobilidade da população empobrecida é bastante limitada, o que reforça a inserção precária a que está submetida. Isso se deve ao fato de que o custo das passagens do transporte coletivo urbano é elevado no município e influencia diretamente qualquer projeto que envolva mobilidade urbana de pessoas. Em 2005, a SMAS distribuiu aproximadamente 66.500 passagens para transporte coletivo intraurbano. Somente para o Projeto Sentinela foram 13.162 passes. Dinamizar os projetos implica também conferir mobilidade aos atendidos.

Estar inserido no espaço urbano do município significa dependência das condições de mobilidade urbana. Sem essa mobilidade a pessoa fica presa à escala do bairro e depende de fatores externos para realizar funções consideradas simples. A especulação e a competitividade em setores estratégicos, como o de transporte, remetem ao engodo da prática de algumas políticas, ou seja, políticas públicas que permitam a mobilidade intraurbana de segmentos populacionais em situação de vulnerabilidade podem ser mais eficazes do que um conjunto de políticas que envolvam grande quantidade de recursos gastos antes de chegar aos que realmente necessitam. Esse é outro exemplo de que políticas limitadas criam mais políticas limitadas, aumentando os gastos-*meios* sob a justificativa de atuar em busca do enfrentamento das desigualdades sociais.

Marques (2003) realizou uma reveladora pesquisa junto à Secretaria de Vias Públicas da cidade de São Paulo, na qual ele critica as análises que veem as ações do Estado como simples respostas a demandas sociais. Argumenta e comprova que políticas (ações do Estado) geram mais *política* (mobilizações), e esta, por sua vez, gera mais políticas.

Nesse sentido, atenção especial deve ser dada à questão da formulação e utilização de indicadores sociais, os quais compõem importante vínculo entre políticas e política. De acordo com a proposta do Suas, como perspectiva de gestão da PNAS, deve-se conferir atenção especial "à produção, sistematização de informações, indicadores e índices territorializados das situações de vulnerabilidade e risco pessoal e social que incidem sobre famílias/pessoas..." (Brasil, PNAS, 2004, p.42). Essa perspectiva refere-se à vigilância social e destaca a importância com que deve ser tratada a informação.

O caráter conflituoso das informações contidas nos indicadores sociais está tanto na constituição como na utilização destes. Indicar implica apontar caminhos para executar ou deixar de executar ações. A qualidade dos indicadores vai refletir nos resultados buscados ou na permanência do fenômeno a ser enfrentado.

A construção intelectual do fenômeno ou sua identificação também guarda aspectos conflituosos. Uma anormalidade social pode, em geral, ser uma normalidade se observada dentro da lógica do sistema dominante. O fenômeno social pode ser tratado como uma dissidência do sistema quando de fato é constituinte dele. Os indicadores, em geral, circundam esses fenômenos sociais e apontam para a média aceitável ou para a normalidade permitida.

A inversão que está presente nas análises dos indicadores pode ser relevante. Se, por exemplo, os dados de pobreza forem relacionados como efeito do analfabetismo em uma relação causa e efeito simplista, as propostas de alfabetização como caminho para se transformar a situação parecerão coerentes. Essa concepção das causas levaria à representação de que se está combatendo a pobreza por meio da alfabetização, satisfazendo simbolicamente o enfrentamento da questão, mas encobrindo causas estruturais. Essa incongruência pode ter relações diretas com o tipo de elaboração e interpretação de indicadores, podendo inverter causa e efeito que, no caso do exemplo dado, poderia ser que o analfabetismo fosse o efeito da pobreza e não o contrário.

Entre as dificuldades apresentadas por Januzzi (2002, p.70) quanto à utilização de indicadores sociais, destacamos três: a) a visão de mundo dos técnicos de planejamento, que remete a retratos parciais da realidade; b) as mudanças de contexto, das quais decorre defasagem entre o planejamento e a ação; c) o papel dos executores das políticas públicas, os quais podem potencializar ou criar barreiras adicionais à implantação destas. "Na realidade, esse processo de planejamento no setor público ou em qualquer outra esfera está longe de ser uma atividade técnica estritamente objetiva e neutra, conduzida por tecnocratas iluminados e insuspeitos" (idem, p.69).

Os indicadores, contudo, podem ser utilizados com critérios e com o devido conhecimento de seus limites. A correlação de informações e a junção de diversas variáveis sociais em uma síntese podem constituir mais um desses limites. Ao comparar essas informações é necessário descartar, antecipadamente, as que não podem ser agrupadas na síntese, ou que não possam ser adequadas por meio de ajustes fatoriais ou porcentuais às demais que serão sintetizadas. Esses cuidados são de grande importância para a elaboração de indicadores sociais.

Os indicadores sociais remetem para direcionamentos amplos. De acordo com a *indicação* de um indicador social, os responsáveis pela elaboração das políticas públicas traçam metas que podem estar comprometidas desde a gênese. Um exemplo é a tendência à proposta de inserção no mercado de trabalho por meio de cursos, muito comuns nos trabalhos da assistência social. Embora se identifique a carência de postos de trabalho, não são enfrentados os processos que eliminam esses postos de trabalho, ou não são identificadas quais as perspectivas reais que os cursos oferecem em virtude da lógica excludente atual.

Em geral, os programas e projetos apontam para a centralidade do trabalho, seja por meio de cursos de capacitação para crianças e adolescentes, seja por liberar os pais para o trabalho ao *cuidar* das crianças, ou ainda capacitando o próprio adulto para o mercado.

Para Caccozzi,[10] a máxima "não devemos dar o peixe e sim ensinar a pescar" deve ser questionada, pois, segundo a palestrante, "os rios estão poluídos e os peixes estão podres". A ideia de se relativizar a centralidade do trabalho nos remete ao novo período que estamos vivendo, no qual o esgotamento da capacidade de absorção para o trabalho é evidente, impossibilitando o pleno emprego.

Por sua vez, a representação do trabalhador honesto passa por transformações profundas. Esse tipo de adulto pode não ser mais o modelo que inspira a infância ou a juventude. Os referenciais propostos por programas e projetos estão, em geral, distantes da infância e da juventude.

---

10 Palestra proferida por Neli Henriques Caccozzi no dia 12 de maio de 2006, durante o Curso de Capacitação para Educadores e Assistentes Sociais da Secretaria Municipal de Assistência Social na Federação das Indústrias do Estado de São Paulo – Fiesp/Presidente Prudente.

No âmbito dos programas e projetos implantados, identificamos que existe uma inadequação entre as temporalidades dos envolvidos nas ações assistenciais. O tempo da infância e da adolescência é, em geral, diferente do tempo dos programas e projetos, no qual as lógicas e representações dos adultos permeiam as decisões. Não são valorizadas as participações das crianças e dos adolescentes nos processos decisórios e de implantação. Essa inadequação das temporalidades leva a ações irrelevantes, desprovidas de sentido, quando as relacionamos à equidade social, mas repleta de sentidos, quando as analisamos segundo a lógica excludente que envolve algumas iniciativas, como a que suplanta a vontade adolescente em prol do modo adulto de representar esse adolescente. Um adolescente, ao participar de uma atividade na SMAS, reclamava: "é chato ficar aqui ouvindo rap!". Embora a recusa em participar integralmente das atividades possa ocorrer com frequência, uma adequação das atividades é possível se a opinião de todos os envolvidos for considerada.

No setor da educação, os assistentes sociais atuam em conjunto com outros profissionais buscando ora resolver uma *situação problema*, como as situações atendidas pelo Centro de Acompanhamento e Avaliação (CAA), ora divulgar informações gerais relativas à proteção à criança e ao adolescente, como as atividades desenvolvidas pelo Setor de Assuntos Complementares (SAC), ambos pertencentes à Secretaria Municipal de Educação, e sobre os quais apresentaremos algumas considerações.

No Brasil podemos observar que a Lei de Diretrizes e Bases da Educação Nacional (LDB), Lei nº 9.394, no art. 2º dos princípios e fins da educação nacional, estabelece parâmetros do setor da educação que estão articulados ao ECA, no que diz respeito à função social da *proteção integral* à criança e ao adolescente.

> Art. 2º A educação, dever da família e do Estado, inspirada nos princípios de liberdade e nos ideais de solidariedade humana, tem por finalidade o *pleno desenvolvimento* do educando, seu preparo para o exercício da cidadania e sua qualificação para o trabalho. (Brasil, LDB, 2007, grifo nosso)

Esse *pleno desenvolvimento*, em meio aos diversos tipos de desigualdade existentes no Brasil, torna-se algo inviável, caso não se diferenciem os processos formativos, adaptando-os às necessidades do segmento populacional atendido. Desse modo, a utilização de profissionais de diversas áreas é muito comum na busca de possibilitar melhores oportunidades ao educando. É desse modo que profissionais da assistência social são inseridos em diversas etapas da educação, ou ao menos pensam estar. Tratam-se de equipes técnicas que realizam atividades de orientação e reforço com alunos da escola pública.

O CAA atende crianças entre 7 e 12 anos com desempenho insatisfatório nas escolas públicas municipais. O prazo de acompanhamento pode chegar a três anos, porém 60% atinge o máximo de um ano. No ano de 2006, o CAA atendeu uma média mensal de noventa crianças, com profissionais médicos, psicólogos, pedagogos, fonoaudiólogos e assistentes sociais.

Embora resultados satisfatórios sejam apontados, algumas dificuldades são apresentadas quanto à eficácia dos trabalhos. Entre os problemas relatados quanto aos trabalhos do CAA, incluem-se a distância desse centro em relação a muitas escolas e a interrupção do acompanhamento de casos, antes mesmo de se conseguir resultados satisfatórios.

Já o SAC fornece subsídios a professores e diretores por meio de cursos de formação a partir do referencial teórico do ECA. Os trabalhos incluem a elaboração de boletins informativos produzidos pela equipe técnica e visitas domiciliares para alguns casos.

Os boletins informativos apresentam características importantes quanto à articulação da rede social de proteção integral à criança e ao adolescente. Trata-se de encarte em que texto e ilustrações apresentam informações importantes de maneira objetiva e de fácil compreensão. Detalhes sobre os deveres e direitos relacionados às crianças e aos adolescentes são apresentados, acompanhados de informações úteis sobre como e a quem recorrer, como conselhos tutelares e delegacias especializadas.

O SAC, por sua constituição, que abrange diversas profissões, e sua função, disseminar informações relativas a leis e outros órgãos da rede, pode ser considerado um espaço potencial de transformação social, pois torna possível e de maneira acelerada a visibilidade das questões centrais da rede social.

A área da Saúde absorve profissionais da assistência social, com grande destaque para o setor público. Com o impacto da descentralização no Sistema Único de Saúde (SUS), ocorreu um aumento da quantidade de profissionais assistentes sociais na saúde:

o profissional de serviço social, que já desenvolvia ações em todas as esferas de atendimento (primário, secundário, terciário e quaternário), é envolvido intensamente nas ações de prevenção (centros de saúde, postos de saúde e atendimento domiciliar), especialmente na esfera municipal, responsável pela formulação da política municipal de saúde, provisão das ações e serviços de saúde. (Cavalcanti & Zucco, 2006, p.75)

Assim, ao assistente social caberia, entre outras atribuições, intermediar a relação entre o que é dever do Estado e o que é direito à saúde por parte do *cidadão*, manter um olhar interdisciplinar, além de realizar ações intersetoriais.

Os assistentes sociais que atuam no setor da Saúde desenvolvem atividades relativas à triagem, à avaliação, ao encaminhamento, ao acompanhamento e à distribuição de materiais.

Todas as entrevistas nesse setor apresentaram diversidade de contatos dos órgãos de saúde com outros setores da rede, e com outros profissionais, mostrando uma dinâmica de conexões que indica a utilização da rede de diversas maneiras.

Dos órgãos ligados à saúde, relacionados no Quadro 4, fizemos entrevistas apenas no Centro de Atenção Psicossocial (Caps), nos hospitais e na Unidade Básica de Saúde (UBS) do Palácio, além de colhermos dados por meio da Secretaria Municipal de Saúde, que responde pelas UBSs. Buscamos desse modo coletar informações sobre a presença de assistentes sociais no setor da saúde, compreender aspectos das atividades desses profissionais e os contatos que estes possuem. A escolha desses órgãos levou em consideração, também, a possibilidade de acesso a informações e ao padrão das funções exercidas pelos assistentes sociais inseridos no setor da Saúde, como no caso das Unidades Básicas de Saúde. No caso do Caps, sua função e recente instalação motivaram a entrevista.

O Caps é um órgão ligado ao setor da Saúde, destinado ao atendimento de casos de dependência química e existe há vários anos no estado de São Paulo, porém começou os trabalhos no município de Presidente Prudente apenas em 2007. Das 190 vagas existentes no Caps, trinta são para adolescentes. Segundo os objetivos do Caps, os atendimentos são efetuados de forma preventiva e curativa, na perspectiva de tratar o *usuário* como agente de transformação. A partir de janeiro de 2007, a média mensal de aten-

# REDES SOCIAIS DE PROTEÇÃO INTEGRAL À CRIANÇA E AO ADOLESCENTE 67

Quadro 4 – Setor de Saúde: relação de órgãos e grupos públicos e privados que atendem à criança e ao adolescente em Presidente Prudente (SP), 2006.

| Nome | Possui assistente social? |
| --- | --- |
| 1. Aveas | Sim |
| 2. Centro de Atenção Psicossocial (Caps)** | Sim |
| 3. Hospital Estadual** | Sim |
| 4. Hospital Universitário** | Sim |
| 5. Santa Casa de Misericórdia** | Sim |
| 6. Secretaria Municipal de Saúde** | Não |
| 7. Pronto-Socorro (Ana Jacinta) | Não |
| 8. Tratamento Fora do Domicílio (TFD)* | Sim |
| 9. UBS Brasil Novo* | Sim |
| 10. UBS Cohab* | Não |
| 11. UBS Darcy Carneiro* | Sim |
| 12. UBS Jardim Guanabara* | Sim |
| 13. UBS Jardim Santana** | Sim |
| 14. UBS Palácio** | Sim |
| 15. UBS Parque Alvorada* | Não |
| 16. UBS Parque Cedral* | Não |
| 17. UBS Parque São Judas Tadeu* | Não |
| 18. UBS São Pedro* | Sim |
| 19. UBS Vila Marcondes* | Não |
| 20. UBS Vila Nova Prudente* | Não |
| 21. UBS Vila Real* | Sim |

Fonte: *Secretaria Municipal de Saúde/**Entrevistas

dimento é de dez adolescentes, contando com triagem, visita às famílias, atendimento ambulatorial, distribuição de medicamento.

Quanto à *assistência social em hospitais* do município, identificamos atendimentos a crianças e adolescentes, realizados por funcionários assistentes sociais: Santa Casa de Misericórdia de Presidente Prudente, Hospital Universitário Doutor Domingos Leonardo Cerávolo e Hospital Estadual Doutor Odilo Antunes de Siqueira. Tratam-se de atendimentos relativos a acompanhamento, fornecimento de materiais, realização de cursos e encaminhamentos que envolvem desde a gestação até as fases da infância e adolescência em situações de risco ou vulnerabilidade.

Na Santa Casa de Misericórdia de Presidente Prudente, a assistente social acompanha alimentação e ocorrências, distribui material de higiene, realiza encaminhamentos, além de reunião com mães, projeto de educação nutricional, organização de voluntários e acompanhamento dos trabalhos da brinquedoteca, que é obrigatória e desenvolvida com apoio da Universidade Estadual Paulista Júlio de Mesquita Filho, *campus* de Presidente Prudente.

No Hospital Estadual Doutor Odilo Antunes de Siqueira, os trabalhos da assistente social, além dos encaminhamentos, incluem o acompanhamento de problemas crônicos e casos de ausência de estrutura financeira e familiar, realizando também pesquisas sobre o direito do atendido a benefícios sociais. Os casos acompanhados envolvem crianças em observação, no setor maternal, cirurgia infantil e saúde da gestante.

Acompanhamentos em geral e encaminhamentos são também comuns no Hospital Universitário Doutor Domingos Leonardo Cerávolo. Relatos de casos de violência sexual que foram acompanhados pela assistente social, ao dar entrada no hospital, mostram, de fato, como o setor da saúde participa da rede social pesquisada, articulando-se com outros setores.

Nas sete UBSs de Saúde que possuem assistentes sociais, os trabalhos envolvem acompanhamento, triagem, inclusão de beneficiários e manutenção no programa do leite e encaminhamentos diversos, com destaque para o enquadramento de consultas, além dos casos de saúde mental e dependência química que também são acompanhados. Eventualmente são realizadas visitas domiciliares com elaboração de relatórios.

A despeito da importância da atuação das entidades abordadas nesta seção, desde a experiência do mestrado (Furini, 2003), partimos da constatação de que grande parte das ações assistenciais no município é realizada por entidades privadas, embora, em muitos casos, com parte dos recursos provindos dos governos.

## Entidades: exemplos de assistência social no setor das entidades privadas

Na maioria dessas entidades, profissionais da assistência social são contratados e desenvolvem ações de proteção, juntamente com outros profissionais, como os das áreas da Educação e da Saúde. Em geral, os profissionais dessas entidades se relacionam com os de outras entidades privadas e também com os profissionais dos órgãos públicos, relativos ao tema no qual atuam.

Embora a iniciativa das ações dessas entidades seja privada, as parcerias com os governos e o sistema hierárquico burocrático, a que essas entidades estão sujeitas, fazem que elas atuem como verdadeiros órgãos públicos.

Mais de trinta entidades de iniciativa privada realizam atividades voltadas à crianças e aos adolescentes no município. Das entidades de que conseguimos obter informações, encontramos atividades direcionadas à educação (12), à saúde (dez), ao trabalho (sete) e ao esporte (duas), ocorrendo concomitância entre algumas atividades, como educação e abrigo ou saúde e abrigo. É comum também que uma entidade utilize serviços de outras entidades, gerando interdependência.

A entidade privada Lar dos Meninos (Ladome), por exemplo, que atende cerca de 220 crianças e adolescentes em abrigo e creche, utiliza-se tanto dos serviços prestados por entidades privadas relacionadas à saúde e à educação quanto dos serviços prestados por órgãos governamentais relacionados aos mesmos setores. Em Furini (2003), apresentamos parte do universo das entidades assistenciais de iniciativa privada no município.

Já outra entidade, a Associação de Apoio ao Fissurado Lábio Palatal de Presidente Prudente e Região (Afipp), além de contatos intraurbanos com outras entidades ou órgãos públicos governamentais, estabelece relações com outro município, nesse caso a Secretaria de Saúde da Prefeitura Municipal de Bauru (SP). Isso mostra que a rede social temática ultrapassa a escala municipal, quando a demanda por atendimento especializado não é satisfatoriamente atendida no âmbito da rede local.

Uma atividade bastante desenvolvida por entidades privadas é a capacitação para o mercado de trabalho. Porém, sob o rótulo da capacitação, outros problemas são gerados. As formas contratuais[11] que essas entidades utilizam com os adolescentes, a metodologia de treinamento e a possibilidade de tirar proveito da situação de difícil acesso ao primeiro emprego apontam para a precarização do trabalho na gênese da carreira profissional.

No município, sindicalistas advertem que o contrato aprendiz por meio de terceirização, como é o caso das entidades do município, contribui para a

---

11 O Contrato Aprendiz foi adotado na grande maioria das entidades que agenciam o trabalho para adolescência no município pesquisado.

desvalorização das categorias profissionais nas quais os adolescentes foram inseridos, muitas vezes trabalhando em período similar aos profissionais da área e recebendo menores salários.

A capacitação profissional oferecida pelas entidades é uma fase na qual o adolescente precisa investir recursos próprios para realizá-la. Transporte e uniformes são ônus transferidos para os adolescentes com os quais outrora as empresas arcavam. Os gastos com transportes afetam a contratação, pois a preferência é por adolescentes que residam próximo à empresa, fato que se agrava quando não se consegue algum adolescente nessa condição, pois algumas empresas deixam evidente para as entidades agenciadoras de emprego que não vão fornecer recursos para o transporte, ficando por conta do adolescente adaptar-se ou arcar com as despesas.

Outra forma de exploração pode ocorrer na rescisão contratual, em razão da ausência de informação por parte do adolescente ou de seus responsáveis quanto aos direitos que possui. Presenciamos um caso em que a adolescente precisou comparecer três vezes ao sindicato responsável, por não concordar com os valores da rescisão contratual de uma das entidades.

Em geral o adolescente é desligado automaticamente ao completar 18 anos, podendo ser contratado efetivamente pela empresa onde esteve vinculado. Todas essas dificuldades ainda podem ser somadas aos limites do contrato aprendiz, o qual, por exemplo, reduz o percentual para o FGTS do adolescente, fato não tão relevante se o caráter do agenciamento de empregos gerasse novas oportunidades de trabalho, mas o que se percebe no município é a utilização dessas contratações para reduzir gastos das empresas, por meio de mão de obra barata, além de manter todo o funcionamento da entidade agenciadora de emprego.

Diversas concepções relativas ao trabalho são encontradas nos profissionais que trabalham com a proteção integral; uma que chama a atenção refere-se ao trabalho de pessoas portadoras de necessidades especiais. Uma assistente social enfatiza que o trabalho, nesse caso, significa também autonomia, pois viabiliza realização pessoal, mobilidade e acesso até então não conquistados pelo atendido.

O Quadro 5 lista diversas entidades de iniciativa não governamental voltadas à criança e ao adolescente no município e suas respectivas áreas de atuação.

REDES SOCIAIS DE PROTEÇÃO INTEGRAL À CRIANÇA E AO ADOLESCENTE 71

Quadro 5 – Relação das entidades de iniciativa não governamental voltadas à criança e ao adolescente, Presidente Prudente (SP).

| Nome | Principal área de atuação |
|---|---|
| 1. Ação Familiar do Brasil | Saúde |
| 2. Associação Assistencial Adolpho Bezerra de Menezes – Creche Mei Mei | Educação |
| 3. Associação Betesda | Esporte |
| 4. Associação Bethel | Educação |
| 5. Associação de Apoio ao Fissurado Lábio Palatal de Presidente Prudente e Região (Afipp) | Saúde |
| 6. Associação de Desenvolvimento de Crianças Limitadas – Lúmen Et Fides (Lúmen) | Saúde |
| 7. Associação de Pais e Amigos dos Excepcionais (Apae) | Saúde |
| 8. Associação Educacional Beneficente Casa de Oração | Esporte |
| 9. Associação Filantrópica de Proteção aos Cegos (AFPC) | Saúde |
| 10. Associação Peregrinação do Rosário | Saúde |
| 11. Associação Prudentina Prevenção à Aids – APPA | Saúde |
| 12. Associação Regional Espírita 25ª Região – Creche Clotilde Veiga de Barros | Educação |
| 13. Casa da Amizade | Trabalho |
| 14. Casa da Criança Centro Social São José | Educação |
| 15. Casa da Sopa Francisco de Assis | Educação |
| 16. Casa do Pequeno Trabalhador de Presidente Prudente (CPT) | Trabalho |
| 17. Centro de Integração Empresa Escola (CIEE) | Trabalho |
| 18. Centro Social Fraternidade São Damião | Educação |
| 19. Comunidade Kolping de Presidente Prudente (SP) | Trabalho |
| 20. Fundação Gabriel de Campos | Trabalho |
| 21. Fundação Mirim de Desenvolvimento Social Educacional e Profissional do Adolescente Presidente Prudente | Trabalho |
| 22. Hospital Psiquiátrico Allan Kardec | Saúde |
| 23. Lar dos Meninos S/C (Ladome) | Educação |
| 24. Legião da Boa Vontade (LBV) | Educação |
| 25. Núcleo TTERE de Trabalho e Realização | Saúde |
| 26. Projeto Degraus – Toledo | Educação/ Trabalho |
| 27. Serviço de Obras Sociais (SOS) | Saúde |
| 28. Sociedade Civil Beneficente – Creche Anita Ferreira Braga de Oliveira | Educação |
| 29. Sociedade Civil Beneficente Lar Santa Filomena | Educação |
| 30. Sociedade São Vicente de Paula (SSVP) | Educação |

Fonte: Furini (2003) (questionários).

## Assistência social em órgãos públicos ligados ao setor de Justiça

Como apresentamos anteriormente, o Juizado de Justiça da Infância e Juventude, a Promotoria de Justiça da Infância e Juventude e a Fundação Centro de Atendimento Socioeducativo ao Adolescente (Fundação Casa) foram reunidos sob a denominação *justiça* para efeito de análise.

No âmbito da proteção integral, o Juizado de Justiça da Infância e Juventude é um órgão público que é acionado quando as instituições não cumprem seus papéis. A infração e o direito são modalidades centrais em suas ações. O *cumpra-se*, que parte da esfera da Justiça, aciona diversos setores com prazos determinados para executarem medidas urgentes de proteção à criança e ao adolescente. O uso desse mecanismo sugere que famílias chegam a um patamar de carência exacerbado que é denunciado, por meio de órgãos públicos, como o CT. Esse grau de vulnerabilidade comprova que as ações assistenciais, além dos limites existentes, não atingem toda a população. A ação judicial é utilizada, por exemplo, para exigir que o governo municipal forneça acesso a habitação para famílias em situação de pobreza extrema, sendo mais comum quando relacionado a famílias com crianças, adolescentes ou idosos.

Em geral as ações judiciais deliberam encaminhamentos para atendimentos oferecidos pela rede social de proteção integral à criança e ao adolescente do município ou por projetos de outras instâncias governamentais neste oferecidos; ou seja, é possível questionar a base sobre a qual são tomadas as decisões nessa área.

Os trâmites judiciais são, em geral, eficazes até esbarrarem na falta de recursos. Essa carência faz dissolver no ar as decisões judiciais, incluindo as medidas disciplinares que nem sempre são cumpridas, pela falta de recursos, pois os adolescentes passíveis de internação são enviados para unidades da Fundação Casa, em municípios distantes. Existem esforços para a implantação de uma unidade da Fundação Casa na região de Presidente Prudente. Outrossim, encontramos alguns projetos que desenvolvem atividades com adolescentes e que possuem recursos suficientes para diversas ações de formação pessoal, como apresentamos na análise dos projetos e programas. A capacidade de proteger e a eficácia da Fundação Casa são uma questão à parte.

Já a Promotoria de Justiça da Infância e Juventude e o promotor foram citados pelos entrevistados entre os órgãos públicos e pessoas que mais atuam na temática. Isso mostra que os impedimentos que dificultam os trabalhos de proteção integral, além de enfrentarem os problemas estruturais da sociedade, enfrentam também problemas relativos à representação social formada em relação à questão que, em geral, remete para ações mínimas e circunstanciais; aos embates políticos, comuns, em razão do modo de organização da sociedade, mas que não deveriam ultrapassar o processo eleitoral formal; e ao tipo de rede formada por órgãos públicos e entidades privadas que, ao serem hierarquizadas e normatizadas por atendimentos e vínculos por recursos, tornam-se barreiras naturalizadas que impedem que as conexões da rede favoreçam a resolução de questões sem a anuência jurídica. A judiciarização da temática também demonstra que a rede social ainda é objeto de controle.

A atuação do promotor, contudo, deve ser destacada também como possibilidade no sentido da formação da uma rede social temática com tendência à autonomia. Citado por pessoas de diferentes setores e com diferentes posicionamentos, como pessoa bastante atuante em relação ao tema, o promotor se insere como referência central e pode ultrapassar os limites da hierarquia e do controle a que está submetido.

Se o Juizado e a Promotoria são órgãos centrais na rede social de proteção integral à criança e ao adolescente, é, então, o excesso de desrespeito que atinge o universo da infância e da adolescência no município, pois são órgãos que são acionados quando ocorre desrespeito às leis.

Mesmo que alguns profissionais se destaquem na atuação da proteção integral, não significa que a abrangência dos trabalhos atinja todo o segmento da infância e da adolescência. Considerando o número de crianças e de adolescentes matriculados nas escolas do município (Tabela 5) e que a proteção integral deve ser estendida a todos os segmentos da infância e da adolescência, independentemente da situação financeira, notamos que grande parte desse segmento populacional não é atendida preventivamente. A ação preventiva é mais necessária que a *curativa*.

A Promotoria atende *infratores* e *não infratores*, tendo vários casos resolvidos por acordo. Entre os diversos trabalhos desenvolvidos pela Promotoria, destacamos o de reconhecimento da paternidade. Estimativas apontam que cerca de oitocentos mil crianças ficam sem o reconhecimento paterno

# 74 LUCIANO ANTONIO FURINI

Tabela 5 – Aspectos da educação básica no município de Presidente Prudente (SP), 2006.

| Períodos | Iniciativa | Número de escolas | Número de matrículas |
|---|---|---|---|
| Educação Infantil Pré-escola Entre 4 e 6 anos | Estadual | 1 | 20 |
| | Municipal | 28 | 5.500 |
| | Privada | 35 | 1.678 |
| Ensino Fundamental Entre 6/7 e 14 anos | Estadual | 31 | 14.400 |
| | Municipal | 26 | 7.077 |
| | Privada | 25 | 5.811 |
| Ensino Médio Entre 15 e 17 anos | Estadual | 20 | 9.212 |
| | Privada | 12 | 1.694 |
| **Total** | | **178** | **45.392** |

Fonte: Censo (2000), atualização: Ministério da Educação Instituto Nacional de Estatística e Pesquisas Educacionais (Inep) 2004.

Organização dos dados: Luciano Antonio Furini.

anualmente no Brasil (Freitas et al., 2006, p.8). Porém, é necessário não utilizar o reconhecimento de paternidade como forma de culpabilização do âmbito familiar quanto à ausência de proteção, pois as causas devem ser buscadas em uma série de fatores.

No processo de reconhecimento de paternidade, implementado pela Promotoria, as mães são *chamadas* para regularizar o reconhecimento paterno de seus filhos. No decorrer das ações, foram realizadas pesquisas relativas à ausência da paternidade na certidão de nascimento. Os casos pesquisados incluem alunos da 1ª à 4ª série do Ensino Fundamental de escolas municipais de Presidente Prudente, localizadas em áreas consideradas de exclusão social.

Na pesquisa de Freitas et al. (2006), foram entrevistadas cinquenta mães e, entre os resultados, destacamos que 75% foram favoráveis e 24% contra o reconhecimento da paternidade, estas últimas alegando os seguintes motivos: 45% não têm notícia do paradeiro do genitor; 23% pelo falecimento do genitor, antes do nascimento do filho (pode ser pesquisada a relação desses com o cumprimento de *medidas socioeducativas* de LA do Projeto Alerta); 8% porque o genitor é casado; 8% porque foi um relacionamento passageiro e casual; 8% porque o genitor é alcoolista; 8% por gravidez precedente de um único encontro. Já entre os 76% das mães favoráveis ao reconhecimento de paternidade, os motivos de aceitarem foram: 54% para fins de pensão alimentícia; 30% consideram que é um direito assegurado à criança; 16% que é um fator de melhora da autoestima da criança.

O reconhecimento de paternidade é um meio de responsabilização social, mas também nos faz conjeturar sobre o universo de vulnerabilidade que envolve uma gestação em segmentos populacionais mais carentes. Gravidez precoce, ausência de estrutura e envolvimento com transgressões são alguns fatores que podem permear a gravidez.

A Promotoria, segundo concepções da rede social pesquisada, está envolvida em diversas ações de promoção da proteção integral. É comum seu envolvimento com diversos setores que tratam da questão.

A Associação Cearense do Ministério Público (ACMP) publicou cópia da ação civil pública, impetrada em março de 2000, pelo Ministério Público do Estado de São Paulo, por meio de dezenove promotores de justiça da infância e juventude da região de Presidente Prudente, incluindo a de Presidente Prudente. Tal ação foi direcionada ao juiz de direito da Vara da Infância e Juventude de Presidente Prudente. Trata-se de uma medida que buscava atender *adolescentes privados de liberdade* por meio de estabelecimentos de internação, já que a inexistência destes contrariava as disposições da Lei nº 8.069/90, referentes à descentralização e à regionalização. A ação buscava atingir a forma de atendimento da então Febem, vinculada ao governo do estado de São Paulo. A ação baseou-se em diversos fatores como os limites da Febem, a convivência dos adolescentes da região com outros adolescentes considerados de maior periculosidade, a distância da família e outras razões apresentadas pelas leis brasileiras.

A atuação da Promotoria é, assim, de grande impacto na rede social pesquisada, influenciando sobremaneira os contatos estabelecidos, daí conferirmos importância central ao que estamos chamando de setor de justiça, no qual a promotoria também está incluída.

A Febem ou Fundação Casa não possui uma unidade de encarceramento na região, embora, como mostramos antes, seja objeto de solicitação por parte de promotores do Ministério Público de cidades da região, com apoio do CMDCA de Presidente Prudente, "considerando que os adolescentes infratores provenientes das cidades que integram a 10ª região administrativa que estão internados nas unidades da Febem na Capital estão sofrendo grave violação a seus direitos fundamentais" (Associação Cearense do Ministério Público, 2007).

Um escritório da Fundação Casa funciona no município de Presidente Prudente em terreno conjugado com a Diretoria Estadual de Ensino. Esse escritório possui projetos com recursos financeiros destinados a treze municípios da região, além de assessorar sete municípios nos quais não possui projetos. Em Presidente Prudente, a Fundação Casa supervisiona os trabalhos do Projeto Alerta da SMAS.

## Órgãos governamentais participativos ligados à assistência social

No município de Presidente Prudente, os órgãos governamentais participativos constituem, de maneira particular, espaços de atrito entre grupos de interesses e político-partidários, para além dos limites que a população de uma cidade interiorana pode apresentar quanto à participação social nas questões públicas.

O Conselho Municipal dos Direitos da Criança e Adolescente (CMDCA) é um órgão deliberativo que não tem poder em si, mas deve lutar para que se aplique a lei. Por meio dele, "a Prefeitura e a sociedade civil organizada decidem a política local para crianças e adolescentes além de registrar os programas de proteção e socioeducativos e controlar um fundo de recursos para financiar esses programas" (Sêda, 1997, p.59). Os Conselhos de Defesa dos Direitos da Criança e do Adolescente devem existir nas esferas municipal, estadual e federal. A implantação do CMDCA não implica em si a superação das limitações e das barreiras que sufocam as possibilidades de transformações sociais nessa área, é um passo importante desde que esteja aberto ao debate público sobre a questão.

> A conquista de novos parâmetros legais colocados pelo Estatuto da Criança e do Adolescente, não é suficiente para transformar a realidade. Por isso, os canais abertos de co-gestão de políticas municipais (os Conselhos Tutelares e o Conselho Municipal dos Direitos da Criança e Adolescente) devem ser o espaço privilegiado de reflexão e decisão para consolidar e implementar a rede de serviços previstos no Estatuto, de maneira *ousada* e inovadora. (Blanes et al., 1995, p.22, grifo nosso)

O CMDCA do município de Presidente Prudente ainda não cumpre o papel de articular redes. As limitações desse órgão apontam para a existência de grupos de interesses locais, que impedem que suas deliberações avancem para questões mais amplas. Também os limites relativos à organização interna, como a burocracia existente, a ausência de capacitação dos conselheiros e as deficiências na constituição do conselho, caracterizam obstáculos a serem superados.

Nesse sentido, a própria participação da sociedade na questão, por meio do conselho, fica restrita. Embora entidades não governamentais façam parte do atendimento às crianças e aos adolescentes, muitos dos *vínculos* que as unem aos órgãos públicos ainda estão restritos aos limites dos recursos recebidos, quando das parcerias com o governo.

Todos os conselheiros, ao serem indagados sobre a existência de uma rede de proteção integral à criança e ao adolescente no município, disseram que tal rede existe. Porém, alguns apontaram deficiências no processo de consolidação desta.

Em geral, o que os conselheiros caracterizam como organização em rede é o conjunto burocrático-hierárquico existente para a execução parcial – e não integral – da proteção à criança e ao adolescente no município. Não é uma rede social com tendência à autonomia, o que torna ainda mais difícil a situação, pois ao representar a rede social controlada como adequada à proteção integral, as ações continuam limitadas aos mediadores existentes e não ao que está por ser construído. As limitações precisam ser superadas, caso se pretenda constituir uma rede de proteção integral à criança e ao adolescente com tendência à autonomia.

O fato de se ter representação de diversos segmentos da sociedade no CMDCA não implica que esses segmentos participem efetivamente das decisões. Os membros do conselho não estão preparados o suficiente para poder participar de decisões próprias do conselho. Ao participarmos das reuniões mensais do conselho, notamos que os membros necessitam de uma formação básica constante em relação às competências e abrangências desse conselho para assim poder atuar; caso contrário, a falta de conhecimento vai propiciar maior interferência por parte dos grupos de interesse nas decisões. Essa formação constante dos membros deve ser realizada com maior rigor e ser avaliada, caso contrário o CMDCA pode ser utilizado como local de legitimação de favorecimento dos grupos de interesses.

## 78 LUCIANO ANTONIO FURINI

Tabela 6 – Setores representados no Conselho Municipal dos Direitos da Criança e do Adolescente, Presidente Prudente (SP).

| Segmento da sociedade representado | Número de representantes | Número de faltas ocorridas no período* (Faltas/por total de presença possível) |
|---|---|---|
| 1. Associação dos Professores do Ensino Oficial do Estado de São Paulo (Apeoesp) | 2 | 21/22 |
| 2. Diretoria de Ensino | 2 | 13/22 |
| 3. Organizações religiosas | 2 | 14/22 |
| 4. Ordem dos Advogados do Brasil (OAB) | 2 | 11/22 |
| 5. Entidades que atendem crianças e adolescentes | 3 | 10/33 |
| 6. Associações de moradores de bairros | 3 | 15/33 |
| 7. Entidades que atendem crianças e adolescentes portadores de deficiência | 3 | 11/33 |
| 8. Profissionais liberais | 3 | 13/33 |
| 9. Secretaria Municipal da Assistência Social | 2 | 10/22 |
| 10. Secretaria Municipal de Esportes | 2 | 9/22 |
| 11. Secretaria Municipal de Educação | 2 | 5/22 |
| 12. Secretaria Municipal de Saúde | 2 | 15/22 |
| 13. Polícia Civil | 2 | 22/22 |
| 14. Polícia Militar | 2 | 8/22 |
| 15. Conselho Tutelar | 1 | 3/11 |
| 16. Promotoria de Justiça da Infância e Juventude | 1 | 0/11 |
| **Total** | **34** | **180/374** |

Fonte: CMDCA. Pesquisa e organização dos dados: Luciano Antonio Furini.

* A inclusão desse item se deve ao significativo número de faltas ocorridas por parte dos membros do conselho, objeto, inclusive, de advertência por parte do promotor de justiça da infância e juventude local. Período pesquisado: entre fevereiro e junho de 2006.

Obs.: incluídas as faltas justificadas e constância da presença dos suplentes.

é o envolvimento de todos, que assim, a grande maioria está envolvida, mas muitos não entendem a finalidade, então faz porque tem que fazer, porque vem o retorno financeiro dali, então se eu tiver incluída na rede, eu consigo ter um retorno financeiro lá do Gepac[12] por exemplo, *se eu não tiver no conselho* [...],

---

12 Grupo de Empresários e Profissionais Amigos da Criança. Trata-se de uma organização criada para formar um fundo voluntário de recursos que será distribuído para entidades ou projetos cadastrados que realizam trabalhos relacionados à proteção à criança e ao adolescente.

mas não consegue entender o porquê da rede, e é isso que faz que alguns caminhem sozinhos e outros acabem ficando pelo caminho. (membro do CMDCA, representante de entidade privada)

Isso, porém, remete a outra limitação, que diz respeito à mudança do foco de ação por parte dos conselheiros e da estrutura em que se apoiam. O que observamos foi um conselho envolvido em questões burocráticas e restrito aos trâmites advindos das entidades e projetos vinculados, ou que recebem recursos sob fiscalização do conselho. As questões mais amplas relativas à infância não são tratadas com a relevância que merecem, e é nesse ponto que os representantes, mesmo não sendo especialistas, poderiam contribuir. Logo, uma reorganização que remeta a questões burocrático--administrativas para áreas mais periféricas e coloque no centro as questões sociais mais relevantes se faz necessária.

Outra limitação é a indicação dos representantes. Os representantes são funcionários de órgãos públicos ou entidades privadas e são indicados por seus pares ou superiores, com poucas exceções. Tal indicação não seria tão problemática se não envolvesse os interesses pontuais dos órgãos ou entidades e se os representantes escolhidos apresentassem vivência e interesse amplo na temática.

A ausência de representação de adolescentes no CMDCA deve ser questionada, a relação entre adultos e adolescentes não autoriza os primeiros a projetar atividades segundo representações de infância e adolescência. É possível a existência de conselheiros que sequer mantêm contatos atuais com adolescentes em situação de risco, ou seja, sequer conhecem na prática as dificuldades enfrentadas por eles.

O fato de os membros do conselho faltarem excessivamente às reuniões (Tabela 6) e serem destituídos constantemente em meio ao mandato é outro dos limites apresentados. Se os membros do conselho já se dizem inexperientes, as faltas e as mudanças constantes implicam um significativo agravamento desse quadro.

Mesmo que a lógica e a estrutura do conselho desviem o foco da proteção integral à criança e ao adolescente, uma preparação mais abrangente dos conselheiros, para atuar em relação ao tema, pode trazer novas possibilidades, desde que descarte funções que não competem aos conselheiros e implemente as que ainda não são contempladas.

Durante nossas observações, presenciamos um caso de atuação do conselho perante uma prestação de contas de entidade não governamental, a qual recebe recursos governamentais fiscalizados pelo conselho. A falta de conhecimento de quais seriam os procedimentos adequados mostrou existir graves falhas de comunicação. Uma entidade, que agencia trabalho para adolescentes, desrespeitou os prazos de prestação de contas e as medidas tomadas pelo conselho mostraram, além da desarticulação interna dos membros, um desconhecimento dos procedimentos adequados a serem tomados, o que resultou em perda excessiva de tempo com o caso e não efetivação de uma ação adequada.

Outra barreira que faz que o CMDCA não se objetive como instância em prol da equidade social está relacionada aos tipos de representatividade. Notam-se a ausência de representatividade do setor da cultura na época da pesquisa e altos índices de ausência nas reuniões por parte da Polícia Civil, da Secretaria Municipal de Saúde, da Associação dos Professores do Ensino Oficial do Estado de São Paulo (Apeoesp) e da Associação de Moradores. Os representantes da Polícia Civil, por exemplo, sequer participaram de reuniões (ver Tabela 6), o caráter não ostensivo da Polícia Civil – em relação ao caráter ostensivo da Polícia Militar – tornou-se negativamente literal no CMDCA. Além de os atendidos, em geral, não serem representados no conselho, seus pais estão, em geral, fora dele.

Outra questão refere-se ao âmbito dos interesses representados no conselho. Em uma das reuniões surgiu uma discussão sobre de qual segmento uma representante deveria defender os interesses. Seria da entidade da qual era funcionária? Seria das entidades em geral? Ou os interesses do conselho? Alguém lhe disse que eram os interesses da entidade da qual era funcionária, os quais ela devia defender. A dúvida, nesse caso, por si só, é um sinal de problema.

As condições estruturais do conselho também revelam problemas administrativos que, somados aos já descritos, constituem um impedimento significativo para as ações do CMDCA:

> O conselho tem dificuldades na parte administrativa, né? Porque é [...] o equipamento que a gente tem, que as meninas utilizam aqui, é muito aquém das necessidades, né? [...] O fluxo nosso é muito grande! (presidente do CMDCA)

Percebemos uma barreira existente quando se busca aplicar uma lei no Brasil, que é relativa aos meios de aplicação dessa lei. Por mais simplista e comum que pareça ser a ocorrência de reclamações relativas à estrutura administrativa em órgãos públicos brasileiros, o *sucateamento* de instâncias públicas que possuem tendência à superação de limites políticos é estratégico, como ocorre com universidades públicas, conselhos e comissões. O governo que financia é o mesmo para o qual voltarão as pressões por recursos e atitudes voltadas à temática, desse modo, é óbvio que o conflito será constante até que se conquiste maior autonomia e previsão orçamentária, desvinculando ainda mais as possibilidades de coerções políticas. Demo (2003, p.48) mostra que "tornou-se proverbial entre nós que leis sociais dotadas de textos incisivos e avançados não sejam contempladas com orçamentos próprios" e comenta o caso mais notório, o do ECA, que conquistou apenas um fundo voluntário.

Em Presidente Prudente, esse fundo voluntário é constituído por meio do Grupo de Empresários e Profissionais Amigos da Criança (Gepac). Além de apresentar problemas quanto ao fato de ser um fundo voluntário e com direito a abatimento no imposto de renda, a arrecadação é tida como aquém do que se poderia obter, embora esteja aumentando.

O CT se insere no sistema de proteção integral do ECA, o qual, por sua vez, se insere na Convenção Sobre os Direitos da Criança da Organização das Nações Unidas (ONU), de 1989, de que o Brasil é signatário (Sêda, 1997, p.59). O CT:

> É um órgão municipal, permanente e autônomo, não jurisdicional, encarregado pela sociedade de zelar pelo cumprimento dos direitos da criança e do adolescente, definidos na Lei Federal 8.069 de 13 de julho de 1990, que entrou em vigor no dia 14 de outubro de 1990, que dispõe sobre o Estatuto da Criança e do Adolescente. (idem, p.9)

Uma mudança importante a partir da implantação dos CTs, segundo pesquisadores do tema, é que sua constituição "inibiu com o poder quase ilimitado dos juizados existente no antigo Código de Menores", além de ressaltar "a necessidade de um desempenho articulado às novas instâncias por parte dos atuais Juízes da Infância e da Juventude" (Freitas et al., 2006, p.46).

Quadro 6 – Relação das organizações e projetos inscritos no CMDCA de Presidente Prudente (SP), 2006.

| Nome |
| --- |
| 1. Ação Familiar do Brasil (AFB) |
| 2. Associação Assistencial Adolpho Bezerra de Menezes – Creche Mei Mei |
| 3. Associação Bethel: Projeto Mão Amiga |
| 4. Associação Betsda – Bola no Pé e Bíblia na Mão |
| 5. Associação de Apoio ao Fissurado Lábio Palatal de Presidente Prudente e Região (Afipp) |
| 6. Associação de Desenvolvimento de Crianças Limitadas – Lúmen Et Fides (Lúmen) |
| 7. Associação de Pais e Amigos dos Excepcionais (Apae) |
| 8. Associação Filantrópica de Proteção aos Cegos (AFPC) |
| 9. Associação Peregrinação do Rosário (APR) |
| 10. Associação Prudentina de APPA |
| 11. Associação Reg. Esp. 25ª Região – Creche Clotilde Veiga de Barros |
| 12. Casa da Criança |
| 13. Casa do Pequeno Trabalhador de Presidente Prudente (CPT) |
| 14. Centro de Integração Empresa Escola (CIEE) |
| 15. Fundação Gabriel de Campos (FGC) |
| 16. Fundação Mirim: Desenvolvimento Social Educacional |
| 17. Lar dos Meninos S/C (Ladome) |
| 18. Legião da Boa Vontade (LBV) |
| 19. Núcleo TTERE de Trabalho e Realização |
| 20. Proerd – Polícia Militar |
| 21. Programa de Erradicação do Trabalho Infantil (Peti)* |
| 22. Programa Renda Cidadã – Fortalecendo a Família* |
| 23. Programa Sentinela* |
| 24. Projeto Alerta* |
| 25. Projeto Crescer* |
| 26. Projeto Criança Cidadã* |
| 27. Projeto Jovem Cidadão* |
| 28. Projeto Rede Municipal de Cultura |
| 29. Rede Criança Prudente* |
| 30. Serviço de Obras Sociais (SOS) |
| 31. Sociedade Civil Beneficente – Creche Anita Ferreira Braga de Oliveira |
| 32. Sociedade Civil Beneficente Lar Santa Filomena |
| 33. Sociedade São Vicente de Paula (SSVP) – Conselho Central |

Pesquisa e organização dos dados: Luciano Antonio Furini.

Fonte: CMDCA.

*Projetos da SMAS.

Para uma das conselheiras, a atuação do CT pode gerar várias reações junto à população, como a de alguns chefes de família denunciados, que se dizem reféns das crianças, quando a autoridade dos pais é questionada, tornando a situação de vivência familiar mais vulnerável. Outros, no entanto, encontram no CT um caminho para efetivar um direito, lutar por melhores condições e até a reconhecer que não está recebendo favor algum, ao ser beneficiado por políticas públicas, e sim fazendo cumprir algo que já está conquistado. Grande parte da população ainda não assimilou que certas carências podem ser superadas acionando seus direitos por meio do CT. Para a conselheira citada é um processo de formação constante, que também depende do perfil do conselheiro e das pessoas envolvidas com a proteção integral à criança e ao adolescente, o que reforça nossa posição em relação à importância que deve ser conferida aos profissionais envolvidos.

O CT de Presidente Prudente é um órgão de relevante atuação social e com grande possibilidade de impulsionar uma rede social de proteção integral à criança e ao adolescente com tendência à autonomia. O fato de se ter um vínculo profissional e uma eleição para escolha dos conselheiros é de notória importância para tal atuação. O salário estabelecido pelo trabalho como conselheiro, somado ao modo como os mesmos são escolhidos – eleição municipal –, confere certa autonomia aos conselheiros efetivados, o que, aparentemente, quebra parte das *amarras* políticas com o poder local. Essa particularidade permite ao conselheiro tutelar posicionar-se para além dos limites impostos pela política partidária ou grupos de interesses.

> Os conselhos tutelares padecem de uma profunda contradição: são órgãos autônomos, porém mantidos pelo Poder Executivo municipal. Ao mesmo tempo, são responsáveis por zelar pelos direitos das crianças, o que, na maioria das vezes, significa cobrar do Executivo municipal a ampliação da rede de serviços destinados à infância e juventude. A tensão política está criada estruturalmente pela própria natureza do conselho. (Tôrres et al., 2006, p.110)

O poder de enfrentamento do CT revelou-se, em grande parte, em razão da postura dos profissionais e do trâmite jurídico implícito cuja estrutura também faz que os casos sejam acompanhados com maior atenção. Mesmo que uma estrutura com tendência à autonomia seja criada, a tendência só se realiza caso a postura dos profissionais seja condizente. Uma conselheira foi obrigada a impetrar ação judicial para manter-se no cargo em razão da pressão de políticos locais e de certa rede de interesses a eles relacionada. Citada entre as pessoas que mais atuam em relação à temática, o trabalho dessa conselheira mostra que a fronteira que separa a ação paliativa da plena atuação em relação ao tema é caracterizada por posturas políticas, que buscam desconstruir ou aderir os saberes dos grupos de interesse dominantes.

O fato de essa conselheira ser citada como uma das mais atuantes e, mesmo assim, perder a eleição em 2006 mostra que as ações da rede ainda não são de conhecimento da população como um todo, e que, mesmo havendo eleições, as artimanhas eleitoeiras não estão descartadas, já que, nesse caso, o voto não é obrigatório, favorecendo aqueles cuja rede de relações pessoais e institucionais forem mais extensas. Essas particularidades corroboram Marques (2003, p.47), quando destaca a importância dos *atores*:

> Em termos mais abstratos, partimos da premissa de que as políticas públicas são definidas pela interação entre atores no interior dos ambientes institucionais e relacionais presentes nas comunidades de políticas. As dinâmicas políticas são resultado dessas interações, tendo em conta os constrangimentos das instituições e das redes de relações pessoais e institucionais presentes.

Após eleitas, as conselheiras adentram no universo das denúncias de violação de direitos em relação às políticas públicas. Essa inserção é conflituosa, independente dos cursos preparatórios existentes, pois, como observamos na Tabela 7, vários direitos sequer são reivindicados.

Tabela 7 – Dados comparativos do Relatório de Atendimento do Conselho Tutelar, biênio 2004/2005.

| Violação de direito em relação à Política Pública | 2004 | | 2005 | |
|---|---|---|---|---|
| | Número de casos | % | Número de casos | % |
| Assistência social | 31 | 1,5 | 28 | 1,8 |
| Saúde | 15 | 0,7 | 54 | 3,5 |
| Educação | 1.110 | 53,2 | 722 | 46,5 |
| Esporte | 0 | 0 | 0 | 0 |
| Cultura | 0 | 0 | 1 | 0,1 |
| Convivência familiar | 852 | 41 | 661 | 42,6 |
| Prática de ato infracional | 15 | 0,7 | 25 | 1,6 |
| Exploração do trabalho | 36 | 1,7 | 21 | 1,4 |
| Convivência comunitária | 2 | 0,1 | 19 | 1,2 |
| Recâmbio | 15 | 0,7 | 9 | 0,6 |
| Registro de nascimento | 9 | 0,4 | 11 | 0,7 |
| **Total de casos novos abertos** | **2.085** | **100** | **1.551** | **100** |

Fonte: Conselho Tutelar do Município de Presidente Prudente (SP).

Na Tabela 7, observamos que as denúncias e reclamações que envolvem educação e convivência familiar são as de maior quantidade. No ano de 2005, destacamos as ocorrências relativas à educação – que pertence ao grupo de direitos que garantem o desenvolvimento[13]: a) *creche* (com destaque para a procura de vagas) que, entre outros 45 itens, foi objeto de 284 ocorrências, 18,3% do total de 1.551 ocorrências; b) *faltas reiteradas*, 225 (14,5%). Ainda em 2005, destacamos as ocorrências relativas à convivência familiar – que pertence ao grupo de direitos que garantem a integridade: a) *violência física*, 128 (8,2%); b) *negligência*, 271 (17,4%); c) *conduta do filho*, 189 (12,1%). Observamos que no caso da convivência familiar ocorre um agravamento, pois os próprios meios de proteção espontânea estão comprometidos.

Também podemos destacar na Tabela 7 que itens como carência de esporte e cultura não são objetos de denúncia, mostrando a ausência de políticas públicas que divulguem os direitos relativos a essas áreas.

O fluxo de reclamações nos meses de janeiro, julho e dezembro cai cerca de 50% no CT, pois o fluxo de reclamações está bastante vinculado à área da Educação. Destaca-se que muitos casos de violência doméstica são encaminhados por meio da área da Educação.

Quanto ao grau de conhecimento e postura com referência aos direitos, existe uma diferença entre buscar, por meio do CT, algo como necessidade ou como direito. Em muitos casos, a grande quantidade de ocorrências pode não significar busca por direitos.

Implantada em 2000, a Rede Criança Prudente faz parte de uma tentativa de articulação em prol da proteção integral à criança e ao adolescente no município. Não possui uma sede própria, é organizada por profissionais a partir da SMAS e possui um comitê gestor com 16 pessoas, sendo oito da esfera governamental e oito da esfera privada.

Notemos que a Secretaria da Cultura está incluída na Rede Criança Prudente, mas não é representada no CMDCA.

Para além da Rede Criança Prudente, alguns profissionais da SMAS destacam a inexistência de uma rede de proteção integral à criança e ao adolescente:

---

13 São cinco os grupos de direitos utilizados pelo CT para classificar as ocorrências: I) sobrevivência; II) desenvolvimento; III) integridade; IV) recâmbio; V) registro de nascimento.

Quadro 7 – Organizações cadastradas na Rede Criança Prudente, 2006.

| |
|---|
| **Governamentais** |
| 1. Décimo Oitavo Batalhão de Polícia Militar Interior (18 BPMI) |
| 2. Ambulatório Regional de Saúde Mental de Presidente Prudente (ASM) |
| 3. Diretoria de Ensino de Presidente Prudente (DERPP) |
| 4. Fórum: Poder Judiciário – Vara da Infância e Juventude de Presidente Prudente |
| 5. Promotoria de Justiça da Infância e Juventude e Pessoa Portadora de Deficiência |
| 6. Secretaria Municipal de Assistência Social (SMAS) |
| 7. Secretaria Municipal de Cultura e Turismo (Secut) |
| 8. Secretaria Municipal de Educação de Presidente Prudente (Seduc) |
| 9. Secretaria Municipal de Esportes de Presidente Prudente (Semepp) |
| **Governamentais participativas** |
| 1. Conselho Municipal dos Direitos da Criança e do Adolescente (CMDCA) |
| 2. Conselho Municipal de Educação de Presidente Prudente (Comed) |
| 3. Conselho Municipal da Pessoa Portadora de Deficiência (Condef) |
| 4. Conselho Tutelar de Presidente Prudente (CTPP) |
| 5. Grupo de Empresários e Profissionais Amigos da Criança (Gepac) |
| **Não governamentais** |
| 1. Ação Familiar do Brasil (AFB) |
| 2. Associação Bethel: Projeto Mão Amiga |
| 3. Associação de Apoio ao Fissurado Lábio Palatal de Presidente Prudente e Região (Afipp) |
| 4. Associação de Desenvolvimento de Crianças Limitadas – Lúmen Et Fides (Lúmen) |
| 5. Associação de Pais e Amigos dos Excepcionais (Apae) |
| 6. Associação Filantrópica de Proteção aos Cegos (AFPC) |
| 7. Associação Peregrinação do Rosário (APR) |
| 8. Associação Prudentina de Appa |
| 9. Casa do Pequeno Trabalhador de Presidente Prudente (CPT) |
| 10. Fundação Gabriel de Campos (FGC) |
| 11. Lar dos Meninos S/C (Ladome) |
| 12. Legião da Boa Vontade (LBV) |
| 13. Núcleo TTERE de Trabalho e Realização |
| 14. Serviço de Obras Sociais (SOS) |
| 15. Sociedade Civil Beneficente Lar Santa Filomena |
| 16. Sociedade São Vicente de Paula (SSVP) |

Fonte: SMAS de Presidente Prudente.

Teoricamente, no papel tem, na prática eu não consigo enxergar isso, fica muito assim: Ah, rede. Ah, minhas crianças, e a parte de cadastro, de reunião, computadores, isso aquilo, mas, assim, não sei, da criança acho que não tem alteração nenhuma, no momento... (assistente social da SMAS)

Integral eu acredito que não existe essa rede, a gente tem bem claro o projeto (Alerta), não existe rede porque [...] teria que ter uma rede, a saúde, a educação, não existe esse amparo, você precisa de um tratamento [...] não existe, a educação você coloca esse adolescente é diferenciado. Ah, o seu adolescente está dando trabalho aqui e você vem resolver isso. E não é, esse adolescente é deles, eles também têm que acolher, a gente faz tudo pra estar encaminhando esse adolescente, eles fazem de tudo pra estar expulsando esse adolescente, exemplo claro disso é o ação jovem, o jovem cidadão. [...] Teve um caso do menino que eu fiz de tudo pro menino voltar, quando ele voltou, no primeiro dia de aula que ele foi, que eu consegui a vaga e tudo, ele não entrou porque ele estava sem uniforme. Eu liguei na escola, como que o menino não entrou? *Ah, se ele não tem uniforme ele pode vir com uma roupa clara, branca, é impossível que ninguém não tenha uma camiseta branca.* Não é impossível, eu posso te levar em várias casas que não têm. Ah, *então passa o nome dele.* Então quer dizer, já exclui um pouquinho, acho que uniforme pra ele exigir, então eles teriam que proporcionar a quem não tem, é legal todo mundo estar limpinho, arrumadinho, só que... (assistente social da SMAS)

Fica evidente que cada setor busca trabalhar *seus interesses* e isso revela o caráter de controle hierárquico, que suprime parte da correlação de trabalhos pelo fato de não existir planejamento comum entre os setores. A rede social nesse caso não ultrapassou os limites do controle e da hierarquia. Tal desvio, para ser resolvido, implicará o reconhecimento de que os funcionários de órgãos públicos e entidades são agentes políticos relevantes que podem desempenhar suas funções de maneiras diversas.

A Rede Criança Prudente tem se constituído apenas como uma rede *on-line* de cadastramento dos atendidos e das entidades e órgãos públicos e seus respectivos projetos. Em 2006, um fórum[14] foi realizado para tratar desse cadastramento. A grande quantidade de atendidos e de entidades sugere que mesmo o funcionamento apenas como rede *on-line* será de difícil implantação. Um membro do CMDCA explica as dificuldades, dando o exemplo da entidade não governamental de que participa:

É assim: cada entidade, ou cada órgão, ou cada seguimento, ele tem que ter esse cadastro na rede, então tem uma série de coisas, então nós temos hoje na entidade oitocentos adolescentes atendidos, a gente tem que cadastrar todos, só que o cadastro não é só um, não é só os dados pessoais, existe o atendimento, o atendimento da assistente social, da equipe técnica, então ele é dividido, só

---

14 Fórum de Defesa dos Direitos da Criança e do Adolescente, realizado no dia 7 de julho de 2006, no município.

que o número de informações que precisam constar nesse cadastro é uma coisa monstruosa, a gente está ainda na primeira parte, a gente não consegue ainda, vamos dizer assim, colocar a ação do atendimento que foi feito, porque tem algumas informações que são sigilosas, mas precisa ter esse dia a dia, isso aí a gente não consegue fazer, então assim, é uma coisa monstruosa. (assistente social, membro do CMDCA, representante das entidades não governamentais)

A utilização de banco de dados *on-line* é relevante para a dinamização da rede de proteção integral à criança e ao adolescente. Contudo, esse tipo de atividade é apenas uma pequena parte das atividades da rede social temática, que busca tendência à autonomia. Por receber o nome de Rede Criança Prudente, a rede *on-line* é representada como rede social de proteção integral à criança e ao adolescente, o que pode contribuir para que os membros da rede social temática não busquem transitar da rede social com tendência ao controle para uma rede social com tendência à autonomia.

A Rede Social São Paulo (RSSP) é composta por uma parceria entre mais de cem organizações governamentais e não governamentais. O objetivo declarado é fortalecer as redes locais e incentivar o protagonismo dos CMDCA. A RSSP promoveu 195 encontros durante os anos de 2005, 2006 e primeiro semestre de 2007, e foram mobilizados neste período mais de 17 mil lideranças de 383 municípios do estado de São Paulo. Os trabalhos são norteados pelo Projeto Envolver, que é estabelecido a partir do sistema de garantia de direitos da criança e do adolescente. Os agentes que essa rede busca abranger são: educadores, profissionais da saúde, assistentes sociais, dirigentes de órgãos públicos e de organizações da sociedade, advogados, policiais, conselheiros de direitos, conselheiros tutelares, juizes da infância, promotores de justiça, defensores públicos, além de lideranças empresariais e de governo (Rede Social São Paulo, 2007).

Para a efetivação da rede, o objetivo buscado é o de articular para ampliar impacto, por meio de método desenvolvido pelo Fundo das Nações Unidas para a Infância (Unicef), gerando sensibilização.

A partir da lista de institutos ou fundações representativas da RSSP, podemos entender parte dos interesses que movem essa rede e identificar a vulnerabilidade que permeia a questão. Bases voláteis formam os alicerces do Fundo Estadual dos Direitos da Criança e do Adolescente. Bases que só se manterão enquanto existir o sistema que causa grande parte dos problemas da infância e da adolescência. Porém, essas bases inserem-se em vetores alternativos e aproveitam para ocupar algumas das poucas posições que podem vir a ser âmbitos de gênese de transformações. As fundações e institutos que compõem a tríade gestão/líderes/comitê são: Fundação Telefônica; Fundação Itaú; Fundação Nestlé; Instituto Supereco SP; Instituto Camargo Corrêa; Instituto Votorantin; Instituto Unibanco e Banco Real ABN AMRO; em parceria com a Secretaria Estadual de Assistência e Desenvolvimento Social SP.

Os recursos para a implantação e manutenção dessa rede são obtidos por meio de adesão voluntária ao Fundo Estadual dos Direitos da Criança e do Adolescente, administrado pelo Conselho Estadual dos Direitos da Criança e do Adolescente (Condeca). Ele tem esse fundo como um dos meios fundamentais para a viabilização do ECA e para o cumprimento das políticas de atendimento à população *infanto-juvenil*.

A partir de decreto municipal de 2002, a comissão do Peti foi criada e em 2003 começam os trabalhos. Com o objetivo de articular as atividades relativas à erradicação do trabalho infantil, a comissão busca, entre outros procedimentos, avaliar os atendidos pelo programa Peti, realizar levantamentos estatísticos no município, realizar um fórum anual e sensibilizar a comunidade local. A comissão é composta por 24 pessoas, representantes de diversos segmentos da sociedade.

O Unicef classifica como situações de risco e exploração:

> a) atividade em período integral quando a criança ainda é muito jovem; b) muitas horas de atividade; c) atividade que provoque excessivo estresse físico, emocional ou psicológico; d) atividade e vida nas ruas em más condições; e) remuneração inadequada (ou ausência de remuneração); f) responsabilidade excessiva; g) atividade que impeça o acesso à educação; h) atividade que compromete a dignidade e a autoestima da criança, como escravidão ou trabalho servil e exploração sexual; i) atividade prejudicial ao pleno desenvolvimento social e psicológico; j) atividades que ponham em risco a saúde física. (Negrellos & Calvi, 1997, p.10)

Mesmo passível de alterações essa relação mostra que a comissão tem muitas áreas para atuar e que precisa ampliar seus trabalhos com urgência. Ademais, diante dos objetivos e trabalhos apresentados pela comissão é muito estranho que o Peti seja restrito apenas a uma pequena área do município.

Com relação à participação de universidades na rede pesquisada, observamos que, de maneira geral, alguns cursos superiores existentes no município possuem ligações importantes com a temática relativa à proteção integral à infância e à adolescência. No decorrer desta pesquisa, pudemos observar diversos tipos de contatos entre professores ou alunos de universidade ou faculdade local, programas de atendimento e problemas que atingem esses segmentos populacionais. Os contatos incluem pesquisadores, profissionais, estagiários e alunos em geral, além do Serviço Social. As áreas de Psicologia, Pedagogia, Direito, Medicina e Geografia, entre outras, possuem diversos profissionais que trabalham diretamente com a questão. A Universidade Estadual Paulista (Unesp) e o núcleo local das Faculdades Integradas Antônio Eufrásio de Toledo (Toledo), além de promoverem diversas pesquisas, formam profissionais e encaminham estagiários para alguns projetos relacionados.

Uma maior inserção das universidades na rede social pesquisada pode ser importante, até mesmo para superar os limites gerais das redes. Observou-se de modo geral uma ausência de informações básicas, como a quantidade de crianças e adolescentes passíveis de atendimentos, por parte dos diversos segmentos profissionais envolvidos. As metodologias de atendimento também se mostraram limitadas, fazendo que os próprios educadores e atendentes reconhecessem que o tipo de atendimento não gera os resultados esperados nos objetivos dos projetos. Em muitos casos não se discute a eficácia e os conteúdos dos diversos tipos de relatórios que enchem os arquivos dos núcleos de atendimento.

Vislumbramos neste capítulo a proteção integral à criança e ao adolescente como tema territorializado, apresentamos um perfil, ainda que incompleto, das ações e objetos que formam o universo da proteção integral à criança e ao adolescente, a partir das políticas públicas assistenciais no município. Procuramos descrever e explicar algumas relações sociais próprias desse universo e, assim, evidenciar como ele é sintetizado como um tema social de relevância. Esse tema, por seu caráter territorializado e sua abrangência, encerra um conjunto de representações sociais e de espacialidades que possibilitaram a formação de redes sociais específicas, nas quais profissionais reeditam práticas sociais de atendimento, em um sistema cujas similaridades estão mais na promessa de ação e objetivos do que na efetivação das ações e resultados.

# 2
## INFÂNCIA E ADOLESCÊNCIA
## DISTANTES DA PROTEÇÃO INTEGRAL

O modo como os adultos buscam *proteger* crianças e adolescentes varia de acordo com regras sociais, instinto, razão, ética, condições econômicas, cultura, moral, interesses e representações adultas. Em geral, existe um padrão aceito socialmente em relação ao que é prontamente interpretado e denunciado como violação de direitos ou não, segundo o contexto da criança e do adolescente. No Brasil, por exemplo, em algumas regiões, segmentos populacionais enfrentam com maior ou menor ímpeto a questão da prostituição infantil, chegando ao ponto de existir, em algumas regiões, uma conivência por parte dos próprios genitores, quando seus filhos são submetidos a tais práticas.

Essas considerações mostram não somente aspectos específicos relativos às desigualdades sociais, características do Brasil real, como também o fato de que crianças e adolescentes são relativamente tratados segundo representações adultas, pois o sofrimento infantil e adolescente é interpretado diferentemente por grupos sociais.

Desse modo, estamos diante de um impasse em relação ao tipo de abordagem e conhecimento que são utilizados ao se planejar políticas públicas e executá-las. O que permite questionar sobre como as tentativas de conferir autonomia às instâncias locais podem ser prejudiciais caso não ocorram interação e corresponsabilidade entre as instâncias sociais nas diversas escalas. Tal interação depende de compreendermos os limites dos saberes e das práticas atuais relacionados à proteção integral à criança e ao adolescente.

A promulgação do Estatuto da Criança e do Adolescente, em 1990, Lei nº 8.069, regulamenta o artigo 227 da Constituição Federal do Brasil, de 1988. Porém, o tema proteção à criança não é de elaboração recente.

A necessidade de proporcionar à criança uma proteção especial foi enunciada na Declaração de Genebra de 1924 sobre os Direitos da Criança e na Declaração dos Direitos da Criança adotada pela Assembleia Geral em 20 de novembro de 1959, e reconhecida na Declaração Universal dos Direitos Humanos, no Pacto Internacional de Direitos Civis e Políticos [...], no Pacto Internacional de Direitos Econômicos. (Brasil, ECA, 2005, p.60)

O ECA classifica como criança a pessoa até 12 anos de idade incompletos, e adolescente aquela entre 12 e 18 anos de idade. Já a Convenção sobre os Direitos da Criança adotada em Assembleia Geral das Nações Unidas, em 20 de novembro de 1989, classifica como criança todo ser humano com menos de 18 anos de idade. O Estatuto não evidencia a diferença entre criança e infância, nem entre adolescente e adolescência ou juventude, uma vez que os artigos 1º e 4º os utilizam como sinônimos.

Segundo Faleiros (200?), o Conselho Nacional dos Direitos da Criança e do Adolescente (Conanda), criado em 1991 pela Lei nº 8.242, vem definindo diretrizes *democraticamente* discutidas para tornar operacional o sistema de garantias e direitos que envolvem a proteção integral à criança e ao adolescente.

O Plano Nacional de Educação, Lei nº 10.172/91, busca avançar na garantia do direito à educação. A Lei de Diretrizes e Bases da Educação (LDB) de 1996, Lei nº 9.394, se inspira também no movimento que decorreu da Constituição de 1988. Além das reformulações propostas pela LDB, uma aliança entre assistência social e processo educativo se objetiva por meio da merenda escolar, da distribuição de livros didáticos, do programa de erradicação do trabalho infantil e, especialmente, do Bolsa Escola (Faleiros, 200?). No município de Presidente Prudente, por iniciativa do governo do estado de São Paulo, ocorre também a distribuição de material escolar (cadernos, lápis e mochila, entre outros, *carinhosamente* apelidado de *kit-pobreza* pela cultura infantil), para alunos da rede pública de ensinos Fundamental e Médio.

## Infância e adolescência: um contexto para políticas públicas

É possível pensarmos o ser humano como pessoa em constante processo de formação e aprendizagem. No entanto, são as faixas etárias que envolvem crianças e adolescentes as que mais recebem atenção como fases de formação para o convívio social. Ao ser considerado adulto, o ser humano passa a compor um universo simbólico no qual ele é considerado completo.

As fases da infância e da adolescência estão sujeitas à educação nos padrões atuais oferecidos pelo ensino público ou particular no Brasil. Conhecendo boa parte dos limites do ensino público e o efeito que sua precarização exerce para o ensino particular, podemos perguntar: a educação no Brasil implica um impulso para o desenvolvimento da criatividade e da potencialidade na infância e na adolescência, ou uma forma de manter o controle sobre esse segmento da população? Não é evidente a matriz que embasa o tratamento atual dispensado a crianças e adolescentes, porém é evidente que apresenta limites. Outra indagação, em relação à questão da infância e adolescência no que se refere às políticas públicas, diz respeito ao âmbito de abstração a ser adotado quando se generaliza a proteção integral. Deve-se proteger a criança e o adolescente ou a infância e a adolescência?

Buscando responder a essas indagações apontamos, inicialmente, para o universo simbólico que abriga as fases da infância e da adolescência. Esse universo é formado por experiências sociais, vividas ou conhecidas, no limite entre o real e a fantasia, produzindo representações sociais que vão caracterizar o que é coerente ou não para tais fases. Como a infância e a adolescência remetem aos âmbitos em que normas e regras são assimiladas ou não, o controle dessas fases torna-se um projeto social.

De acordo com as representações sociais formadas é possível identificar parte das fronteiras que separam as ações da infância e da adolescência das ações dos adultos. As sociedades possuem, assim, culturas da infância e da adolescência que possibilitam um vivido característico e diferenciado nas faixas etárias respectivas a essas fases.

É importante considerarmos as particularidades do desenvolvimento da pessoa humana, para compreendermos como é possível não atrofiar ou desviar tendências à autonomia. Menin (2000, p.28), analisando a obra de Piaget *O julgamento moral da criança* (1932/1977), mostra como as práticas de cooperação contribuem para o desenvolvimento moral das crianças, aqui no que diz respeito aos fatores que influenciam a evolução da justiça:

Piaget descarta o inatismo e a influência direta dos ensinamentos adultos. Novamente o autor vê a influência adulta mais como fonte de atraso que de desenvolvimento pois afirma que a autoridade não poderia ser fonte de justiça pois esta supõe a autonomia, relações entre iguais que assim se tratam... Para Piaget, a autoridade adulta é fonte apenas de dever. E, embora os adultos possam ajudar na formação da criança dando exemplos de reciprocidade, só os progressos de cooperação e respeito mútuo entre iguais constroem as noções mais elaboradas de justiça.

Em Sarmento,[1] encontramos referência à *escola atrás da esquina*, como valorização das formas mais espontâneas de aprendizado. A educação nos moldes atuais precisa ser revista para que as culturas da infância sejam valorizadas. Esse modo espontâneo de socialização pode ser pensado para os trabalhos da assistência social.

O período atual apresenta mudanças que introduzem novos elementos a serem considerados no universo simbólico da infância e da adolescência. Os meios de comunicação sociais, os avanços tecnológicos e a constante busca de ampliação dos mercados consumidores transformaram as antigas fronteiras que limitavam esse universo simbólico. Ademais, em meio a essas mudanças, as novas desigualdades sociais[2] completam boa parte do quadro de influências nesse universo simbólico, traçando um marco que separa de maneira bastante visível a infância e a adolescência empobrecida da enriquecida. Tal quadro agrava ainda mais o tipo de sociabilidade praticado nessas fases, já que reforça novas formas de distanciamento entre parcelas da população.

Diretamente exposto às consequências perversas das desigualdades sociais, o âmbito empobrecido da infância e da adolescência abrange tal magnitude, que a sua estreita relação com a pobreza acaba por tornar-se uma regra. Mesmo em países economicamente ricos, essa proximidade sugere que as precarizações historicamente sofridas, como fruto da exploração e

---

1 Palestra proferida em 17 de fevereiro de 2005, por Manuel Jacinto Sarmento, durante o seminário "Culturas, identidades e saberes na escola – caminhos investigativos e práticas profissionais docentes", na FCT/Unesp, organizado pelo Programa de Pós-Graduação em Educação.

2 Para Martins (1997), as novas desigualdades sociais caracterizam o período atual e dão visibilidade à exclusão, a qual não era percebida antes porque a reinclusão ocorria em curtíssimo prazo.

dominação, atingem significativamente a infância e a adolescência. Pesquisas referentes às precariedades que caracterizam a *underclass* nos Estados Unidos mostram que "esta classe aumentou significativamente dos anos setenta para os anos oitenta e tragicamente juvenilizou-se" (Wilson apud Santos, 1999, p.102).

No Brasil, os casos de trabalho infantil, exploração sexual de adolescentes e envolvimento de crianças e adolescentes com o tráfico de drogas mostram como pobreza e extrema miséria fazem parte das fases da infância e adolescência. Nas *favelas* do Rio de Janeiro, crianças e adolescentes que servem ao tráfico de drogas, empunhando armas, comercializando drogas, ou cometendo delitos – falcão, vapor, entre outros[3] –, somam-se aos exemplos mais extremos da influência que essa precarização causa na infância e na adolescência, e também, em vista do consumo de drogas por jovens ricos, de como a infância empobrecida se conecta com a enriquecida, após serem consolidadas as diversas barreiras sociais. Embora esse nível de precarização não atinja todos os municípios brasileiros, o sentido da banalização da violência na infância e adolescência é também recorrente em muitos deles, guardadas as devidas proporções.

Muitos dos que buscam não transgredir a lei acabam se inserindo no sistema de exploração que os aguarda. A partir dessa inserção, os processos sociais excludentes encarregam-se de manter a exploração, com trabalho infantil, ausência de equipamentos públicos de qualidade, ausência de renda adequada, precarização da educação, tendência à desarticulação das formas de proteção espontânea e outras consequências que geram demandas para a assistência social. Diante disso, importa saber se a assistência social é capaz de contribuir significativamente para que os atendidos possam superar as adversidades.

Em Presidente Prudente, pudemos identificar a ocorrência de: a) *trabalho infantil*, situação em que o Peti enfrenta apenas os casos de maior visibilidade social, como os que ocorrem no *lixão* da cidade, nos quais a família das crianças recebe uma bolsa mensal para manter os filhos afastados do trabalho; b) *exploração sexual de crianças e de adolescentes*, que o Programa

---

3 Crianças e adolescentes cumprem funções específicas no tráfico de drogas. Falcão: são os que vigiam durante a noite, para evitar ameaça à banca de venda de drogas. Vapor: é quem vende a droga, nos pontos de boca. (Moreira, 2000; Machado, 2008).

Sentinela enfrenta por meio de acompanhamento e orientação; c) *envolvimento com violência, tráfico de drogas e outras transgressões*, enfrentado pelo Projeto Alerta, por meio de medidas *socioeducativas*.

Em geral, as ações realizadas por órgãos públicos e privados que são destinadas às faixas etárias da criança e do adolescente parecem mais qualificar profissionalmente a pessoa para a vida adulta ou apenas cuidar para que tal pessoa não venha a ser um *problema social*, do que proteger sua trajetória para que seja novo sujeito. No município de Presidente Prudente, identificamos diversas atividades que podem se inserir nessa perspectiva.

## O futuro adulto da infância educada

As ações assistenciais, embora guardem características particulares, são também formas de educar. Muitas das formas de educar passam pela metodologia escolar, que, em geral, não apresenta coerência epistemológica com os saberes infantis e locais. O resultado é uma racionalidade baseada em modelos competitivos, com estrutura competitiva e conteúdo competitivo (gincanas, atividades esportivas e disputas em geral), mas que é apresentada como elemento de cooperação. Uma inversão apropriada para uma sociedade na qual grupos dominantes sabem tirar proveito da desigualdade social.

Nesse processo de (de)formação racional surgem conflitos que irão reproduzir a dominação por meio de coerção, legitimada por saberes reinterpretados em prol dos grupos dominantes e a partir de justificativas embasadas em discursos considerados *competentes*. Dentro dessa perspectiva é que Moscovici (2003, p.310) insiste em seu *diálogo* com Ivana Marková, "pode crer, a primeira violência antissemita aconteceu nos colégios e universidades, não nas ruas e foi legitimada não pelos padres ou pelos políticos ignorantes, mas por pessoas estudadas, tais como Mircea Eliade, Emile Cioran e outros filósofos".

No bojo desses saberes *pró-violência*, áreas da educação não impedem, e até colaboram para a formação de profissionais da educação que apenas reproduzem uma concepção de ensino desencaixada do cotidiano e da busca por equidade socioeconômica. Diversas transgressões atribuídas à infância e à adolescência parecem proceder do sistema criado para evitá-las. Parte dessas transgressões volta-se contra educadores que colaboraram na tenta-

REDES SOCIAIS DE PROTEÇÃO INTEGRAL À CRIANÇA E AO ADOLESCENTE **97**

tiva de modelá-los, como crianças e adolescentes, para um *presente distante*, no mundo adulto.

É nesse sentido que a educação parece ser vítima de sua própria lógica. Mesmo os casos de evasão escolar podem ser resultado e não ausência da formação escolar. O fenômeno *bullying*[4] é um exemplo desses limites, em que a disciplina escolar gera, também, indisciplina.

Pensamos existir um *ponto cego* no tratamento da temática que abordamos nesta pesquisa. Os educadores e assistentes sociais, ao educarem crianças e adolescentes para que sejam adultos ideais, podem perder a oportunidade de maximizar as potencialidades da infância e da adolescência, ao passo que educar para a infância e a adolescência é algo que pode permitir a sobrevivência de tais potencialidades. Essa educação para a infância e a adolescência deve ocorrer se tempo e espaço se encontrarem no âmbito dessas fases e não se distanciarem como acirramento da ausência de presente e presença de futuro.

A transgressão da lei invade a ausência de infância? Não seriam a infância e a adolescência a porta de entrada da transgressão social no mundo adulto, visto que as bases do desenvolvimento daquelas fases estão comprometidas?

Uma clássica afirmação utilizada em meio às ações em prol de crianças e adolescentes no Brasil é a de que o projeto ou atividade *é importante para que eles não fiquem nas ruas*. Essa perspectiva vai ao encontro dos direcionamentos que buscam trabalhar a criança e o adolescente e não a infância e a adolescência. Ela também denota uma preocupação em condicionar a criança e o adolescente a uma padronização e não em potencializá-los como pessoas de uma fase específica, com características específicas. Além disso, o sentido de retirá-los das ruas parece mais encarcerá-los do que protegê--los e assim evitar que causem problemas para a sociedade, ou seja, uma espécie de protótipo de Febem (ou Fundação Casa).

O calendário escolar apresentou, em 2005, certa relação entre o período de aulas e o registro de casos de infração no Projeto Alerta, embora o mês de julho apresente-se como ápice da quantidade de registros e muitos atendidos por esse projeto estejam fora da escola.

---

4 Conforme nota em capítulo anterior, *bullying* é o conjunto de comportamentos agressivos, repetidos e intencionais, adotado por um ou mais alunos contra outro(s), causando dor, angústia e sofrimento (Fante, 2005).

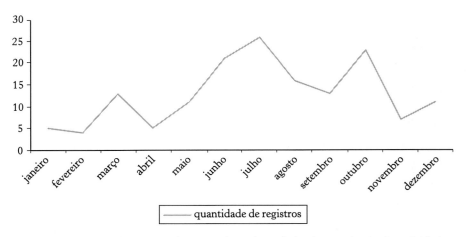

Gráfico 1 – Projeto Alerta segundo o mês de registro do início ou reinício das atividades, 2006.

Fonte: SMAS/Projeto Alerta. Pesquisa e organização dos dados: Luciano Antonio Furini.

Nesse sentido, um paradoxo ocorre no município. Se, por um lado, os projetos da assistência social podem fazer parte de um atendimento precário, ao proporcionar um vivido em espaços públicos regrados, por outro, eles cumprem papel importante na proteção da criança, cuja rede social espontânea oferece ameaças ainda maiores, como naquelas em que seus *responsáveis* estão envolvidos com vícios, criminalidade ou distúrbios. Encontramos o caso de um adolescente que já esteve internado em abrigo no município, cuja mãe, dependente de substâncias psicoativas, o impedia de ir ao projeto. O adolescente estava sendo acompanhado por assistente social do núcleo Parque Alexandrina.

Outro caso é o de um pai que comparece à SMAS para ser atendido e acompanhado pelos profissionais, por não cumprir adequadamente sua função de responsável para com os filhos. Trata-se de um homem de aproximadamente quarenta anos que não conseguia se comunicar razoavelmente. Durante o atendimento, uma pessoa que o acompanhava – uma mulher idosa, que havia chegado há pouco na cidade e buscava ajudar a família do homem – aproxima-se deste pesquisador e revela que, provavelmente, o homem atendido estaria com Aids e é *viciado* em drogas, e que, embora ela buscasse ajudá-lo, ele não colaborava; por diversas vezes ela conseguiu consultas médicas e tentou acertar a documentação para que ele recebesse os benefícios, mas ele não mostrava interesse.

As políticas públicas, em geral, não são planejadas para enfrentar certos tipos de casos, o que mostra que as ações dos profissionais envolvidos devem ser valorizadas e pesquisadas por ocorrer demandas desencaixadas dos planos de ação. Considerando que tais políticas influenciam a família, o corpo e o lugar dos atendidos, podemos indagar sobre a possibilidade de perda de identidade por parte da criança e do adolescente, ao serem controlados por projetos de atendimento, e quais riscos isso pode trazer.

A Figura 2 representa como as políticas públicas de assistência social atuam em âmbitos de risco social e de saliência de ocorrências no município. Com o objetivo implícito de atingir certa normalidade social, as políticas públicas também agem planificando a saliência de ocorrências por meio de projetos específicos. O que significa que grande parte das ações e dos objetos utilizados no enfrentamento apenas lança parte dos problemas para um momento adiante.

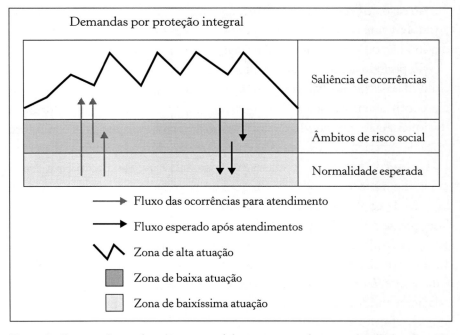

Figura 2 – Proteção integral à criança e ao adolescente, segundo o caráter paliativo das políticas públicas de assistência social, Presidente Prudente (SP).

Os espaços de atendimento apresentam uma contradição entre os limites característicos das ações assistências e as posturas de alguns profissionais que buscam dinamizar e transformar o modo de atuação no sentido de estabelecer isonomia, o que não implica que a forma de atendimento seja adequada, embora, por não se ter outra opção, necessária. Os próprios profissionais não concordam com a forma de atendimento atual e identificam na postura dos gestores e demais profissionais um dos impedimentos para a realização de atendimento adequado. Como frisamos, a representação social da infância pobre – a proteção integral à criança e ao adolescente no município é direcionada em grande parte a esses e não a todo segmento da infância e da adolescência – pode coagir parte da postura dos gestores mesmo que o programa ou projeto possua diretrizes com tendência à autonomia. Assim, a interpretação dos gestores pode alterar muito a execução. Isso vai ao encontro do que Marques (2003) mostrou, ou seja, que a importância da rede social dos técnicos na execução das políticas públicas é relevante, podendo maximizar ou atrofiar estas.

No caso de Presidente Prudente, a gestão da proteção integral à criança e ao adolescente está grafada como espaço geográfico de uma forma bastante distinta, ao ponto de existir uma *cidade da criança*[5] no município.

No período atual, em que muitos atendimentos separam os adultos, incluindo idosos, das crianças e dos adolescentes, a ameaça de potencialização dos conflitos entre crianças e adultos, por exemplo, parece ser mais forte que qualquer apelo, no sentido de unir crianças e idosos em projetos comuns de troca de experiências, o que acaba criando realidades cada vez mais distantes.

Um medo excessivo ronda os profissionais que trabalham com crianças e adolescentes. Proibições, regras ou normas são mais constantes em lugares de controle social exacerbado. Se a infância é reproduzida como fase que se volta ao modelo do adulto trabalhador, como protótipo ideal do ser social, ela perde o sentido de vivência do presente. É necessário evitar a contínua corrosão dos espaços vitais para a manifestação da infância e da adolescência, quais sejam, familiaridade e comunidade como lugares relacionais indissociáveis e espontâneos. Pensamos ser possível importar-se com o futuro sem anular o presente.

---

5 Área de grande dimensão afastada do centro da cidade e que oferece diversos equipamentos para a criança e o adolescente, alguns deles ligados diretamente aos projetos da assistência social. Recebem dezenas de crianças diariamente.

Outra questão relativa ao modo como a infância e a adolescência são anuladas refere-se à antecipação dos costumes adultos para as fases anteriores. A questão da adultização da infância é tema comum no período atual. É preciso enfatizar a influência que os objetos exercem nesse modo adulto de ser criança. As formas de uso dos objetos – para o trabalho ou diversão – caracterizam a dupla função de alguns objetos como telefones, computadores, entre outros. Quando o sistema de consumo se aproxima da infância com tais objetos, o tipo de uso e as consequências não importam para seus idealizadores. Esses objetos trazem implícito um modo adulto de uso, o que pode comprometer formas infantis de ações.

O ponto central da relação entre infância e fase adulta tem paralelos importantes com a relação entre presente e futuro, apresentada por M. Santos (2002). Para ele, "o presente não é um resultado, uma decorrência do passado, do mesmo modo que o futuro não pode ser uma decorrência do presente", e ainda, "o passado comparece como uma das condições para a realização do evento, mas o dado dinâmico na produção da nova história é o próprio presente, isto é, a conjunção seletiva de forças existentes em um dado momento. Na realidade, se o Homem é Projeto, como diz Sartre, é o futuro que comanda as ações do presente" (idem, p.330).

Desse modo, a proposição é a seguinte: o futuro *adulto* a ser alcançado comanda o presente *infância*. Contudo, quando essa infância *comandada* chega ao futuro, não está aí uma decorrência do passado *infância*, mas um futuro já presente. Não ocorre, assim, um futuro como resultado do passado, mas um futuro presente. Situação complexa para a produção de uma nova história, pois a linearidade é mantida *a priori*, reconduzindo o novo ao passado outrora presente. O desfecho pode ser diferente a partir do momento em que presente e futuro possuírem historicidades distintas. Isso porque a linearidade não resistirá ao fracasso do futuro, o que possibilitará ao novo presente novas formas de saberes.

Se, como M. Santos (ibidem) nos mostra, a memória olha para o passado e a nova consciência olha para o futuro, temos oportunidade de identificar que essa nova consciência não deve ser formada a partir de um futuro modelado, mas a partir de um modelo de futuro, no qual seja possível que o novo (infância) não surja do velho (adulto), fazendo que a infância não morra e sim continue a existir. A infância deveria penetrar a lógica adulta com sua lógica e não perder-se na lógica adulta.

Sendo parte dessa programação para o futuro, "a criança oriunda da classe trabalhadora dificilmente encontra em seu convívio condições de perceber oportunidades futuras a partir da escola" (Backx, 2006, p.130).

Reparemos que as culturas da infância não envelhecem e sim ganham novos significados a cada reativação de costumes e práticas.

Considerando que "o sistema de ensino é um dos mecanismos pelos quais as estruturas sociais são perpetuadas", Bourdieu (2002, p.14) mostra que o destinatário ao qual esse sistema está direcionado não tem muitas opções.

Ao analisar a construção da moralidade, a partir da obra de Piaget, Menin (2000, p.109) destaca que "se, e somente se, as crianças estiverem livres da coação adulta e da obrigação de seguir as regras por temor aos mesmos é que poderão, exercitar, entre si, em relações sociais mais livres, a prática da construção das regras que, por sua vez, é condição da evolução da consciência". A infância é portadora de práticas espontâneas de cooperação que a fase adulta não consegue realizar, nem por decreto governamental.

Podemos questionar se tornar-se adulto, em muitos aspectos, caracteriza um desenvolvimento ou uma involução, já que é impossível a vida adulta sem se ter passado pela infância. Em muitos casos, tornar-se adulto é também um significativo processo de perdas importantes e ganhos muito direcionados, como a formação para o trabalho. Aliás, representar o trabalho como panaceia é muito comum no universo das ações assistenciais.

O deslocamento espaço-temporal que apresentamos implica também um distanciamento em que o tempo da educação está distante do tempo da infância e da adolescência. A educação, em alguns casos, não permite que os inseridos na infância e na adolescência leiam o mundo e escrevam sua história. Do mesmo modo, o espaço da educação pode inibi-los de imprimir no mundo uma escrita original. Alfabetizar poderia implicar a criação de condições para o aluno escrever sua história e ler o mundo com mais liberdade. As mudanças necessárias não passam somente por melhores condições de recursos humanos e materiais, mas também pela reedição da infância e da juventude como âmbitos de construção do presente. Essa concepção de infância e adolescência implica mudanças na lógica geral da educação, até mesmo no que se refere à concepção de adulto, não do adulto que queremos *formar*, mas do que é ser adulto.

Os adultos formados no modelo de escola atual enfrentam dois problemas característicos. Estão impregnados por uma racionalidade limitada e

REDES SOCIAIS DE PROTEÇÃO INTEGRAL À CRIANÇA E AO ADOLESCENTE **103**

não são os destinatários centrais das políticas públicas de proteção, enquanto a criança e o adolescente o são. Essa distância, por faixa etária, entre o atendimento de vulnerabilizados sociais é mais uma barreira, até mesmo para as crianças e os adolescentes que geralmente convivem com seus responsáveis adultos. Como destacamos, o número de casos de adultos dependentes químicos, de comportamento violento ou em situação de vulnerabilidade extrema remete para as dificuldades de convivência com as crianças e os adolescentes. Os lares também podem ser considerados locais de risco, em vários sentidos. Desse modo, proteger a criança e o adolescente pode ser também protegê-los da rede social espontânea da qual fazem parte. Porém, isso não pode encobrir que a condição de precariedade vivida pelas redes espontâneas é agravada, em grande proporção, pela desigualdade socioespacial nas diversas escalas, o que caracteriza um ambiente de vulnerabilidades.

Em geral, no âmbito da proteção integral à criança e ao adolescente no município, a intervenção só ocorre após os problemas estarem instalados e não preventivamente. A racionalidade que leva ao atendimento por demanda revela que o significativo mediador entre o ser infantil e o ser adulto – a educação em suas diversas instâncias, incluindo a assistência social – carece de adequação ao tema.

Adequar essa educação ao enfrentamento das desigualdades sociais passa pela reedição do ser social em suas fases sociais. Avanços podem ocorrer revendo-se os lugares da infância, os quais, de maneira ampla, efetivam-se hoje como lugares para a infância. O espaço urbano com suas redes de energia, esgoto, transporte, tráfico de drogas e outros elementos de risco para a infância e a adolescência caracteriza o entorno inóspito a que estão submetidos.

## O surgimento e o desaparecimento da infância

Considerando-se existir uma diferença importante entre proteger o ser (criança ou adolescente) ou sua fase (infância e adolescência), podemos interpretar que a proteção integral possa apresentar limites estruturais. Se, por um lado, existe um aumento nas formas e normas de proteção ao ser criança e adolescente, das quais o direito é um dos eixos centrais, por outro, as fases desse ser – a infância e a adolescência – não são protegidas e valorizadas como deveriam, como condição necessária para sua existência.

Se a infância está ameaçada, a própria fase adulta também estará. A incógnita pode estar no significado dessa ameaça. O que está ocorrendo é a quebra de barreiras que caracterizam a infância em si ou é a exacerbação do predomínio adulto, como forma de dominação que se impõe ao surgimento do novo?

Para Postman (1999), a ideia de infância é uma das grandes invenções da Renascença. Segundo ele, foi a partir do avanço tecnológico, quando da invenção da prensa tipográfica, e consequentemente do texto impresso, que a infância passou a ter significado. A partir daí, o individualismo tornou-se uma condição psicológica normal e aceitável. A oralidade emudeceu e o leitor e sua reação ficaram separados de um contexto social. Acrescente-se a isso a lacuna de conhecimento entre alfabetizados e não alfabetizados, "aprender tornou-se aprender nos livros" (Mumford apud Postman, 1999, p.43). Surge, então, o homem letrado, e para se conquistar a idade adulta era preciso sê-lo, surgindo também a necessidade de aprender a ler. "E para realizar isso precisariam de educação. Portanto a civilização europeia reinventou as escolas. E, ao fazê-lo, transformou a infância numa necessidade" (Postman, 1999, p.50).

Em contrapartida, no período atual, em um movimento inverso, um outro avanço tecnológico, a mídia eletrônica, estaria causando seu desaparecimento, expulsando a infância da civilização ocidental, juntamente com a tendência à homogeneidade de estilo.

Assim, se, por um lado, a forma do livro impresso implicou uma nova maneira de organizar o pensamento, para Postman, por outro, a imagem televisiva, sem ordenamento ou etapas circunscritas, destrói a linha divisória entre criança e adulto. A teoria de Postman (idem, p.113) busca mostrar "como a arena simbólica em que acontece o crescimento humano muda na forma e no conteúdo, e, em especial, muda na direção de não exigir diferenciação entre a sensibilidade do adulto e a da criança, inevitavelmente as duas etapas da vida se fundem numa só".

Desse modo, pode ocorrer tanto a *criança adulto* como o *adulto criança*. Os casos de abuso sexual contra crianças e adolescentes, como os atendidos pelo Projeto Sentinela, podem ter relação com a quebra da linha divisória entre o infantil e o adulto. Esse ser híbrido, o adulto criança, pode caracterizar o desvio de conduta próprio da rede social espontânea, na qual os papéis sociais são representados em meio a rupturas que podem implicar a busca por compensação, em razão das ausências e carências, por meio de ações transgressoras no âmbito objetivo, mas representadas como possíveis no âmbito simbólico. Nesse sentido, os trabalhos assistenciais, dirigidos a faixas etárias específicas, não abrangem todo o comportamento infantil presente na sociedade. A preservação da diferenciação entre adulto e criança está ameaçada e não é o encarceramento que irá resolver a questão.

O possível desaparecimento da infância ganhará força se os espaços de espontaneidade forem suprimidos, pois embora, para Postman (1999), a escola seja emblemática no surgimento da infância, na sua constituição os ambientes de encontros espontâneos não estavam tão ameaçados, como se caracteriza atualmente.

## A fantasia na infância

Apresentando uma análise dos contos de fada na perspectiva da psicanálise, Bettelheim (1980, p.12) mostra que possuir significado na vida é algo primordial para crianças e que os mediadores mais importantes para dotar a vida de significados são, em primeiro lugar, "o impacto dos pais e outros que cuidam das crianças; em segundo lugar vem nossa herança cultural, quando transmitida à criança de maneira correta". Bettelheim sugere que os contos em forma de textos conferem ao infantil algo de sua própria essência e assim o reconstitui constantemente.

Esse autor ainda revela que, para as crianças, lidar com os símbolos é mais seguro do que lidar com as coisas reais. Para ele, à instabilidade entre realidade interna e externa da criança deve ser dada atenção específica.

> Se uma criança ouve apenas estórias realistas (o que significa falsas para partes importantes de sua realidade interna), então pode concluir que muito da sua realidade interna é inaceitável para seus pais. Muitas crianças se alheiam assim de sua vida interna, e isto as esvazia. Em consequência, pode mais adiante, como adolescente, não mais sob o jugo emocional de seus pais, vir a odiar o mundo racional e escapar inteiramente para um mundo de fantasia, como que para compensar o que perdeu na infância. (idem, p.81)

Essa relação entre internalização e externalização pode ser trabalhada na infância. Bettelheim mostra que alguns costumes, como o uso dos bons contos de fadas, podem permitir que a criança ordene as tendências contraditórias em que estão seus desejos, medos, raivas e exigências de sua consciência, sendo possível externalizar, em figuras como monstros, sábios e heróis, tais desejos de modo controlável.

Conhecer esses aspectos da infância pode ser importante na elaboração de políticas públicas, implicando a possibilidade de superação de saberes sobre os quais se estabelecem projetos de futuro para crianças e adolescentes, nos quais trabalho e subserviência parecem prevalecer.

Na concepção de Bettelheim (1980), encontramos elementos para apresentar a hipótese de que a instabilidade de alguns tipos de manifestações na infância – como certo *caos* vivido em lugares públicos – pode constituir-se como elemento de estabilidade para vivência adulta, já que as experiências não são somente permeadas pela autoridade adulta, mas também pela construção cultural de regras comuns.

## Por que preservar a infância e a adolescência?

Em muitos casos, as diversas concepções de infância e adolescência apontam para uma criança e um adolescente passíveis de serem moldados, reprimidos, educados ou protegidos, ou seja, de não serem. A integralidade do ser humano é composta por fases caracterizadas por fatores internos e externos a esse ser. O equilíbrio entre internalidades e externalidades parece primordial para sua reprodução. Conhecer as especificidades desse equilíbrio é um desafio.

Observamos que a criança e o adolescente, como reféns etários dos adultos, são *encarcerados* no controle social, ocorrendo assim perdas importantes para aqueles que ainda não se tornaram adultos. Uma infância perdida é substituída por uma forma adulta antecipada. A infância e a adolescência, ao não se adequarem à forma adulta que lhes é imposta, geram um espectro social dessa inadequação, no qual a ausência de responsabilidade e maturidade é vista como algo negativo e não como características comuns àquela faixa etária. Essas substituições constroem, a partir desse espectro social, as razões do tema sobre o qual serão desenvolvidas as formas de enfrentamento. A sociedade como um todo enfrenta, desse modo, algo do passado ao qual ela mesma deu forma presente: a precarização social da infância e adolescência. E enfrenta como? Fazendo surtir nova relação entre a fase adulta e a infantil? Não! Dando ao adulto mais poder ainda ao colocá-lo como elo entre a ausência e a presença da justiça social.

O tema da proteção integral à criança e ao adolescente foi, desse modo, construído e *tratado* segundo padrões tradicionais e, por mais que as lutas sociais tentem penetrar nessa relação, esbarram na concepção de infância e de adolescência existente, ou na rápida absorção e ressignificação das conquistas sociais outrora em defesa da criança e do adolescente.

Se observarmos atentamente, um desacordo se formou ao lançarmos sobre o berço do surgimento da infância – segundo Postman (1999), a escola em sua constituição – o peso de gerar resultados negativos, e até prejudiciais, aos que, segundo as concepções oficiais e formais, sempre buscou orientar e formar.

Em geral, se espera que aquela criança, ao entrar pelo portão escolar, nunca mais saia dali. É necessário que fique ali presa para sempre e em seu lugar saia o velho e conhecido adulto.

Na estrutura alfabética/escolar, que possibilitou a infância ser considerada, alguns vazios foram preenchidos a partir da sociabilidade infanto-juvenil. Sociabilidade que preservou culturas dessas faixas etárias e desenvolveu novos elementos culturais, como os *caldos de cultura* apresentados por Fausto Neto (2000, p.225), que encerram crises de valores devido à segregação.

Bem resumidamente, uma das grandes questões relacionadas à infância e à educação, cujas bases podem ser buscadas em décadas atrás, é: como educar sem sufocar? O processo de domesticar a infância incivilizada, tornando-a adulta, vai fazer surgir entraves que, em si, denunciam concepções limitadas para com os que compõem as fases da infância e da adolescência. Postman (1999, p.70) mostra que

> no século dezoito a idéia de que o Estado tinha o direito de agir como protetor das crianças era igualmente inusitada e radical. Não obstante, pouco a pouco a autoridade absoluta dos pais se modificou, adotando padrões mais humanitários, de modo que todas as classes sociais se viram forçadas a assumir em parceria com o governo a responsabilidade pela educação da criança.

Para Postman, essa responsabilidade, assumida pelo governo, deve-se a vários fatores, entre eles o clima intelectual do século XVIII. Ele destaca

108 LUCIANO ANTONIO FURINI

como Locke, Rousseau, Freud e Dewey,[6] em suas respectivas épocas – os dois primeiros no século XVIII e os dois últimos no final do século XIX –, contribuíram para a teoria da infância. Sobre eles apresentamos somente alguns aspectos da concepção relativa à abordagem de Postman.

Na concepção lockiana, a criança "era uma pessoa amorfa que, por meio da alfabetização, da educação, da razão, do autocontrole e da vergonha podia tornar-se um adulto civilizado"; na concepção rousseauniana "não é a criança amorfa mas o adulto deformado que constitui o problema. A criança possui como direito inato aptidões para a sinceridade, compreensão, curiosidade e espontaneidade que são amortecidas pela alfabetização, educação, razão, autocontrole e vergonha" (idem, p.73). Concepções que nos permitem indagar sobre a própria atitude intelectual direcionada para a criança, como objetos ou como sujeitos. Ademais, é nesse passado de Locke e Rousseau que ainda se encontra boa parte do futuro que aguarda muitas crianças, mostrando que a concepção dos adultos, mesmo que para dar ênfase às aptidões inatas, determina grande parte de suas vidas.

Mostrando que o século XX foi permeado pelas abordagens de Freud e Dewey, no que se refere à relação entre civilização e natureza infantil, Postman (idem) apresenta alguns aspectos de como o futuro adulto mantém relações com o presente infantil para esses intelectuais. Ele mostra como:

> Freud refuta Locke e confirma Rousseau: a mente não é uma tábula rasa; a mente da criança se aproxima de um "estado de natureza"; em certa medida, as exigências da natureza têm que ser levadas em conta ou daí resultarão permanentes disfunções da personalidade. Mas ao mesmo tempo Freud refuta Rousseau e confirma Locke: as primeiras interações entre a criança e os pais são decisivas para determinar o tipo de adulto que a criança será; mediante a razão, as paixões da mente podem ser controladas; a civilização é totalmente impossível sem repressão e sublimação. (idem, p.77)

Também destaca como "Dewey sustentou que as necessidades psíquicas da criança devem ser atendidas em função do que a criança é, não do que a criança será. Em casa e na escola os adultos devem perguntar: do que a criança precisa *agora?*" (ibidem). Desse modo, notamos que as abordagens

---

6 John Dewey, a partir de arcabouço filosófico, publicou em 1899 seu livro *A escola e a sociedade*.

que valorizam a *criança para o presente* também são sustentadas, porém, na rede social pesquisada, a nosso ver, não encontram a correspondência que as abordagens que valorizam a *criança para o futuro* encontram.

A carga de ingenuidade da infância e da adolescência pode ter seu paralelo na fase adulta, como ausência de saberes socialmente construídos. Aceitar ou não certos saberes vai depender do contexto vivido pelo adulto e por suas representações sociais formadas. A partir da noção de ideologia, podemos buscar, na fase adulta, as formas e características da construção, manutenção e eliminação de saberes que predominam ou ameaçam o sistema dominante.

# 3
# A POLÍTICA DOS SABERES

Os profissionais da assistência social, ou de outras áreas que trabalham com a proteção integral à criança e ao adolescente, convivem com diferenças entre ações governamentais e não governamentais. Um profissional envolvido com a questão acaba por relacionar-se com formas públicas ou privadas de proteção, independentemente de seu vínculo ser com apenas uma instância. Essa relação, permeada por campos sociais distintos, mas interligados, faz que canais sejam abertos para além das características relações que constituem o Estado como ente híbrido. O Estado é constituído e constitui, a partir da formalização do social. Nesse processo, as diversas áreas sociais se estruturam também como campos mediadores entre o governamental e o não governamental. Desde uma prestação de serviços até a aquisição de um bem, a relação entre instâncias governamentais e não governamentais está repleta de interpenetração no âmbito do Estado e a partir das políticas públicas estabelecidas. Conhecer a constituição e a execução das políticas públicas[1] implica considerar diversos fatores relacionados à forma de organização do Estado, do mercado e da sociedade como um todo.

A mediação entre ampliação e diminuição da abrangência e do poder do Estado passa pela forma como saberes são aceitos, utilizados e às vezes gerados no cerne dos grupos poderosos, ou pela geração de *contrassaberes*[2]

---

1 Adotamos a diferenciação usada por Marques (2003) entre políticas (ações do Estado) e política (mobilizações).

2 Para Santos (2003b, p.104), "É preciso, contra o saber, criar saberes e, contra os saberes, contrassaberes". Em Guareschi (2001, p.153) encontramos referência à noção de *contrassaberes*.

na política das mobilizações sociais. O Estado implica uma gama de relações que penetra toda a sociedade. Estudar as políticas é também buscar saber sob quais matrizes discursivas as ações do Estado se apoiam. As diversas escalas geográficas em que os diversos governos atuam, por meio de políticas, somadas às diversas formas de organização política, constituem elementos centrais da permeabilidade do Estado.

Ao pesquisarmos a proteção integral à criança e ao adolescente em Presidente Prudente, notamos que, na escala local, os canais que permitem a permeabilidade do Estado são ocupados por redes sociais controladas que muitas vezes impermeabilizam, em vez de viabilizar, a participação popular. Essa limitação remete ao modo como o Estado é considerado, aos limites burocráticos e ao vetor hierárquico, cujos fluxos de comando advindos das instâncias *superiores* se sobrepõem às iniciativas de participação, restando aos funcionários e membros de conselhos e comissões a possibilidade de superação desses limites, já que a execução de políticas, nos âmbitos público e privado, depende também, e em grande parte, da postura dos técnicos envolvidos para além da burocracia estatal, como mostra Marques (2003).

No campo teórico, a teoria das elites, os pluralistas e os marxistas consideram o Estado como um espaço vazio, mas discordam sobre o que o preenche. Embora essas vertentes teóricas apresentem aspectos analíticos importantes sobre a constituição do Estado, elas não conferem a devida importância ao poder contido na própria máquina administrativa (idem).

Em sua pesquisa, Marques (idem) mostrou a importância de se considerar os tipos de poder econômico, posicional e institucional, na questão da permeabilidade do Estado, na relação entre políticas públicas e setor privado. Na rede social que pesquisamos, identificamos altos níveis de articulação em prol da proteção integral à criança e ao adolescente em órgãos que, aparentemente, poderiam cumprir apenas funções burocráticas comuns, caso das ações do promotor de justiça da infância e juventude do município – que levaram o nome da respectiva promotoria a ser citado entre os órgãos mais atuantes em relação ao tema –, e baixo nível de articulação em organizações criadas para a articulação, como o caso da Rede Criança Prudente.

Os sentidos das ações do Estado e das mobilizações sociais ganham novos contornos quando o estudo do Estado ultrapassa os determinismos contidos em diversas abordagens, lançando-se ao entendimento das particularidades presentes nas redes sociais, formadas em torno de temas específicos. Nesse sentido, Marques (idem, p.51) mostra a coerência das abordagens dos neoinstitucionalistas[3] quando afirmam que:

> As agências estatais devem ser estudadas de maneira plena, não determinando a priori a sua subordinação a qualquer agente ou processo presente na sociedade. O estudo detalhado do Estado nos revela a existência de grupos, mais ou menos organizados, com interesses específicos (e mesmo com projetos específicos) e com acesso significativo a recursos de poder ligados, principalmente, ao funcionamento da própria máquina e à execução direta de políticas.

Desse modo, ele adianta que não somente as instituições marcam o ambiente dos *atores*,[4] mas também as redes de relações que ocorrem entre indivíduos e organizações no interior da comunidade política. Não são desprezados outros componentes constitutivos do Estado brasileiro, mas sim destacados aqueles aos quais muitas abordagens deixam de dar a devida importância. Segundo ele, o Estado

> Apresenta grande centralidade na dinâmica política, assim como estrutura de maneira muito forte os campos de política pública [...], entretanto um outro traço constitutivo do Estado brasileiro, que representa o reverso da permeabilidade, está no fato das redes informais de relações pessoais também estruturarem a coesão e a solidez das organizações estatais. (idem, p.52)

Pensamos que essa maneira de pesquisar propicia maior aproximação da realidade na qual transitam as precárias formas de intervenção social por parte da sociedade instituída, podendo contribuir de forma relevante para elucidar as formas de manipulação do conhecimento.

---

3 Nessa perspectiva, "o Estado e suas organizações não seriam subordináveis aos interesses de grupos e agentes localizados na sociedade. Para eles, os órgãos estatais e suas burocracias apresentariam interesses próprios e diversos de quaisquer outros agentes, por exemplo das elites (como gostaria a teoria das elites), dos capitais (como afirma o marxismo) e dos grupos de interesse (como defende o pluralismo)" (Marques, 2003, p.41).

4 Marques (idem) utiliza esse termo para se referir aos seus entrevistados. Embora o termo denote atuação social, alude a outro aspecto interessante do ser social, qual seja, o do *homem que sabe fingir* em meio ao palco da vida. Seu uso pode revelar tanto limitações analíticas relativas à perspectiva em que se observa, ou limitações etimológicas, quanto simples tautologia. Nossa opção, ao mostrar as ações da pessoa enquanto ser social, a intenção é a de apreender sua função de agente ou sujeito, pois não buscamos apreender seu potencial interpretativo.

As representações sociais sobre o Estado, formadas por alguns dos que compõem a rede social temática local, apresentam saberes sociais que o concebem como âmbito de controle e administrativo, mas também de possibilidades. Essas representações, somadas à análise das redes, sugerem a ocorrência de políticas geradas por vetores controlados, mas com algumas oportunidades de mudança.

A análise de Dowbor (2003, p.19) apresenta uma opção de reciprocidade entre Estado, mercado e sociedade em geral: "queremos menos Estado sim, e queremos um setor privado que funcione, mas queremos que tanto um como outro estejam sujeitos ao controle da comunidade organizada". Ele mostra como as análises ainda não acompanham a nova forma de organização social que é característica do período atual:

> O fato do debate ainda estar tão centrado na propriedade dos meios de produção se deve à dificuldade que temos de assimilar o imenso deslocamento dos grandes eixos produtivos tradicionais para a área social e de serviços em geral, onde o acesso e controle da informação e a gestão democrática dos processos se tornam mais cruciais do que o título de propriedade. (idem, p.20)

Buscando libertar-se da simplificação presente em abordagens que jogam os problemas da organização social nas instituições sociais, ele sugere que, desse modo:

> Abrem-se novas perspectivas para a estéril polarização entre esquerda que quer estatizar e direita que quer privatizar. Aliás, com o controle efetivo do Estado por alguns de grandes empresas, não muda muito privatizar ou estatizar, senão como engodo que abre esperanças para alguma mudança. O que mudará algo substantivamente, será o resgate da capacidade política do cidadão. O eixo do problema não está na relação privado/estatal, e sim na relação poder/sociedade civil, poder incluindo aqui o poder privado das grandes empresas. (ibidem)

O resgate da capacidade política do sujeito por meio da qual ele possa cuidar de seu ser social passa por mudanças que só podem ser conseguidas socialmente e mantidas por meio de uma geração constante de contrassaberes.

Essa dinâmica, em que o sujeitado conhece a possibilidade de se libertar do sujeitador, é indispensável na busca de um novo modo de organização socioespacial. As redes sociais passaram para o centro das relações socio-espaciais por serem bases para a circulação da informação e para a gestão, itens inseparáveis das políticas públicas urbanas. Para Dowbor, "a democratização do acesso à informação, a geração de estruturas de informação menos manipuladas e estruturadas em redes descentralizadas, tornam-se essenciais" (idem, p.40). Ele propõe a passagem da democracia representativa para a democracia participativa. Sugere também que "é o conjunto da dimensão institucional da reprodução social que está mudando" (idem, p.92). A reprodução social se contrapõe aqui à reprodução do capital, sendo a primeira considerada mais ampla pelo autor.

Resgatar, porém, a capacidade política por meio da participação social em diversas instâncias, sem imposição, é tarefa das mais difíceis em meio às macrotendências excludentes que predominam na sociedade capitalista.

Demo (2003, p.111) afirma que, para B. S. Santos (2002), é impossível uma política social emancipatória dentro do contexto neoliberal. Demo (2003, p.112) remete ao contexto do sistema capitalista como um todo, para então *responder*: *"sem perder a noção de alternativa, é mister sobreviver em contexto não alternativo*. Caso contrário, nos entregaríamos ao imobilismo da crítica que só critica, sem qualquer contraproposta" (grifos do autor). Para esse autor, a recusa em se propor políticas sociais *emancipatórias* enquanto não se superar o capitalismo seria benéfica a este.

Os infindáveis debates relativos à possibilidade de mudanças no e a partir do capitalismo remetem ao confronto extremo entre posicionamentos críticos, perante quaisquer iniciativas dessa ordem que não signifiquem uma mudança estrutural radical e posicionamentos conservadores, que apresentam políticas compensatórias e paliativas como solução coerente das desigualdades sociais. Em meio a esses posicionamentos polarizados, surgem alternativas, como possibilidades reais ou utópicas. Alternativas que podem apoiar-se nos próprios limites do esgotamento das correntes teóricas que abastecem o sistema capitalista, como os da corrente *neoliberal*, ou na geração de conhecimentos como os contrassaberes em meio à participação popular que supere os saberes restritos, como os contidos na lógica da assistência. Questionando sobre até que ponto é possível vislumbrar um novo paradigma de política social, Demo (idem, p.102) sugere que "finalmente, estamos mais dispostos a considerar alternativas ao capitalismo, mesmo que sejam ainda contextualizadas no e parte do capitalismo".

As redes sociais temáticas surgem, então, não como a alternativa em si, mas como ambiente adequado à possibilidade de transformação, entre outros aspectos, por conferir visibilidade aos temas sociais e permitir posicionamentos reflexivos. Para Dowbor (2003) e Demo (2003), a forma de gerar, divulgar e assimilar conhecimento está no centro da constituição das políticas sociais. Desse modo, a informação torna-se mediadora de saberes. As redes sociais passam a ser o lugar onde as informações se objetivam como ações. Conhecer as redes sociais possibilita aprofundar na realidade sem limitar-se as abordagens generalizantes, que mais ainda homogeneízam as pessoas e as instituições. O primeiro passo da alternativa, então, é saber *por que* alternar, o que pode ser conseguido por meio da dinâmica das redes sociais temáticas direcionadas ao bem-estar da sociedade, que hoje entram em conflito com certa tendência ao modo individualizado ou privatizado de viver em sociedade.

## A ideologia mapeada

Se a busca por opções passa pelo conhecimento inequívoco da situação a ser transformada e do *porquê de* ela deve ser transformada, o conhecimento necessário para tal mudança não pode apresentar limitações que remetam a vicissitudes, colocando em risco o processo de transformação. Ultrapassar essas limitações implica um esforço de interpretação de âmbitos obscurecidos cujas análises teóricas não cumprem senão uma aproximação tópica, em razão do distanciamento entre o real e o representado. A noção de ideologia pode ser um desses âmbitos, quando seu uso inverte a relação e lança sobre o que ainda é incompreensível uma resposta generalizada. Como uma palavra mágica que *diz tudo o que encobre*, ela revela coerentemente a existência de uma estratégia de manutenção de poder e de dominação, mas se torna rarefeita ao especificar essa estratégia.

Em uma tentativa de interpretação, apresentaremos a noção de ideologia como a abstração das formas de dominação objetivadas, pela qual se busca reconhecer as maneiras de acessar, ou manter, o poder por meio de macro ou microestruturas, institucionais ou simbólicas. Em seguida mostraremos algumas diferentes abordagens da noção. Por fim buscaremos identificar quais os limites que a noção apresenta e que não permitem um avanço na sua utilização.

Para Eagleton (1996, p.191), o conceito de ideologia "surgiu no momento histórico em que os sistemas de ideias conscientizaram-se pela primeira vez de sua própria parcialidade; e isso se deu quando essas ideias foram forçadas a deparar com formas estranhas ou alternativas de discurso", sobretudo com a ascensão da sociedade burguesa. No mundo tradicional, a visão do mundo era arraigada e singular, já no mundo capitalista ocorre um estado social agitado.

Para Zizek (1996b, p.312), que organiza uma publicação com textos clássicos e contemporâneos sobre a noção de ideologia em *Um mapa da ideologia*, "a definição mais elementar da ideologia é, provavelmente, a famosa frase de *O Capital* de Marx: *disso eles não sabem, mas o fazem*" (grifos do autor), ou seja, a falsa consciência da realidade social cuja ingenuidade característica permitiria a crítica ideológica.

Eagleton propõe superar a ideia de ideologia como sinônimo de pensamento tendencioso ou parcial, pois, destaca, *todo pensamento é assim*. Ele continua sua abordagem mostrando que é em Gramsci que se efetua a transição de ideologia como sistema de ideias para a ideia de ideologia como prática social vivida e costumeira. Para Eagleton (1996), Gramsci, ao se referir às maneiras como um poder governante obtém o assentimento à sua dominação daqueles a quem subjuga, tratará esse processo como hegemonia. Esta, mais ampla que a ideologia, leva à indagação "como se pode combater um poder que se tornou o *senso comum* de toda uma ordem social, em vez de ser amplamente percebido como alheio e opressor?" (idem, p.197). Para ele, a consciência popular não deveria ser descartada como puramente negativa.

Buscando diferenciar hegemonia, governo e ideologia, Chauí (2003, p.90) destaca que:

> A hegemonia se distingue do governo (o *dominium* como instituição política e, em tempo de crise, como uso da força) e da ideologia (como sistema abstrato e invertido de representações, normas, valores e crenças dominantes). Não é forma de controle sociopolítico nem de manipulação ou doutrinação, mas uma direção geral (política e cultural) da sociedade, um conjunto articulado de práticas, ideias, significações e valores que se confirmam uns aos outros e constituem o sentido global da realidade para todos os membros de uma sociedade, sentido experimentado como absoluto, único e irrefutável porque interiorizado e invisível como o ar que se respira.

Para Eagleton, Gramsci sugere não usar negativamente o termo ideologia. Existem as ideologias necessárias a uma dada estrutura social e as das especulações arbitrárias dos indivíduos.

Em meio às diversas abordagens que buscam apresentar a coerência da noção de ideologia, encontramos desde aquelas que tratam das macroestruturas da ideologia, como em Althusser (1996), com a formulação teórica dos *aparelhos ideológicos de Estado*, até as que tratam das microestruturas da ideologia, como em Bourdieu & Eagleton (1996), em que o conceito de *habitus* busca dar conta de como a ideologia adquire poder na vida cotidiana.

Se a noção de falsa consciência faz sentido para importantes teóricos que abordam a questão da ideologia, caso de Bourdieu & Eagleton (idem, p.267), ao entrevistar Bourdieu, quando afirma "tenho dúvidas sobre se isso tudo é suficiente para jogar no lixo o conceito de ideologia. Admito que há uma certa validade nessas várias afirmações, mas suponho que uma das razões por que quero conservar o conceito de ideologia é que realmente penso existir algo que corresponde à noção de falsa consciência", ela não faz sentido para os teóricos das representações sociais. Estas não são consideradas nem falsas nem verdadeiras e sim constitutivas das tomadas de posição em relação ao conjunto da relação entre representações e práticas: "é razoável concluir que as pessoas se informam e representam alguma coisa somente depois de terem tomado uma posição e em função da posição tomada" (Moscovici apud Sá, 1996, p.32). Admitir a falsa consciência não constitui avanço, pois implica aceitar a verdadeira consciência, e distingui-las socialmente implica ficar constantemente preso em um círculo vicioso, no qual a decisão sobre o que é falso e verdadeiro remete a novos limites.

Nesta pesquisa, identificamos que as pessoas que fazem parte da rede social temática parecem agir e tomar decisões influenciadas por representações sociais que possuem o tema da proteção integral, ou subtemas a ela relacionados, e também de acordo com os limites hierárquico burocráticos a que estão submetidas. Não se trata, pois, de identificar, nos limites das ações e posturas, o que é falso na consciência e tornar verdadeiro, mas sim de gerar ambientes onde as relações sociais permitam conhecer *boas razões*[5]

---

5 Em Sá (1996), as *boas razões* constituem potencialidades de mudança de posição, que superam as representações sociais formadas, incluindo a mudança de grupos, pois, segundo essa abordagem das representações sociais, após adquirir boas razões a inserção em grupos afins pode ser sequencial.

para que se identifiquem questões como as desigualdades sociais como mais centrais do que os objetivos particulares ou de grupos de interesse. Como se vê, não há falsidade na luta por interesses pessoais, e sim uma grave inversão no sentido da preservação e sobrevivência, que remete à competitividade. No caso dos que compõem a rede social temática, conhecer os benefícios de uma sociedade sem graus relevantes de desigualdade poderá influenciar, até mesmo, na inversão da aceitação da tendência à acumulação (de poder, capital, conhecimento).

Quais seriam as características identitárias do sujeito que busca alternativa ao perverso modo de organização da sociedade, consigo e com seu lugar, se sua postura não lhe fosse própria e sim determinada externamente, sem reflexão, por este ou aquele discurso objetivado? Podemos dizer que, para além dos processos citados, a identidade do sujeito depende também da relatividade contida no observador de tal particularidade, que poderia classificar alguém como possuidor ou não de falsa consciência de acordo com seu posicionamento ante questões sociais. Qual seria o lugar não ideológico que se poderia ocupar e quem poderia ocupá-lo? Zizek (1996) nos instiga indagando se a pretensão de podermos aceder ao lugar não ideológico não será o exemplo mais patente de ideologia.

A luta de classes ganha novo contorno em meio a essas considerações. Estando a ideologia a identificar parcialmente os motivos geradores dos processos sociais excludentes, nem mesmo as tentativas de generalização escapam à limitação desse conhecimento que remete à limitação do desconhecimento, ou seja, encobrindo a incógnita com outra incógnita, a busca parece cessar. Perde-se desse modo a referência ao antagonismo real. Se este pôde ser observado em determinado período em razão das condições históricas, já não é facilmente apreensível atualmente, quando a identificação de classes sociais fica inviável ante fragmentações características desse período. O principal limite que observamos é a tentativa de generalizar o que não pode ser generalizado. Daí a conferir à globalização a *culpa* pela geração de diversos problemas sociais não há muita distância.

Contraditoriamente, o conceito de luta de classes implica uma construção teórica, na qual um possível estado de derrota, sem evidentes manifestações de luta, é apreendido teoricamente como luta constante. Para além da noção de luta de classes, a identificação da permanência de certos vencedores constantes parece ir ao encontro de uma abordagem que não generaliza a concepção de luta e, consequentemente, não confere *status* de luta de classes para setores estagnados da sociedade. Além disso, a tarefa de identificar classes parece apresentar limitações características do período atual.

No período atual, as lutas parciais, nas quais ocorrem conflitos de interesse pontuais, sem implicação em questões mais amplas, apontam para uma tendência constante de aumento e acirramento da fragmentação das forças populares. Fragmentação no sentido de que essa lógica das relações sociais tende a gerar uma infinidade de grupos de interesse centrados em suas respectivas áreas. Interpretar a realidade fragmentada de um grupo social com uma noção tão ampla, como a de ideologia, deixa uma lacuna na possibilidade de análise, pois corre-se o risco de encobrir a lógica da sobreposição de saberes pela ideia de falsa consciência, já que esta não se desdobra em parâmetros de análise ao conferir valores de falso ou verdadeiro aos tipos de saber. Ademais, o limite da análise marxista fica evidente quando se reconhece que a fragmentação não aponta para a unidade proletária, desdobrando-se, sim, em uma infinidade de representações sociais inerentes, as quais sugerem, para além da análise econômica, uma síntese de relações em seus respectivos temas, unidos por meio de redes sociais de acordo com as representações sociais.

Chauí (2003, p.53), mesmo destacando essa tendência à fragmentação ao questionar "por que, em geral, os operários não se sentem concernidos pelo movimento internacional do capital, mas querem lutar contra o INPS? Por que os posseiros e os boias-frias imaginam até mesmo lutar contra os capangas do fazendeiro, mas esperam a ajuda do governo?", busca mostrar que essas lutas parciais são lutas contra a opressão (idem, p.54). No entanto, essas e outras lutas, como as relativas à busca por recursos assistenciais que ocorrem entre grupos de interesses, não caracterizam luta contra a opressão em si, mas contra a *opressão de seu grupo de interesse*. O risco de se generalizar as lutas sociais surge, então, como intrínseco às abordagens em ciências sociais que não reconhecem a fragmentação atual.

Ideologia é uma noção ampla que pode encobrir ainda mais o que tenta revelar. Esse limite implica não somente uma incongruência conceitual, mas também, muitas vezes, a redução de construções intelectuais que caem em um abismo analítico ao classificar como ideologia diferentes formas de uso, sobreposição e controle de saberes. Daí a dificuldade em se buscar tipificar as formas de manifestação da ideologia, quando o conhecimento dominante busca ocupar os espaços centrais para disseminar saberes que coadunem com suas estruturas discursivas, em proveito de grupos de interesse dominantes.

A nova configuração que envolve Estado, mercado e sociedade em geral implica uma abordagem que não somente classifique a trama de relações socioespaciais como de alta complexidade, mas que identifique em que circunstâncias a união das partes que a compõem a torna tão complexa. Assim, as ações que constituem um âmbito de enfrentamento dos processos sociais excludentes ocorrerão não apenas na perspectiva de responder às novas formas de organização da sociedade, mas de saber responder no tempo e no espaço compatível.

É desse modo que Zizek chega a apontar a lacuna surgida no cerne do materialismo histórico, ou seja, o seu caráter incompleto:

> A ideia de uma teoria da ideologia sempre foi apenas um *modo de completar idealmente o materialismo histórico*, de "tapar um buraco" em sua representação da totalidade social e, assim, um modo de constituir idealmente o materialismo histórico como um sistema explicativo completo em seu gênero, ao menos "em princípio". (Balibar apud Zizek, 1996, p.33, grifos do autor)

O antagonismo social (luta de classes) seria o *lócus* dessa lacuna a ser conceituada (e não tampada) como irredutível por ser constitutiva. Enfim, aqui a noção de ideologia denota o objeto da complexidade não totalizável. Zizek (1996b, p.328) continua afirmando que o marxismo não conseguiu levar em conta o *resto real* que escapa à simbolização.

Antonio C. R. Moraes (1996), em seu livro *Ideologias geográficas*, mostra que o pensamento geográfico também apresenta correspondência com esse espectro, quando o economicismo toma conta de grande parte das abordagens. No entanto, ele indica como a classificação de algo como ideológico também pode dissimular abordagens relevantes, pois "quantos elementos podemos apreender da leitura de autores que, por um veto ideológico, poderíamos desprezar" (idem, p.20).

Mostrando as razões da renúncia atual à noção de ideologia, Zizek (1996a, p.9) aponta a amplitude que a noção alcançou em meio a concepções vulgares:

"Ideologia" pode designar qualquer coisa, desde uma atitude contemplativa que desconhece sua dependência em relação à realidade social, até um conjunto de crenças voltado para a ação; desde o meio essencial em que os indivíduos vivenciam suas relações com uma estrutura social até as ideias falsas que legitimam um poder político dominante. Ela parece surgir exatamente quando tentamos evitá-la e deixa de aparecer onde claramente se esperaria que existisse.

O que Zizek pretende é mostrar a relação entre ideologia e classificação de processos ideológicos. Isso permite adentrar a questão da relação entre contingências e responsabilidade pessoal do sujeito. Classificar algo como ideológico é catalogar causas fluídas para as *condições sociais*, implicando um determinismo contextual em razão das contingências, ou para a culpa pessoal do sujeito, implicando um psicologismo no qual ao individual será lançada a responsabilidade.

Para o autor, a saída desse impasse implica "que o conceito de ideologia deve ser desvinculado da problemática 'representativista': *a ideologia nada tem a ver com a 'ilusão'*, com uma representação equivocada e distorcida de seu conteúdo social" (Zizek, 1996a, p.12, grifos do autor).

Nesse ponto, encontramos o que nos parece ser a exposição específica que Zizek faz da abrangência da noção de ideologia. Se, para ele, a noção de ideologia deve ser desvinculada da problemática representativa, para nós, o encontro da ideologia com a representação parece se revelar relevante. Consideramos que é o reconhecimento da distância entre conteúdo e estrutura de um *discurso em prática* que permite a utilização das representações sociais para abordar as questões relativas ao modo como a sociedade é organizada.

Buscaremos apresentar, ainda neste capítulo, aspectos da relação entre ideologia e representações no que diz respeito aos objetos que lhes caracterizam, quais sejam, ideias e saberes, respectivamente. Em seguida, nos deteremos à questão dos saberes sociais e das formas como esses saberes são utilizados, como são homogeneizados, como são aceitos, como são eliminados, como são deturpados ou como são levados ao centro ou à periferia dos *discursos em prática*, terminando com a caracterização da Teoria das Representações Sociais que propicia, entre outras coisas, a identificação da vulgarização do conhecimento científico e como esse processo interfere em temas sociais como o relacionado à proteção integral à criança e ao adolescente. Contudo, nesse percurso, a Teoria das Representações Sociais não é

REDES SOCIAIS DE PROTEÇÃO INTEGRAL À CRIANÇA E AO ADOLESCENTE **123**

concebida como complemento ou substituição de uma *Teoria da Ideologia*. Trata-se de um paradigma que propicia compreender, entre outras coisas, como se formam os conhecimentos no período atual, não se detendo somente às práticas ou às ideias, mas abrangendo o universo socioespacial dos grupos sociais em si ou conjugados.

Um conhecimento *produzido* implica representações geradas em meio ao conflito de saberes. Dependendo do modo como esses saberes são utilizados, eles podem se tornar saberes dominantes ou contrassaberes. A politicidade, que, como mostra Demo (2003, p.30), é a capacidade de confrontar os limites impostos, é um exemplo de utilização de um saber que implica contestação para confrontar outro, que implica o domínio lógico e racional linear, como saber dominante.

## Ideias e saberes

Diferenciar ideias e saberes nos parece relevante neste momento. As ideias, embora possam ser difundidas, não implicam necessariamente uma aceitação implícita que atinge a prática. Já o saber implica uma compreensão da informação, uma experiência social. Quando as análises relativas à ideologia ultrapassam o âmbito das ideias, elas passam a apresentar relações sociais que implicam saberes objetivados. Porém, a excessiva tentativa de *escapar* das ideias remete a outro excesso, o exagero em apontar a estrutura material e as práticas deterministas.

A questão central está relacionada ao *resultado* das relações entre representação e ação, o qual pode ser apreendido por meio da Teoria das Representações Sociais. Desse modo, o desconhecido mundo apresentado e ao mesmo tempo encoberto pela noção de ideologia é, em parte, revelado por meio da apreensão dos saberes sociais. Podemos observar que as representações sociais são "saberes sociais construídos em relação a um objeto social, que elas também ajudaram a formar" (Jovchelovitch, 2000, p.32). Tais saberes sociais implicam abordagens que identificam o cerne dos problemas sociais em diversos aspectos, considerando a influência que o próprio conhecimento lançou sobre o objeto.

A noção de pobreza pode ser utilizada como exemplo de construção de saberes que se sobrepõem ao objeto. As diversas formas de pobreza podem

124  LUCIANO ANTONIO FURINI

ser sintetizadas como pobreza econômica, o que significaria promover apenas ações direcionadas à inserção no circuito econômico. Demo (2003, p.9) propõe considerar a pobreza política: "o centro mais renitente da pobreza é seu núcleo político de exclusão social, para além da carência material". A superação dessa outra face da pobreza implicaria, por um lado, sua focalização pelos estudiosos da pobreza que, em geral, a abordam sem considerar a inconsciência política intrínseca e, por outro, na utilização da qualidade política da politicidade.[6]

Detendo-se na questão epistemológica e mostrando que o conhecimento possui potencialidade disruptiva, "o mesmo conhecimento que esclarece é o que imbeciliza", Demo (idem, p.26) mostra como o conhecimento é relativo. Para ele, hoje, a maior exclusão é a do conhecimento, e politicidade não pode ser pensada apenas em seu aspecto positivo, pois está na matriz dos processos sociais excludentes como os que são vetorizados pela lógica do mercado livre.

O que Demo propõe com a indicação da qualidade política – o contrário de pobreza política – da politicidade não é somente a forja do sujeito, mas sua reconstrução constante. Assim, ele mostra que "para ser autônomo é mister centrar-se, para conviver é indispensável descentrar-se" (idem, p.33). Ele também confere nova dimensão ao analfabetismo, pois pobreza política pode aplicar-se a todos os segmentos populacionais e está diretamente relacionada com os analfabetos políticos. Muitos estudiosos podem ser analfabetos políticos.

No plano teórico, Demo (idem) apresenta as vertentes em que se apoia o conceito de pobreza política. Ele identifica os legados que permitem a solidez categorial deste. O legado de Foucault destaca que "o saber, enquanto prega a verdade, convive com o poder e a este é subserviente" (idem, p.50). Desse modo, a pobreza política se relaciona com a epistemologia. Já ao legado frankfurtiano, apesar de todas as críticas à Escola de Frankfurt, é que se deve a gênese do conceito.

---

6 "A habilidade humana de saber pensar e intervir, no sentido de atingir níveis crescentes de autonomia individual e coletiva, que permitem conduzir história própria e mesmo imaginar inovações no processo natural evolucionário. Ser político é aquele que sabe planejar e planejar-se, fazer e fazer-se oportunidade, constituir-se sujeito e reconstituir-se de modo permanente pela vida afora [...]". (Demo, 2003, p.30).

REDES SOCIAIS DE PROTEÇÃO INTEGRAL À CRIANÇA E AO ADOLESCENTE **125**

A teoria crítica surge como precursora principal do tema pobreza política por estabelecer conexão entre conhecimento e imbecilização (ibidem). O legado da pesquisa pós-colonialista mostra, por meio da Teoria do Efeito de Poder, como desarmar esquemas ideológicos nessa sociedade do conhecimento, na qual pobreza política é o resultado do cultivo da ignorância (ibidem). Por fim, o legado da Organização das Nações Unidas (ONU) incluiu, a partir de 1997, no Relatório de Desenvolvimento Humano, a noção de pobreza política no escopo do *desenvolvimento*, além do desafio de estudar a concentração de poder. É a experiência social contida no saber que permite refletir sobre como a pobreza analítica produz mais pobreza política.

Somente a partir de um salto informacional em que a ignorância e o saber são confrontados constantemente e de forma abrangente é que se inicia um processo de transformação. Se "todo o acto de conhecimento contém em si a possibilidade de ser ignorante sem saber. Ou seja, a ignorância nunca é superada totalmente pelo saber" (Santos, 2006, p.163), a consideração de várias formas de saber e a introspecção constante devem ser valorizadas. Essa atitude pode ser um obstáculo às formas de eliminar saberes ou de produzir ignorâncias.

Existe uma lacuna na proteção integral à criança e ao adolescente do município observada pelos próprios membros da rede, uma pobreza política caracterizada, mas não enfrentada de maneira plena:

> A grande maioria está envolvida, mas muitos não entendem a finalidade, então faz porque tem que fazer, porque vem o retorno financeiro dali, então. *Ah, se eu tiver incluída na rede, eu consigo ter um retorno financeiro lá do Gepac,* por exemplo, se eu não tiver no conselho [...], mas não consegue entender o porquê da rede, e é isso que faz que alguns caminhem sozinhos e outros acabem ficando pelo caminho. (psicóloga, membro do CMDCA)

## Tendências ao epistemicídio

Expondo aspectos da pluralidade externa da ciência, ou seja, em relação a outros saberes, Santos (2006, p.152) nos mostra como as perspectivas interculturais permitem identificar alternativas importantes nos saberes não hegemônicos:

As perspectivas interculturais têm vindo a permitir o reconhecimento da existência de sistemas de saberes plurais, alternativos à ciência moderna ou que com esta se articulam em novas configurações de conhecimentos. Analisando de forma crítica a ciência como garante da permanência do estatuto hegemónico do actual sistema económico capitalista, os autores que perfilam esta crítica têm vindo a lutar por uma maior abertura epistémica, no sentido de tornar visíveis campos de saber que o privilégio epistemológico da ciência tendeu a neutralizar, e mesmo ocultar, ao longo de séculos. A abertura a uma pluralidade de modos de conhecimento e a novas formas de relacionamento entre estes e a ciência tem sido conduzida, com resultados profícuos, especialmente nas áreas mais periféricas do sistema mundial moderno, onde o encontro entre saberes hegemónicos e não hegemónicos é mais desigual e violento. Não por acaso, é nessas áreas que os saberes não hegemónicos e os seus titulares mais necessidade têm de fundar a sua resistência em processos de auto-conhecimento que mobilizam o contexto social, cultural e histórico mais amplo que explica a desigualdade, ao mesmo tempo que gera energias de resistência contra ela.

Ele ainda destaca que a autorreflexividade remete a indagações como: "por que permanece as relações de dominação apesar de mudarem as ideologias que as justificam (progresso, civilização, desenvolvimento, modernização, globalização, governação)?" (idem, p.153). Pensamos que a resposta a essa questão deva considerar a propensão, ainda em curso, à desvalorização do senso comum como saber. A partir do próprio arcabouço teórico desse autor, podemos enfatizar que a possibilidade de identificar as estruturas dos epistemicídios é que pode fazer que as relações de dominação sejam realmente afetadas.

As formas de dominação dificilmente conseguirão *navegar* nos *mares* dessas concepções plurais de saberes. "A existência de múltiplas bússolas faz com que a vigilância epistemológica se converta no mais profundo acto de auto-reflexividade. Num contexto quiçá semelhante àquele em que Santo Agostinho confessou: *converti-me numa questão para mim*" (idem, p.165).

A designação *tendência ao epistemicídio*, como termo que identifica o processo pelo qual os saberes contidos nas representações são eliminados ou controlados e sobrepostos por saberes que viabilizam a concentração de poder, nos parece mais explicativa que a noção de ideologia e passível de evidenciar sobre qual lógica se apoiam várias correntes de pensamento.

REDES SOCIAIS DE PROTEÇÃO INTEGRAL À CRIANÇA E AO ADOLESCENTE **127**

O genocídio que pontuou tantas vezes a expansão europeia foi também um epistemicídio: eliminaram-se povos estranhos porque tinham formas de conhecimento estranho e eliminaram-se formas de conhecimento estranho porque eram sustentadas por práticas sociais e povos estranhos. Mas o epistemicídio foi muito mais vasto que o genocídio porque ocorreu sempre que se pretendeu subalternizar, subordinar, marginalizar, ou ilegalizar práticas e grupos sociais que podiam constituir uma ameaça à expansão capitalista ou [...] comunista. (Santos, 2003b, p.328)

É, portanto, tendência ao epistemicídio no sentido de que, ao se imporem na sociedade, as representações que buscam justificar a dominação sobrepujam ou reduzem outras representações por meio de um sistema de saberes socializado. Guareschi (2001, p.151), corroborando a noção de epistemicídio, destaca a importância do respeito ao conhecimento popular como forma de evitar a exclusão de saberes. Porém, acrescentamos que não são somente os saberes estranhos que são desprezados, mas também saberes conhecidos e de povos conhecidos que ameaçam as estratégias sobrepujantes.

Muitas vezes, as formas de dominar utilizam-se das próprias formas de libertar para se impor. No caso de alguns projetos governamentais, o saber dominante também pode se objetivar em forma de ignorância. Independentemente de o saber local considerar o tipo de utilização do recurso inadequado à realidade vivida, o saber dominante impõe a ignorância e desarticula grande parte das iniciativas locais:

> Chegou uma certa época que a gente não escrevia mais o projeto, o projeto já vinha pronto, então vocês têm que atender individual assim, então a gente teve que se adequar lá em cima, não a nossa realidade, então complicou muito, porque assim, vem recurso que a gente não pode usar, porque o recurso pode ser usado nesse item, nesse item e nesse item, muitos municípios estavam devolvendo recursos, porque não é de acordo com a nossa realidade. Eu acho assim, teria que ser ouvido mais, teria que ser o inverso. (assistente social da SMAS)

Muitos saberes incorporados nas políticas públicas são, na realidade, ignorâncias que mostram como instâncias governamentais são comandadas por interesses que não os dos profissionais que atendem ou os dos beneficiários dos projetos. Ocorre, assim, uma sobreposição de saberes na qual uma política pública apresenta desconhecimentos comprometedores.

A saída que os profissionais encontram para superar a sobreposição de saberes é o redirecionamento dos recursos, como no caso do Projeto Jovem Cidadão, o qual não possui recursos próprios, mas são utilizados recursos de outro projeto para efetivá-lo.

Se buscarmos identificar o modo como ocorre a tendência ao epistemicídio em sua gênese, provavelmente chegaremos ao discurso como elemento de correlação entre o que o conhecimento hegemônico cria ou elimina perante os saberes emergentes.

No sistema discursivo ocorre uma comunicação concatenada, na qual o *conteúdo* é composto de saberes, formulados com o recurso de uma *sinédoque social* em que a parte é tomada como o todo ou vice-versa. A *forma* é a discursiva por hipérbole, na qual uma figura aumenta ou diminui a verdade das coisas ou dos saberes; o *processo* é o da propagação com tendência ao predomínio e à objetivação; e a *estrutura* é a do faccionismo. A proteção parcial representada como integral remete a posturas que buscam adequar-se aos níveis de proteção estabelecidos na escala de comando.

Assimilar e aceitar um saber não implica algo nocivo ao sistema social se isso ocorrer no bojo de um debate profundo em que diversos saberes são considerados e valorizados.

Ao propor a noção de ecologia de saberes, Boaventura de Souza Santos (2006, p.157), em seu livro *A gramática do tempo*, indica como as práticas podem estar ligadas aos saberes: "a ecologia de saberes parte do pressuposto que todas as práticas de relação entre seres humanos e entre eles e a natureza participa mais de uma forma de saber e, portanto, de ignorância".

Ignorância e saber às vezes se tornam indissociáveis. Uma das principais metas do CMDCA, apontada por alguns membros desse conselho, é a implantação de um núcleo da Febem no município. Ao pensarmos sobre como o saber contido na lógica de atendimento da Febem conseguiu, independentemente da incapacidade notável desta em proteger integralmente o adolescente, instalar-se centralmente no discurso dos representantes do conselho, identificamos que uma comunicação concatenada gerou no grupo que está posicionado para proteger o adolescente a inversão simbólica, em que a figura *Febem* representa proteção, mas, na realidade, objetiva encarceramento. As condições objetivas proporcionadas pela implantação desse núcleo também resolvem uma questão administrativa presente na rede social temática controlada, além de relacionar-se com o grau de influência e centralidade que o judiciário possui por meio da Promotoria de Justiça da Infância e Juventude. Ademais, uma campanha contra a instalação da unidade da Febem no município pôde ser observada na imprensa local; contudo, tal campanha visava outros interesses de políticos locais.

É a permeabilidade do grupo social ou da sociedade que vai permitir ou não a incorporação, instrumentalização, socialização e idealização da tendência ao epistemicídio. Essa tendência implica uma estratégia implícita nos âmbitos da forma, do processo e da estrutura, e explícita no âmbito do conteúdo da comunicação. Em geral, o conteúdo torna explícita uma promessa de bem-estar futuro e implícito o real propósito que está em jogo e que recairá sobre os que aderirem ao discurso e à lógica contida nele. Os conteúdos dos saberes estão presentes em todas as instâncias, ora cristalizados em objetos e estruturas, ora dinamizados nos processos. Fazer fixar ou fazer fluir saberes é estratégia intrínseca ao epistemicídio.

Buscar alternativas inclui, desse modo, a tentativa de influenciar na produção ou reprodução do espaço, o qual se objetiva pautado por saberes sociais. O CT do município apresenta, por meio do conjunto de ações e objetos característicos, aspectos alternativos. O próprio CT é a objetivação de uma luta que está modificando as relações socioespaciais, permitindo a ocorrência de novas formas de organização ante a proteção integral à criança e ao adolescente.

A forma comunicativa implica que o discurso pode ter um contorno idealizado de acordo com a *escala de impacto*.[7] O discurso instrumentalizado é socializado por meio de uma assimilação que pode abranger todo o espaço geográfico. No entanto, trata-se de um discurso que, em geral, não é compatível com a prática, pois as particularidades dos lugares que o assimilam estarão em conflito constante. Uma política pública, partindo da *escala de origem* hierarquizada, não é elaborada com a devida caracterização e participação local. A descentralização, embora esteja em voga há algum tempo, não se objetiva completamente nesse município. Assim, mesmo as novas

---

7 M. Santos (2002, p.152) apresenta como escala de origem aquela das variáveis relacionadas à produção do evento, e como escala de impacto aquela das variáveis relacionadas à realização do evento.

formas de organização que buscam alternativas, esbarram em barreiras, como as da política local.

O processo comunicativo é incessante e reestrutura constantemente o cerne do discurso, redirecionando os saberes considerados competentes contra os saberes a serem sobrepujados. Os processos, além de realizar agregação e expulsão de saberes, são os responsáveis pela realimentação da legitimação do saber dominante ao transportar e ratificar os conteúdos desse saber. No entanto, como mostra Demo (2003, p.59), "o conhecimento abriga potencialidade disruptiva – a capacidade de olhar para além do que querem que se olhe". Desse modo, eliminar saberes ameaçadores é central no processo comunicativo de acumulação de poder.

A estrutura comunicativa apoia-se em objetos portadores de lógicas voltadas aos saberes dos grupos dominantes, o que faz que a velocidade, no sentido da dominação, seja maior que a do sentido da alternativa. As estruturas também realizam agregação e expulsão, mas estas não implicam posse, e sim apropriação. Se um saber se apropria da estrutura, ele se torna dominante mesmo que não seja refletido por todos os objetos.

As diversas definições de ideologia em suas mais variadas interpretações fazem parte de concepções que tratam tanto da questão interna quanto da externa ao sujeito. Classificamos para fins dessa interpretação os tipos sujeitados e os tipos sujeitadores. Entre os sujeitados, temos: os que não sabem que são sujeitados e, logo, não reagem; os que sabem e mesmo assim não reagem; os que sabem e tentam uma reação pontual; os que sabem e buscam reagir de forma mais ampla. Mesmo sabendo da sujeição, muitos não compreendem os processos e quais são os sujeitadores. Entre os sujeitadores, temos: os que não se reconhecem como tais ou não querem se reconhecer desse modo, mas fazem parte do processo de sujeitar; os que se reconhecem como tais, se expõem e se inserem em organizações que permitem sua atuação como tal. Esses se posicionam na escala de dominação. Contudo, essa escala é gerada na acumulação de poderes, os quais podem provir de diversas escalas. Essa transferência de poderes ocorre tanto por reprodução simples, quando a pessoa vive um cotidiano composto de ações e objetos que levam a um destino planejado, quanto por complexa, quando reações não equitativas levam ao aleatório.

Nossas considerações relativas à tendência ao epistemicídio convergem para as representações e práticas sociais geradas por meio de relações socioespaciais, as quais podem ser reelaboradas. Pensamos que essa reelaboração tenda a evitar a fragmentação do social e a concentração de poderes em prol da repartição do poder. É a ausência ou presença de visibilidade constante das matrizes das relações socioespaciais que pode inibir ou permitir uma transformação social, na qual as desigualdades sociais não sejam naturalizadas ou incorporadas.

As redes sociais temáticas são portadoras dessa visibilidade e poderiam, até mesmo, buscar apontar políticas ultrapassadas ou desnecessárias, cuja forma e racionalidade são mantidas em razão dos recursos acoplados: "grande parte das assistências precisa ser feita de tal maneira que venha a desaparecer, à medida que as populações consigam, organizando-se e inserindo-se no mercado, construir sua autonomia e autossustentação" (idem, p.109).

Nossa maneira de interpretar as tendências ao epistemicídio passa por considerações relativas ao tipo de saber incutido e pela possível incorporação deste pelos entrevistados. A ausência de dúvidas, juntamente com a presença de sinédoque no discurso assimilado, pode remeter à incorporação parcial ou plena dos auspícios dominantes.

Desse modo, em nossos procedimentos metodológicos, realizamos entrevistas, no intuito de compreender em quais saberes aqueles que tratam da temática da proteção integral à criança e ao adolescente se apoiam no que se refere à maneira como uma determinada sociedade procede para enfrentar ou encobrir suas desigualdades sociais. São poucos os entrevistados que apresentam uma visão mais ampla da questão. Muitos estão presos ao seu universo profissional, no qual o cargo é a referência. No entanto, é importante entender como, mesmo no âmbito da competência profissional, existem diferenciações que revelam saberes, mostrando algumas matrizes discursivas diferenciadas.

A sobreposição ou incorporação de um discurso pode influenciar grupos sociais ou toda uma sociedade, formando os grupos de interesses, os quais buscam incorporar conteúdos, estruturas, objetos e processos que legitimem sua causa, em geral fragmentando a questão social. Desse modo, as lutas parciais estão presentes mais assiduamente em escalas micro, nas quais o limite das reivindicações são os contornos da formação do grupo e sua temática.

Pensando em uma organização social como a do Brasil, na qual formas de dominação persistem e produzem desigualdades sociais que depreciam os empobrecidos e qualificam os enriquecidos, podemos erradamente imaginar que os fluxos de poder se deem somente de forma descendente. Não ocorrem fluxos de saberes dominantes somente de *cima para baixo*, quando os vetores são gerados nas escalas de comando, mas também de *baixo para cima,* quando esses nascem a partir da escala de impacto, não se configurando apenas respostas e resistências ao comando, mas também âmbito temático restrito, do qual o comando se abastece.

Novos contatos e ações não planejadas tomam conta de alguns procedimentos de proteção integral. Identificamos dezenas de contatos entre entidades e projetos governamentais que mostram diversas articulações não planejadas. Essa sinergia constitui um novo âmbito de articulação, que pode transformar tanto a escala de comando quanto a de impacto.

Ainda em relação à organização da sociedade, o fato de ser possível encontrar em diversos lugares as mesmas construções discursivas ou representações sociais revela que os saberes foram incorporados, independente de serem aceitos ou não.

Inadequações relevantes ocorrem na escala do lugar, ou seja, a participação das pessoas em mediadores sociais é bastante variável. Saberes e práticas são modificados de acordo com as representações sociais geradas nesses mediadores. O discurso dominante, ao ser elaborado, interage com as representações sociais dos grupos dominados. O discurso prevalece quando não sofre contestação que o negue ou modifique, em razão de mudanças nas próprias representações sociais, que passam a fornecer *boas razões* para que se aceite *como seu* o discurso dominante. A alta permeabilidade do lugar, ao permitir a incorporação, e o baixo poder de resistência desse lugar sugerem vulnerabilidade aos discursos. Porém, a resistência se refere à formação socioespacial dos lugares em suas particularidades locais, pois ao serem inseridos em contratos sociais, os novos vetores dominantes impermeabilizam o *solo* do lugar até que vetores mais poderosos surjam. As lutas entre grupos de interesses locais, nacionais e globais passam pela adequação discursiva, lembrando que a própria estrutura discursiva é uma forma de saber.

Os saberes locais também podem ser inseridos em discursos, ou utilizar discursos dominantes para se legitimar. Os discursos que já homogeneizaram diversas áreas e escalas podem partir de interesses e saberes locais de alguns grupos e disseminar esses interesses como se eles fossem gerais, encontrando espaços permeáveis em outras escalas locais. Contudo, o discurso é um aspecto da transmissão ou inculcação de saberes. Outras maneiras de disseminação de poder ocorrem, como a presente nas estruturas normativas das sociedades nacionais e materializadas em leis e regras sociais.

Alguns saberes já são desconsiderados ao nascer, por não se adequarem ao tipo formal de saber. A consideração e valorização de outros tipos de saberes são buscas que Moscovici (2003) e Santos (2003a, 2006) realizam por meio de suas respectivas obras. Debates epistemológicos levam à consideração de que "a ciência moderna não é a única explicação possível da realidade" (Santos, 2003a, p.83).

Como em uma metaepistemologia, podemos questionar sobre o que estabelece os graus de certeza de um conhecimento e, assim, deixar aberto o universo de possibilidades outrora fechado. No Brasil, podemos dizer que uma série de estudos pós-ditatoriais remete à quebra de barreiras epistemológicas importantes no final do século XX. Esse resultado inesperado possibilita abastecer-nos de esperança quanto aos resultados descontrolados em instâncias praticamente fechadas, nas quais a sinergia alternativa passou a ocorrer.

Embora ocorram avanços significativos quanto ao entendimento das relações de dominação, os saberes institucionalizados continuam prevalecendo e ditando práticas que, embora incoerentes, são condizentes com as formas de dominação. É muito comum aceitar o combate às consequências das desigualdades sociais como combate às desigualdades sociais.

Ao mesmo tempo que há a desvalorização de um saber, há a valorização de outro, mesmo que este último não seja citado ou revelado. O espaço geográfico implica um contexto no qual ações e objetos são constituídos e acionados por meio da valorização ou eliminação de saberes, mesmo que indiretamente.

Esse espaço permite a geração, a manutenção e a transformação das representações sociais. Só representamos algo, alguém ou alguma ação a partir de um contexto histórico. A representação social também é um saber social e, a partir do conhecimento dessa representação, podemos identificar quais saberes prevalecem e quais são eliminados. A Teoria das Representações Sociais permite-nos avançar para além de alguns limites que a noção de ideologia apresenta, no sentido de compreender o que buscamos nesta pesquisa. Se a tendência ao epistemicídio implica a eliminação de saberes, a tendência à autonomia implica consideração de saberes a partir da sociabilidade. É possível que, conhecendo as representações sociais dos grupos sociais, possamos identificar uma e outra.

# 4
## REPRESENTAÇÕES SOCIAIS

Viver em sociedade é relacionar-se, em diversos aspectos. As relações sociais são interações que implicam sujeitos, ações e objetos sociais. Nessas interações, surgem padrões de uniões, semelhanças e continuidades, que passam a caracterizar homogeneidades, em meio à diversidade e complexidade próprias do âmbito social. Isso implica dizer que as relações sociais encerram um universo em que o individual potencializa ou estabelece agrupamentos, gerando diferentes derivações sociais, sempre *relativas* aos aspectos externos e internos a cada sociedade. Esse modo de apreensão das relações sociais leva em conta o caráter dinâmico destas, "se eu vejo, então, o grupo a partir de *relações*, eu vou ter uma visão de grupo sempre *relativa*, isto é, incompleta, em construção, em transformação" (Guareschi, 1996, p.86). Uma maneira de compreender parte dessa dinâmica das relações sociais é conhecer as representações sociais relativas aos respectivos grupos sociais. Esse procedimento implica metodologias que permitam observar como a representação social é elaborada, mantida ou transformada.

As representações sociais estão presentes nas sociedades e seu estudo pode contribuir para compreendermos aspectos das tomadas de posição dos respectivos grupos sociais. O fenômeno representação social foi identificado e passou a ser objeto de compreensão na psicologia social por meio da Teoria das Representações Sociais. Com o apoio dessa teoria, o fenômeno pode ser observado e analisado, possibilitando a compreensão da representação social como forma de interpretação da realidade.

## Teoria das Representações Sociais

Apresentar as representações sociais no contexto da rede social temática pesquisada, por meio da Teoria das Representações Sociais, é o que pretendemos neste capítulo. Dessa forma, entrevistamos um grupo de pessoas relacionadas à proteção integral à criança e ao adolescente no município.

A Teoria das Representações Sociais é considerada a *grande* teoria, com a qual outras teorias *menores* interagem utilizando-a como base geral. A Teoria do Núcleo Central, proposta por Jean Claude Abric, é uma dessas, e confere a objetividade que falta à teoria geral (Sá, 1996, p.61).

Situada entre os campos da psicologia e da sociologia, a Teoria das Representações Sociais implica uma abordagem psicossocial, iniciada por Serge Moscovici. Em razão do caráter polimorfo das representações sociais e do fato de a teoria ter como *matéria* o senso comum, ela está aberta a contribuições e aprofundamentos em diversos aspectos. Denise Jodelet, Jean Claude Abric, Willen Doise, Robert Farr, Wolfgang Wagner, Sandra Jovchelovitch, Pedrinho A. Guareschi e Celso Pereira de Sá são alguns dos importantes pesquisadores e interlocutores da teoria das representações sociais.

O caráter social das representações sociais na psicologia social não permite abordagens fechadas na individualidade, uma vez que a mediação social é central, juntamente com as relações socioespaciais. São os agrupamentos presentes na sociedade que possibilitam um pensamento social[1] e, consequentemente, a natureza dos contatos sociais de acordo com aspectos históricos. Uma pessoa pode pertencer a diversos grupos e, assim, receber influências que particularizam os limites de suas representações sociais. As influências da comunicação e da prática na vida cotidiana sustentam ou transformam as representações sociais, conferindo à relação entre práticas e representações sociais um caráter indissociável. Contudo, na representação social existe um aspecto mais rígido e resistente a mudanças, aquele que envolve a memória coletiva do grupo social, e um aspecto mais dinâmico e

---

1 Moscovici (2003, p.57) admite existir um pensamento social que nasce nas inter-relações sociais. Para o autor, as pessoas formulam *filosofias* espontâneas, porém "o pensamento social deve mais à convenção e à memória do que à razão; deve mais às estruturas tradicionais do que às estruturas intelectuais ou perceptivas correntes". O pensamento social implica assim considerar as realidades compartilhadas.

adaptável a mudanças, aquele que envolve o vivido e o cotidiano atual do grupo social.

Em seu caráter social, as representações sociais implicam certa autonomia no âmbito da sociedade, "à luz da história e da antropologia, podemos afirmar que essas representações são entidades sociais, com *vida* própria, comunicando-se entre elas, opondo-se mutuamente e mudando em harmonia com o curso da vida; esvaindo-se, apenas para emergir novamente sob novas aparências" (Moscovici, 2003, p.38, grifo nosso).

Diversas formulações teóricas são dedicadas ao modo como as representações sociais interagem com as práticas sociais. Para Jovchelovitch (2000, p.32), as representações sociais são: "saberes sociais construídos em relação a um objeto social, que elas também ajudaram a formar". Segundo Guareschi & Jovchelovitch (2000, p.19), a representação "recupera um sujeito que, através de sua atividade e relação com o objeto-mundo, constrói tanto o mundo como a si próprio". No caso da rede social pesquisada, seus membros se comportam *como se*[2] a proteção integral realmente existisse e não de acordo com as limitações da proteção que identificamos. A representação de se estar protegendo a criança, como veremos mais adiante, não faz parte apenas do momento atual, e sim já vem inserida na memória coletiva do grupo que compõe a rede.

Nas interações sociais existem limites característicos a cada grupo social, no que se refere ao conhecimento. Saber ou não sobre determinado assunto implica ter ou não familiaridade com ele. Moscovici (2003, p.16) mostra que "a cultura detesta a ausência de sentido", algo não familiar a um determinado grupo social vai ser representado por ele de tal forma que a lacuna da ausência de sentido desapareça. Essas considerações são centrais para a Teoria das Representações Sociais: "se nós formamos representações a fim de nos familiarizarmos com o estranho, então as formamos também para reduzir a margem de não comunicação" (idem, p.208). A comunicação pode ser obstruída por meio da falta, ou excesso, de acesso aos canais de comunicação (mediadores sociais, espaços públicos e instituições), que faz

---

2 Empregamos essa expressão com um duplo sentido, o fato de comportar *como se* já estivesse em tal situação difícil, ou seja, pode remeter a pessoa a certo comodismo, evitando lutar por transformações, ou, ao contrário, instiga a atingir o objetivo, pois já age como se já tivesse alcançado os benefícios de tal saber.

138    LUCIANO ANTONIO FURINI

que as pessoas ora não adquiram saberes, ora adquiram saberes que, pela lógica a que estão atrelados, se tornam nocivos para a vida em sociedade.

Os pilares dessa representação apoiam-se em bases nas quais a memória prevalece sobre a dedução; o passado sobre o presente; a resposta sobre o estímulo; e as imagens sobre a realidade (idem, p.55). Os conceitos de ancoragem e objetivação mostram o caráter dinâmico das representações sociais, por meio desses processos extraímos de imagens, linguagens e gestos conhecidos, elementos para superar a não familiaridade:

> Ancoragem e objetivação são, pois, maneiras de lidar com a memória. A primeira mantém a memória em movimento e a memória é dirigida para dentro, está sempre colocando e tirando objetos, pessoas e acontecimentos, que ela classifica de acordo com um tipo e os rotula com um nome. A segunda, sendo mais ou menos direcionada para fora (para outros), tira daí conceitos e imagens para juntá-los e reproduzi-los no mundo exterior, para fazer as coisas conhecidas a partir do que já é conhecido. (idem, p.78)

A transformação de algo estranho em algo familiar implica uma tomada de posição ante essa nova realidade, assim as representações sociais moldam a sociedade em que vivemos e criam novos tipos sociais (idem, p.96). O assistente social, por exemplo, implica um novo tipo social, no qual a modificação do comportamento ocorre ante a realidade representada das desigualdades sociais, em que a ajuda mútua torna-se insuficiente. Independentemente da eficácia do assistente social, a representação de ser possível um *enfrentamento* das novas questões sociais, por esse profissional, no âmbito das políticas públicas, remete a um *pensamento social* alicerçado em padrões sociais tradicionais.

Embora por longo período tenha relutado em definir ou fechar o campo de pesquisa, Moscovici muito contribui para a definição do que seriam as representações sociais:

> Vistas desse modo, *estaticamente*, as representações se mostram semelhantes a *teorias* que ordenam ao redor de um tema [...] uma série de proposições que possibilita que coisas ou pessoas sejam classificadas, que seus caracteres sejam descritos, seus sentimentos e ações sejam explicados e assim por diante. [...] Na verdade, do ponto de vista dinâmico, as representações sociais se apresentam como

uma "rede" de ideias, metáforas e imagens, mais ou menos interligadas livremente e, por isso, mais móveis e fluídas que teorias. (idem, p.209-10, grifos do autor)

As representações sociais permitem o acesso ao modo como um grupo social interage com o objeto, essa interação ocorre em um movimento em que representação, ação e consequências se realimentam produzindo novos significados. De acordo com Wagner (2000, p.178-9):

> O comportamento e a ação estão lógica e necessariamente conectados a crenças representacionais, mas suas consequências não estão. A ação e as consequências da ação são duas coisas diferentes [...] O resultado do complexo representação e ação e sua consequência contingencial é, portanto, passível de uma verdadeira explicação causal.

Dessa perspectiva apreendemos que as representações sociais nos fornecem elementos para analisarmos atitudes, declarações, imagens e manifestações em geral; ou seja, ao conhecer a organização e o conteúdo da representação e a consequente ação realizada a partir desse saber social, torna-se viável uma compreensão dos efetivos resultados que essa interação, entre representações e práticas sociais, constrói.

Pesquisar as representações sociais é, então, entre outras coisas, um meio de se explicar a organização e os conteúdos de alguns saberes e práticas sociais, além de ser a possibilidade de entendimento do resultado da relação entre representação e ação social. Nesse sentido, são relevantes as sugestões de Jovchelovitch (2000, p.80):

> Os processos que dão forma e transformam as representações sociais estão intrinsecamente ligados à ação comunicativa e às práticas sociais da esfera pública: o diálogo e a linguagem, os rituais e processos produtivos, as artes e padrões culturais, em suma, as mediações sociais. Desta forma, a análise das representações sociais deve concentrar-se sobre aqueles processos de comunicação e vida social, que não apenas as produzem mas que também lhes conferem uma estrutura peculiar.

Assim, privilegiamos os processos de comunicação que ocorrem em rede, ou seja, aqueles que incluem espaços públicos em que a mediação social possibilita diversos direcionamentos e trocas. São âmbitos em que as interações sociais são mais expostas em razão do intenso fluxo de informações que perpassam a rede e mantêm a conexão. Essa pesquisa se ocupa da dimensão privilegiada em que as representações sociais podem ser construídas, mantidas ou transformadas:

> As representações sociais estão radicadas nas reuniões públicas, nos cafés, nas ruas, nos meios de comunicação, nas instituições sociais e assim por diante. Este processo em que elas se incubam, se cristalizam e são transmitidas. É no encontro público de atores sociais, nas várias mediações da vida pública, nos espaços em que sujeitos sociais reúnem-se para falar e dar sentido ao quotidiano que as representações sociais são formadas. (idem, p.40)

Desse modo, privilegiamos os processos e locais considerados adequados, em que as representações sociais podem ser investigadas, juntamente com a escolha de uma vertente da Teoria das Representações Sociais compatível com nossos objetivos.

## Teoria do Núcleo Central

A Teria do Núcleo Central permite compreender quais são os fatores estruturais da representação social cuja alteração pode transformar uma representação:

> O núcleo central é um subconjunto da representação, composto de um ou de alguns elementos, cuja ausência desestruturaria ou daria uma significação radicalmente diferente à representação em seu conjunto. Por outro lado, é o elemento mais estável da representação, o que mais resiste à mudança. Uma representação é suscetível de evoluir e de se transformar superficialmente por uma mudança do sentido ou da natureza de seus elementos periféricos. Mas ela só se transforma radicalmente – muda de significação – quando o próprio núcleo central é posto em questão. (Abric, 2001, p.163)

Para conhecermos a estrutura interna das representações sociais utilizamos a técnica de coleta e tratamento de dados, por meio de *termos indutores*, no âmbito da Teoria do Núcleo Central, iniciada por Jean Claude Abric. Esse procedimento metodológico implicou considerar outros como complementares, tais como as observações de campo, as entrevistas semiestruturadas e os questionários. É essa multimetodologia que nos permitiu situar os resultados, como estrutura das representações sociais, em um contexto cujas características da realidade são apreendidas de formas diferenciadas, "o núcleo central de uma representação é ele mesmo um sistema organizado. É constituído de elementos: normativos e funcionais. Esses elementos são hierarquizados e podem ser ativados diferentemente, de acordo com a *natureza do grupo* ou a *finalidade da situação*" (idem, p.168, grifos do autor). E ainda, ao se referir à abordagem experimental, Abric destaca procedimentos que podem ser utilizados em outras abordagens: "as enquetes e os estudos qualitativos constituem instrumentos indispensáveis e frequentemente mais ricos em informações – inclusive teóricas – para o conhecimento e a análise das representações sociais" (idem, p.169).

Procedemos, então, a identificação da organização interna das representações sociais no contexto da rede social pesquisada. Procuramos compreender a organização interna das representações sociais dos termos *infância, adulto, assistência social, redes sociais, trabalho* e *Estado,* utilizando a *técnica de evocação livre* (Sá, 1996, p.115) no âmbito da Teoria do Núcleo Central. Para conhecermos a organização interna das representações sociais, apresentamos os termos indutores às 32 entrevistadas,[3] a esses termos os colaboradores relacionaram outros nove termos ou expressões, relativos a cada um dos termos indutores. A partir das evocações obtidas utilizamos o *software* Evoc[4] e buscamos identificar a organização de base quantitativa e classificatória na estrutura interna da representação social.

As técnicas quantitativas de levantamento dos elementos do núcleo central permitiram formular hipóteses acerca da centralidade das cognições que integram uma representação, "trata-se, não obstante, de uma etapa imprescindível para o acesso definitivo à configuração do núcleo central" (ibidem). Desse modo, separamos os possíveis elementos centrais e perifé-

---

3  Todas assistentes sociais do sexo feminino, ligadas a atividades de proteção integral à criança e ao adolescente no município de Presidente Prudente (SP).

4  Desenvolvido por Pierre Vergès, o *software* Evoc é composto por programas que possibilitam identificar aspectos da organização interna da representação social, por meio de processamento de dados.

ricos e os incluímos nos respectivos sistema central e sistema periférico[5] da Teoria do Núcleo Central.

Para cada um dos termos indutores utilizados, *infância, adulto, assistência social, redes sociais, trabalho e Estado*, apresentaremos em seguida uma análise específica. Buscaremos relacionar os resultados dessa estrutura interna das representações sociais do grupo com alguns aspectos discursivos, de pessoas da rede social pesquisada. Desse modo apresentamos, também, resultados das 12 entrevistas semiestruturadas,[6] com depoimentos orais temáticos, que incluem pessoas de diversos segmentos profissionais, no contexto da rede social pesquisada.

## Representação social de infância

No decorrer desses procedimentos tivemos acesso aos possíveis elementos do núcleo central da representação social de *infância*, conforme entrevistas com os membros do grupo, pertencentes à rede social de proteção integral à criança e ao adolescente. O levantamento apresentou um total de 288 evocações, dentre as quais surgiram 125 termos diferentes, e a média das ordens médias foi de 5, em uma escala de 1 a 9. Não foram consideradas as evocações cuja frequência foi igual ou inferior a 3. Já a frequência média de evocação foi 7.

---

5  Sá (1996) mostra que, para a Teoria do Núcleo Central, a representação social é regida por um sistema interno duplo e complementar. O sistema central, no qual o núcleo central é composto por termos marcados pela memória coletiva do grupo e pelo sistema de normas ao qual se refere. O núcleo central define a homogeneidade do grupo social e é, de certa maneira, independente do contexto social material imediato, do qual a representação é posta em evidência. Esse sistema central tem a função de continuidade e permanência da representação. Já o sistema periférico regula e adapta o sistema central ao cotidiano, ele tem a função de concretizar o sistema central em termos de tomadas de posição e condutas. Os elementos periféricos permitem que a representação ancore na realidade do momento provendo a interface entre realidade concreta e o sistema central, além disso, pode proteger a significação central da representação. Assim, se o sistema periférico é evolutivo, o sistema central é resistente à mudança.

6  Tratam-se de pessoas do sexo feminino, com nível superior de escolaridade, formadas ou com grande interlocução, devido à atuação profissional, com o setor de serviço social (duas advogadas, duas psicólogas, uma policial formada em Geografia, e sete assistentes sociais, sendo duas de entidades privadas e cinco de órgãos públicos), todas ligadas diretamente à proteção integral à criança e ao adolescente.

# REDES SOCIAIS DE PROTEÇÃO INTEGRAL À CRIANÇA E AO ADOLESCENTE 143

Quadro 8 – Elementos da organização interna da representação social de *infância*, evocados por um grupo de assistentes sociais da rede de proteção à criança e ao adolescente em 2006.

| | | ORDEM MÉDIA DE EVOCAÇÃO | | | |
|---|---|---|---|---|---|
| | | Inferior ou igual a | 5 | Superior a | 5 |
| **F R E Q U Ê N C I A** | Acima ou igual a 7 | 17 brincadeira | 4,9 | 11 família | 6,2 |
| | | 14 Alegria | 2,9 | 09 amor | 6,1 |
| | | 11 proteção | 3,6 | 08 educação | 6,1 |
| | | 11 desenvolvimento | 4,8 | | |
| | | 07 cuidado | 3,8 | | |
| | | 07 brinquedo | 4 | | |
| | De 4 a 6 | 05 criança | 1,0 | 06 escola | 5,6 |
| | | 05 saúde | 3,8 | 06 lazer | 6,3 |
| | | 04 felicidade | 2,5 | 05 direitos | 5 |
| | | 04 descoberta | 3,7 | 04 crescimento | 5,2 |
| | | 04 inocência | 4 | 04 aprender | 6,7 |
| | | | | 04 mãe | 5,2 |
| | | | | 04 sonhos | 5,7 |
| | | | | 04 liberdade | 6,5 |

Fonte: Entrevistas. Pesquisa e organização dos dados: Luciano Antonio Furini.

Considerando que o grupo pesquisado é formado por adultos que atendem crianças profissionalmente e buscam *moldá-las* para o futuro, a representação que eles possuem da infância é central, pois o modo como eles vão assimilar a relação que mantêm com os atendidos depende desse saber estabelecido.

No Quadro 8, o quadrante superior esquerdo apresenta os elementos evocados com maior frequência e em primeiras ordens. São eles: *brincadeira, alegria, proteção, desenvolvimento, cuidado e brinquedo*, que provavelmente pertencem ao núcleo central da representação social.

Esse sistema central mostra que a representação social de infância está ligada ao caráter dependente da infância e não a um âmbito de espontaneidade e descoberta, no qual as potencialidades podem ser desenvolvidas, o que pode ter relação com os tipos de atividades desenvolvidas ou administradas pelo grupo social pesquisado.

Sendo os elementos do sistema central da representação os mais resistentes às mudanças e menos sensíveis ao contexto imediato, notamos que, embora o elemento *proteção* signifique algo novo quanto ao contexto da pesquisa, na representação social de infância do grupo ele já está consolidado. Isso pode caracterizar que a proteção integral, como paradigma de atendimento à criança e ao adolescente, não somente foi ou deve ser assimilada por grupos de assistentes sociais, como também pode ter surgido a partir desse grupo social ou de um segmento mais amplo no qual o grupo está inserido, como o serviço social.

Observando a constituição do núcleo central da representação social de infância, propomos a possível existência de uma teoria do senso comum, presente no grupo, que tem a seguinte conformação, em termos de princípios: a) a tutela (*proteção e cuidado*) é capaz de proporcionar o *desenvolvimento* da criança em situação de vulnerabilidade; b) o *desenvolvimento* só existe se houver proteção que permita condições básicas de *saúde, educação*, além de lazer, como *brincadeiras* e *brinquedos*, para, consequentemente, ser *alegre*; c) *desenvolver-se*, desse modo, é fundamental para transformar a criança ou o adolescente em um adulto.

Na representação social de infância, parece ocorrer uma objetivação na qual a abstração *alegria* é objetivada na figura do *lazer*, configurando o segundo princípio aqui mencionado. Como aspectos da ancoragem, identificamos que *proteção e cuidado* (elementos do sistema central) podem ser familiarizados em torno de um antigo saber relativo à tutela, porém, é o novo saber relacionado à lei, envolvendo a concepção de *direitos* (elemento do sistema periférico), que parece dar novo sentido à concepção de tutela.

Observando na organização interna dessa representação social a estrita relação da assistência social com a questão dos direitos, vislumbramos, também, a justificativa para se conceber a assistência social como meio para o *desenvolvimento*. Isso porque, como forma de intervenção do serviço social, a assistência social é compreendida, também, como mediadora entre instituições prestadoras de serviços e pessoas que buscam tais serviços, já que "o que se configura como *objeto do serviço social* é a operacionalização *dos direitos de cidadania* por meio do estabelecimento do *nexo* entre: 1) as instituições e os serviços sociais que devem prestar; 2) os usuários que, movidos por demandas diversas, buscam *acesso* a esses serviços" (Rezende, 2006, p.39).

Quanto aos aspectos ligados à relação entre conteúdo e estrutura da representação social de infância, o que parece predominar no núcleo central é o aspecto normativo, no qual o julgamento implícito é: *a infância implica*

REDES SOCIAIS DE PROTEÇÃO INTEGRAL À CRIANÇA E AO ADOLESCENTE **145**

*vulnerabilidades e essa vulnerabilidade, muitas vezes agravada por fatores socioeconômicos, deve ser assistida e protegida.* Desse julgamento podem decorrer prescrições que vão ao encontro das circunstâncias em que os sujeitos se encontram. É esse contexto que pode ativar elementos como *brincar* e *lazer* como figuras que mostram alguns princípios básicos para o *desenvolvimento* na infância.

A representação social de infância remete ao espaço geográfico do lazer, espaço no qual realizar *brincadeiras* e ser *alegre* são características marcantes. Ocorre que, o fato de o elemento *lazer* comparecer como constituinte do sistema periférico pode evidenciar o espaço considerado ideal da infância. Contudo, *brincadeira* e *alegria* são elementos centrais. Implica dizer que, nessa representação social, ter infância pode implicar, necessariamente, ser *alegre*, poder *brincar* e condicionalmente,[7] ter *lazer*. Nem todo lazer implica brincar com alegria. Essa interação específica entre o sistema periférico e o sistema central remete ao caráter prescritivo dos elementos da representação social, no qual condutas são elaboradas. Enquanto pertencente a um grupo de assistentes sociais, a representação social de infância implica atrito entre lazer ideal e lazer real. O *lazer* contido no universo assistencial[8] está condicionado a normas do nível burocrático (entidades, projetos) e não do nível das espontaneidades (ruas, praças).

Considerando que os elementos do sistema central da representação social de infância não são instáveis contextualmente, como os elementos do sistema periférico, percebemos que, para o grupo pesquisado, a infância é representada como protótipo de adulto, em que os aspectos comportamental (*desenvolvimento*) e estratégico (*proteção*) estão ligados aos aspectos lúdico (*brincadeira, brinquedo*) e sentimental (*alegria*). *Para desenvolver-se, é necessário ter proteção instituída que ative sentimentos de alegria, por meio do lúdico.* Essa teoria do senso comum, que parece pertencer ao grupo de assistentes sociais pesquisado, pode estar condicionada ao universo infantil assistido, no qual a pobreza confere uma *autorização* social para o assistente

---

7 Sá (1996, p.79-80), apoiado em Flament, mostra que as prescrições implicam formas de afetação das ações, o laço fundamental entre cognição e conduta, e podem ser absolutas (como que fossilizadas na memória) ou condicionais (contextualizadas no período).

8 As atividades de lazer são comuns à maioria dos projetos assistenciais. Em geral, existem brinquedos disponíveis nos núcleos de assistência e, esporadicamente, são realizadas visitas a clubes e outros passeios.

social julgar e agir. Trata-se de uma relação de causa e efeito simples, em que ações no âmbito da forma *lazer* trariam automaticamente resultados no âmbito dos sentimentos de *alegria*. O *lazer* é elemento condicional, enquanto a *alegria* é incondicional. A condicionalidade presente em *lazer* não significa a incondicionalidade *alegria*. Essa representação social de infância remete a um saber com a forma simplista: *lazer implica alegria*. Representar a execução de formas de *lazer* normatizado (pode servir também para saúde ou educação) como panaceia do desenvolvimento infantil pode ser algo presente nessa representação social. Independentemente da representação de infância, a prática desse tipo de lazer, além de provocar repulsa por parte dos assistidos, pode ser prejudicial a estes.

A *alegria* característica, presente no núcleo central da representação social de infância, está em atrito com o restante dos elementos que a contextualizam. As prescrições que podem implicar tomadas de decisão, a partir dessa representação social de infância, parecem apresentar ancoragem e objetivação na relação entre sua forma e seu conteúdo relativos à infância. Não é somente porque brinca que uma criança é alegre, mas também brinca porque é alegre. Nesse caso, os assistentes sociais geram representações sociais da infância nas quais o não familiar, *estado real de felicidade na infância*, é familiarizado, como exercício da atividade lúdica. Uma inversão simples, porém, se efetivada na prática, de grande impacto nos projetos sociais.

Os elementos do sistema periférico são os mais sensíveis ao contexto imediato. Em geral, os elementos periféricos dessa representação social apontam para um contexto do vivido ideal que a infância necessita. Elementos como *amor, felicidade* e *descoberta* parecem indicar potencialidade de transformação dessa representação social.

No quadrante superior direito encontramos os elementos *amor, educação* e *família*. Os três apresentam possibilidade de compor o núcleo central, porém são elementos que parecem encerrar uma incógnita para o grupo pesquisado. A *educação* ideal, tanto na sociedade como um todo quanto na *família*, poderia estar diretamente relacionada a esse *amor*; contudo, o fato de o termo indutor infância tornar a evocação *amor* frequente para esse grupo pode revelar que a fase infantil, nessa representação, é um estágio em que esse *amor*, como elemento instável, ainda é considerado possível em razão das características naquela, e que ele vai se esvaecendo com o passar do tempo, dando lugar a relações mais sérias e controladas.

O quadrante inferior esquerdo parece conter os elementos que constituem um contraste com o núcleo central. *Descoberta, felicidade* e *inocência*, podem caracterizar uma possível valorização da espontaneidade por parte do grupo, mas suprimido pela maioria. Nesse quadrante também se encontra a referência *criança*, que pode indicar o distanciamento entre *criança* e *infância* na representação do grupo.

São os lugares da infância que revelam parte da normatização presente na representação social estudada. O lugar, implícito da educação (*escola*), *família* (casa), *saúde* e *lazer* (áreas de lazer), fecha o conjunto que os entrevistados apresentam como lugares possíveis da infância. Aparentemente, esses lugares podem ser representados como condicionantes de um vivido controlado para um objetivo comum. O trabalho pode ser esse objetivo comum, já que a concepção de que *filho de pobre deve ser educado para o trabalho* é central para estes:

> Sim, hoje o projeto [...] ele vem atingindo sim os objetivos [...], se a gente pegar desde que começou o projeto, a gente vê as crianças, que eram crianças, que hoje já saíram do projeto, a gente vê que antes, assim, é adolescentes que hoje já estão encaminhados, já estão no mercado de trabalho, já estão, sabe, foram realmente inseridos, já *terminaram*, às vezes, escola [...] adolescentes que foram, terminaram cursos de informática, de inglês, de espanhol, sabe até algum que hoje estão ali dando curso, trabalhando, porque tiveram toda uma estrutura por trás, todo um trabalho dentro do projeto, então o objetivo vem sendo atingido, sim. (assistente social da SMAS)[9]

No quadrante inferior direito notamos a ocorrência maciça de elementos condicionantes ao desenvolvimento da criança na representação do grupo: *escola, lazer, direitos, crescimento* e *aprender*. Já os elementos *sonho* e *liberdade* podem indicar, como no quadrante anterior, que a espontaneidade não está totalmente suprimida da representação social.

O sistema periférico dessa representação social – âmbito passível de gerar uma transformação no sistema central –, embora apresente elementos que podem caracterizar uma infância com patamares de autonomia, está em

---

9 Enfatizamos a palavra *terminaram* por ela denotar a concepção de que certa formação escolar finita (nesse caso, o Ensino Médio) é adequada ao filho do empobrecido.

148 LUCIANO ANTONIO FURINI

atrito com elementos que dão continuidade ao modelo atual da representação social de infância, para esse grupo.

Se atentarmos para a relação entre sistema central e sistema periférico, podemos identificar que o sistema periférico da representação social de infância protege o significado do sistema central por meio dos elementos *direitos, escola, saúde* e *lazer*, nos quais a noção de tutela (*proteção*) ainda parece se manter, porém, com estrutura modificada.

Os elementos do sistema central e do sistema periférico, ao serem contextualizados, permitem identificarmos o julgamento que parece estar implícito: *só existe desenvolvimento se houver proteção que permita brincar e, consequentemente, ser alegre.*

Quando entrevistamos os membros da rede social, por meio de depoimentos orais temáticos, notamos a articulação de vários elementos presentes na organização interna da representação social de infância:

> No projeto, essa criança, ela tem dificuldade socioeducativa, onde nós temos educadores sociais e algumas outras atividades complementares, que favorecem esse *crescimento*, essa melhoria [...]. Dentro do projeto, é na vida com a *família* na comunidade, que a gente trabalha dentro do projeto o critério que é *família*, comunidade e *escola*. Então, o projeto estava no meio para tentar unir tudo isso. Que a *criança* e adolescente que vai para o projeto, que ele tenha uma relação com a *família*, que essa *família* tenha uma relação na comunidade, que ele possa [...] na *escola*, porque a gente sempre busca, prioritariamente, um ingresso dessa criança na *escola*, o sucesso escolar dessa *criança*. O maior foco [...] é que essa *criança* tenha, realmente, um sucesso escolar, que ele realmente esteja na *escola*, que ele consiga melhorar, ter um bom aproveitamento e que isso traga melhoria pra ele e para a *família* dele. (assistente social da SMAS)

Dessas entrevistas, pudemos apreender que o conteúdo manifesto da comunicação trata da proteção integral, articulando saberes profissionais da prática cotidiana dos entrevistados, não ultrapassando muito o âmbito das perguntas. Nessa comunicação, os elementos estão organizados em torno do tema proteção. O tema proteção é a chave dessas comunicações e podemos ligar os aspectos comunicativos do discurso com os aspectos estruturais da representação social de infância, aos quais a proteção integral parece ligar-se a elementos de um possível conteúdo latente como *amor, liberdade, inocência, sonhos, felicidade e alegria.* Mostrando que transformações estão, também, latentes, ao menos no âmbito das representações sociais.

## Representação social de adulto

Como mostramos anteriormente, o termo adulto é um dos seis indutores utilizados na pesquisa. Com sua inclusão esperávamos identificar quais relações a representação de adulto estabelecia com a representação de infância e dos demais termos, além da possibilidade de conhecer como o grupo representa a fase para a qual a infância é preparada, e quais as diferenças entre a representação de adulto e o vivido adulto profissional desse grupo, já que a representação social pode direcionar-se a um tipo de adulto bastante particular.

Como mencionamos, os resultados foram obtidos a partir das mesmas circunstâncias de entrevistas utilizadas para a representação de infância. Nas evocações relativas a adulto, identificamos 288 palavras, dentre as quais, 138 diferentes. A média das ordens médias de evocação foi 5, em uma escala de 1 a 9. Foram desprezadas as palavras de frequência igual ou inferior a 3. Já a frequência média de evocação foi 7.

Quadro 9 – Elementos da organização interna da representação social de *adulto*, evocados por um grupo de assistentes sociais da rede de proteção à criança e ao adolescente em 2006.

<table>
<tr><td rowspan="2" colspan="2"></td><td colspan="4">ORDEM MÉDIA DE EVOCAÇÃO</td></tr>
<tr><td colspan="2">Inferior ou igual a</td><td>5</td><td colspan="2">Superior a</td><td>5</td></tr>
<tr><td rowspan="3">F R E Q U Ê N C I A</td><td rowspan="3">Acima ou igual a 7</td><td>26 responsabilidade</td><td>2</td><td>10 família</td><td>6,4</td></tr>
<tr><td>18 trabalho</td><td>3,5</td><td>07 casa</td><td>5,8</td></tr>
<tr><td>12 compromisso</td><td>3</td><td>07 lazer</td><td>6,5</td></tr>
<tr><td rowspan="8">De 4 a 6</td><td>05 maturidade</td><td>3,8</td><td>06 amor</td><td>6</td></tr>
<tr><td>04 experiência</td><td>3,7</td><td>05 casamento</td><td>5,2</td></tr>
<tr><td>04 filhos</td><td>4,2</td><td>04 saúde</td><td>5</td></tr>
<tr><td></td><td></td><td>04 educação</td><td>5</td></tr>
<tr><td></td><td></td><td>04 amigo</td><td>5,2</td></tr>
<tr><td></td><td></td><td>04 liberdade</td><td>5,2</td></tr>
<tr><td></td><td></td><td>04 proteção</td><td>6</td></tr>
<tr><td></td><td></td><td>04 coragem</td><td>6,5</td></tr>
</table>

Fonte: Entrevistas. Pesquisa e organização dos dados: Luciano Antonio Furini.

Observando os elementos mais salientes no quadrante superior esquerdo, notamos que o núcleo central da representação social de adulto parece estar diretamente relacionado à competência ou idoneidade, implicando que o adulto pode ser representado como fase em que *responsabilidade e compromisso* no mundo do *trabalho* são centrais. Esse adulto ideal representado mostra uma ausência de elementos relacionados ao desenvolvimento como processo de formação, podendo indicar que a fase é representada como acabada ou pronta. Esse adulto presente no núcleo central é também, em grande parte, o adulto *modelo* presente nas entrelinhas da lei, como aquele esperado na Constituição Federal. Outros aspectos, como realização profissional, sucesso e riqueza, não comparecem, podendo indicar, também, que essa representação social refere-se ao adulto em condição de pobreza, idealizado pelos assistentes sociais.

No que diz respeito ao sistema periférico identificado, notamos elementos ligados ao que compete ao adulto possuir: atitudes, ações e sentimentos esperados, em um contexto de harmonia.

Elementos ligados à produção da prole, *casa, família* e *lazer*, parecem situar-se no quadrante superior direito. Possivelmente, nessa representação, a responsabilidade central desse adulto é trabalhar para cuidar da prole e cuidar da prole para que ela, um dia, trabalhe. No quadrante inferior esquerdo, também nesse mesmo sentido, é possível identificarmos outros valores que se esperam no adulto ideal, *experiência, filhos* (possivelmente uma paternidade responsável) e *maturidade*.

No quadrante inferior direito encontramos os elementos que se relacionam e interagem mais fortemente com o vivido atual do grupo. Funções adultas são apresentadas como *proteger, casar*, proporcionar condições de *saúde e educação*. Mas, também, elementos tais como *amor, coragem, liberdade* e *amigo* parecem apontar para o que foge ao controle e domínio, elementos que podem representar o atrito entre o adulto planejado e o adulto rico em experiências sociais. Esses elementos são os menos resistentes às mudanças, e os que protegem o significado do núcleo central, em geral, não aparecem no âmbito discursivo, mas no cognitivo.

Na periferia dessa estrutura da representação social de adulto identificamos que ser adulto responsável – e aqui o sistema periférico mantém o sistema central – pode implicar *maturidade* e *experiência* para proteger os entes queridos por meio do trabalho.

## Representação social da assistência social

Identificar a representação social da *assistência social* no grupo pesquisado nos pareceu relevante por possibilitar acesso ao modo como o grupo representa as ações de proteção integral, que, nesse caso, se relacionam direta ou indiretamente ao serviço social.

Das 287 palavras evocadas, pudemos observar 159 diferentes. A média das ordens médias foi 5, em uma escala de 1 a 9. As frequências igual ou inferior a 3 foram desprezadas. Já a frequência média foi 7.

Quadro 10 – Elementos da organização interna da representação social da *assistência social*, evocados por um grupo de assistentes sociais da rede de proteção à criança e ao adolescente em 2006

| | | ORDEM MÉDIA DE EVOCAÇÃO | | | |
|---|---|---|---|---|---|
| | | Inferior ou igual a | 5 | Superior a | 5 |
| **F R E Q U Ê N C I A** | Acima ou igual a 7 | 17 direito | 2,7 | 08 responsabilidade | 5,3 |
| | | 09 política pública | 3,5 | | |
| | | 08 compromisso | 3,2 | | |
| | De 4 a 6 | 06 assistência | 3,6 | 05 educação | 5,2 |
| | | 05 dever | 3,6 | 04 alimentos | 5,2 |
| | | 05 cidadania | 3,8 | 04 conhecimento | 5,2 |
| | | 05 proteção | 3,8 | 04 qualidade de vida | 5,5 |
| | | 04 saúde | 3,7 | | |
| | | 04 pobreza | 4,7 | | |
| | | 04 luta | 4,7 | | |

Fonte: Entrevistas. Pesquisa e organização dos dados: Luciano Antonio Furini.

O Quadro 10 mostra que os elementos *direito, política pública* e *compromisso* possivelmente pertencem ao núcleo central dessa representação social. Os três termos parecem mostrar a representação de como a assistência social deve possibilitar o acesso aos *direitos* por meio do *compromisso* com as *políticas públicas* e também como deve haver compromisso com o direito ao estabelecer e implementar políticas públicas. A função do serviço social parece estar explicitada nessa representação social.

Nas entrevistas semiestruturadas também identificamos essa ligação entre assistência social e direitos sociais. Na citação que segue, identificamos uma articulação de elementos da organização interna dessa representação no sentido de relacionar a assistência social com a melhoria da qualidade de vida daqueles que estão em situação de pobreza.

> a *assistência* social ela é *direito* de todos, ela é *direito*, só que nem todos têm como você atender, até porque não tem como ter o acesso a todos, então você acaba criando [...] pra essa demanda, então você tem que eleger alguns critérios, então você tem que ter alguns critérios pra você estar fazendo isso, então assim, a prioridade, o objetivo maior da secretaria é estar realmente atendendo a população [...] em situação de *pobreza*, em situação de exclusão social, em situação de *pobreza*, fazendo com que essa população saia de uma determinada situação e de um salto de *qualidade de vida*, então ela tem que melhorar a *qualidade de vida*, que ela não fique presa à situação inicial dela e que dependa sempre da assistente social, o que muitas vezes ocorre, porque nós temos famílias, porque a gente sabe que ela sempre vai necessitar da *assistência*, que *elas nunca vão sair* [...], então a gente faz todo um trabalho pra que ela não fique dependente da Secretaria de Assistência, da assistente social como no geral, [...] as famílias que vão sempre precisar disso até pela própria situação, não do município, mas do Brasil, no geral. (assistente social da SMAS)

Note-se que ocorre uma contradição entre a afirmação de que existem famílias que nunca vão sair da dependência da assistência social e a afirmação de que a SMAS busca realizar um atendimento no sentido de melhorar a qualidade de vida dos atendidos, o que pode revelar aspectos da maneira como o discurso pode suprimir ou dar diferentes significados aos elementos internos da representação social.

Retornando à organização interna da representação social da assistência social, notamos que, no quadrante superior direito, o elemento *responsabilidade*, elemento central na representação social de adulto, liga-se ao núcleo central e pode até passar a compô-lo, tanto pela proximidade da frequência e da ordem apresentada quanto pela proximidade semântica com o termo compromisso.

No quadrante inferior esquerdo, os elementos evocados parecem apontar que a busca por *direitos* necessita de certas posturas como *proteção* e *dever*, além de identificar qual o âmbito destinatário que povoa a representação de assistência social, a *pobreza*. E é nesse âmbito que a *luta* por *cidadania* pode ser representada como forma de assistência social na periferia dessa representação.

Já no quadrante inferior direito, encontramos relações complexas entre os elementos ali presentes. *Alimentos* e *educação* são termos que parecem apontar para benefícios que a assistência social pode ajudar a conquistar, enquanto direito. *Qualidade de vida* sugere que a representação considera também uma nova perspectiva, pois não adianta ter *direitos* reconhecidos e até conquistados se não se atinge um patamar de bem-estar aceito pelos destinatários como de boa qualidade. Na periferia dessa representação, *conhecimento* e *qualidade de vida* parecem entrar em atrito com as tradicionais formas de enfrentamento das consequências da pobreza.

Enfim, a representação social da assistência social indica aspectos que permitem interpretarmos a *proteção* como conquista de *direitos*, independentemente dos limites que esses direitos tragam implícitos. A assistência social teria a responsabilidade de articular essa proteção.

Ainda no contexto da representação social da assistência social, buscamos compreender aspectos relativos aos diferentes elementos evocados por profissionais da assistência social, segundo a faixa etária. Dentre 32 entrevistados, optamos por correlacionar duas faixas etárias, uma entre (>)25 e (<=)35 anos, e outra entre (>)35 e (<=)45, que representam profissionais formados antes da promulgação do ECA (1990) e após isso, respectivamente, com possíveis exceções. Para tal procedimento, utilizamos o programa Complex contido no *software* Evoc, o qual permite comparações léxicas.

No Quadro 11, o padrão que parece surgir na terceira coluna revela elementos da representação social da assistência social ligados ao direito e à política pública, provavelmente como forma de proporcionar qualidade de vida aos que estão em situação de pobreza. Na segunda coluna, os termos proteção e tutela aparecem notadamente frequentes. A proteção evocada parece significar a que pode ser implementada pela assistência social em relação aos empobrecidos. A proteção, como modelo de ação, pode tanto ter se estabelecido anteriormente ao ECA quanto ter sido mais facilmente assimilada por profissionais mais experientes.

Na primeira coluna o destaque pode ser dado aos termos relacionados à integração, união e multidisciplinaridade, como característica mais relevante, mas mesmo assim fugaz, não revelando maiores particularidades da faixa etária da primeira coluna, exceto as ausências. Desse modo, correlacionando todas as colunas visualizamos que, embora na terceira coluna estejam elementos comuns às duas anteriores, os elementos da segunda co-

Quadro 11 – Elementos da organização interna da representação social da *assistência social*, segundo a faixa etária (2006).

| Número de palavras que compareceram unicamente na faixa etária entre (>) 25 e (<=) 35 | Número de palavras que compareceram unicamente na faixa etária entre (>) 35 e (<=) 45 | Número de palavras comuns às duas faixas etárias |
|---|---|---|
| 2 ação | 2 acolhimento | 3 assistência |
| 1 apoio | 3 alimentos | 2 compromisso |
| 1 carência | 2 benefícios | 3 dever |
| 1 colaboradora | 2 bom atendimento | 7 direito |
| 1 crescimento | 3 cidadania | 2 educação |
| 1 crítica | 2 conhecimento | 2 exclusão |
| 1 encaminhamento | 2 dinâmica | 2 inclusão social |
| 2 engajamento | 2 família | 3 pobreza |
| 1 estratégica | 2 orientação | 7 política pública |
| 1 fragmentada | 2 paciência | 3 qualidade de vida |
| 1 global | 2 projetos | 2 responsabilidade |
| 1 independência | 5 proteção | 2 saúde |
| 1 integradora | 2 rede | [...] |
| 1 mobilização | 2 transformação | |
| 1 multidisciplinaridade | 2 tutela | |
| 1 necessidade | [...] | |
| 1 planejamento | | |
| 1 profissão | | |
| 1 renovar | | |
| 1 saber agir | | |
| 1 seriedade | | |
| 1 solidariedade | | |
| 1 superação | | |
| 1 trabalho | | |
| 1 união de forças | | |

Fonte: entrevistas /Evoc/Complex.

luna mostram um certo posicionamento peculiar da faixa etária, o que não parece ocorrer tão fortemente na primeira coluna.

No geral, embora constituindo também um âmbito repleto de significados tradicionais, a representação social da assistência social, por esse grupo, remete a uma representação repleta de possibilidades de transformação.

## Representação social de redes sociais

Embora o fenômeno redes sociais não seja recente, a utilização do termo redes sociais como delimitador de certo tipo de relação social é algo novo. A não familiaridade com esse termo faz surgir uma tendência a familiarizá-lo com elementos próprios do grupo, com maior intensidade que outros termos indutores tradicionalmente conhecidos.

Em relação ao termo indutor redes sociais, foram evocadas 180 palavras diferentes de um total de 288. A média das ordens médias de evocação foi 5, em uma escala de 1 a 9. Também foram desprezadas as evocações iguais ou inferiores a 3. A frequência média foi de 6.

Quadro 12 – Elementos da organização interna da representação social de *redes sociais,* evocados por um grupo de assistentes sociais da rede de proteção à criança e ao adolescente em 2006.

| | | ORDEM MÉDIA DE EVOCAÇÃO | | | |
|---|---|---|---|---|---|
| | | Inferior ou igual a | 5 | Superior a | 5 |
| F R E Q U Ê N C I A | Acima ou igual a 7 | 07 articulação<br>06 proteção | 2<br>2,6 | 09 compromisso<br>06 necessidade | 5,2<br>6,1 |
| | De 4 a 6 | 05 união<br>05 troca<br>05 parceria<br>04 conhecimento | 2,2<br>2,2<br>4,4<br>2,7 | 05 responsabilidade<br>05 trabalho<br>05 direito<br>04 serviços | 5,4<br>5,6<br>5,8<br>6,5 |

Fonte: Entrevistas. Pesquisa e organização dos dados: Luciano Antonio Furini.

Parece-nos que os elementos *articulação* e *proteção*, presentes no quadrante superior esquerdo, enquanto possíveis elementos do núcleo central, encerram a forma como a representação familiarizou redes sociais com a articulação em torno da proteção integral. Porém, no quadrante superior direito, encontramos outro candidato ao núcleo central, o termo *necessidade.* Conhecendo parte do universo do grupo que apresentou essa representação, é relevante notarmos que o *compromisso* não deve ter o mesmo significado da representação social do trabalho ou de adulto, mas o *compromisso* das entidades com a união em rede, e a *necessidade*, nesse caso, é a de atuar em rede na proteção integral à criança e ao adolescente. Nessa representação, uma rede social que não apresenta *articulação* não é uma rede social, e, nesse caso, a *proteção* pode ser o tema que permite essa *articulação*.

O quadrante inferior esquerdo possibilita identificarmos elementos da representação que parecem sustentar as ações em rede. *União, troca e parceria* mostram as formas de contato representadas, já o elemento *conhecimento* pode indicar o que a articulação deve expor para dar coesão à rede, ou seja, os saberes.

Por fim, o quadrante inferior esquerdo nos permite associar funções que essa rede representada deve desempenhar, luta por *direitos, serviços* e *trabalho*, com *responsabilidade*, elementos bastante ligados ao contexto dos entrevistados.

A *articulação* parece ser elemento central na representação de redes sociais. Nas entrevistas semiestruturadas, essa articulação não é notada por alguns profissionais entrevistados:

> Eu acredito que não existe essa rede, a gente tem bem claro o projeto, não existe rede porque [...] teria que ter uma rede, a saúde, a educação, não existe esse amparo, você precisa de um tratamento, de uma [...] não existe, a educação você coloca esse adolescente, é diferenciado. *Ah, o seu adolescente está dando trabalho aqui, e você vem resolver isso!* E não é! Esse adolescente é deles, eles também têm que acolher, a gente faz tudo pra estar encaminhando esse adolescente, eles fazem de tudo pra estar expulsando esse adolescente, exemplo claro disso é o ação jovem, dão [...] pro adolescente pra ele volta pra escola pra receber uma bolsa de R$ 60,00 (sessenta reais), ação jovem é federal, é um programa pra adolescentes de 15 a 25 anos, pra retornarem à escola e vão receber essa bolsa, então você trabalha com adolescente pra ele volta pra escola, aí você, maior dificuldade pra você conseguir a vaga, porque, às vezes, o adolescente tem problemas, dificuldade de acesso ou tem bairros que ele não pode frequenta e muitas vezes eles, no caso [...], então já acaba afastando um pouco. Teve um caso do menino que eu fiz de tudo pro menino voltar, quando ele voltou, no primeiro dia de aula que ele foi, que eu consegui a vaga e tudo, ele não entrou porque ele estava sem uniforme, eu liguei na escola:
>
> – Como que o menino não entrou?
> – Ah! Se ele não tem uniforme ele pode vir com uma roupa clara, branca! É impossível que ninguém não tenha uma camiseta branca!

REDES SOCIAIS DE PROTEÇÃO INTEGRAL À CRIANÇA E AO ADOLESCENTE   **157**

– Não é impossível! Eu posso te levar em várias casas que não têm!

– Ah! Então passa o nome dele!

Então, quer dizer, já exclui um pouquinho. Acho que uniforme, pra ele exigir, então eles teria que proporcionar a quem não tem. É legal todo mundo estar limpinho, arrumadinho, só que [...] e a escola não é muito disso, então ela acaba discriminando ao mesmo tempo, a parceria. (assistente social da SMAS)

O caso se refere aos profissionais envolvidos com programas que desenvolvem medidas socioeducativas, ele mostra os limites nas relações de articulação e evidencia dificuldades próprias de uma rede social com tendência ao controle. Porém, diversas articulações podem ser identificadas entre profissionais de projetos cujas atividades não envolvem infrações. Além disso, outros discursos apontam a existência da rede, ou da Rede Criança Prudente, como uma rede social de proteção integral à criança e ao adolescente:

Existe uma rede, que é a Rede Criança. Em parceria com as entidades e com os órgãos de entendimento, elas levantam esse número de atendidos. Na região de Prudente, começou faz pouco tempo. (psicóloga, membro de entidade privada)

Dentro do município de Presidente Prudente existe! Aí nós temos todo um trabalho hoje, né? [...] interligado, as entidades têm uma rotina de se organizar [...] de se reunir de discutir as ações, né? de se conhecerem, né? [...] o que cada uma faz, sua meta, o objetivo, né? [...] existe a rede social, né? Rede Criança Prudente, que já vem fazendo esse trabalho há algum tempo. Tá, então hoje, existe! (assistente social, membro do CMDCA)

Existe a Rede Criança, que é composta por diversos seguimentos que representam, que trabalham com crianças e adolescentes. (policial, membro do CMDCA)

Embora alguns profissionais não concordem, o grupo apresenta a Rede Criança Prudente como rede de proteção social articulada. A representação social de redes sociais, enquanto âmbito de proteção e articulação, parece ter encontrado na Rede Criança Prudente o símbolo objetivado da rede social ideal.

## Representação social do trabalho

A representação social do trabalho, no contexto dos grupos sociais, possibilita identificarmos peculiaridades em relação à própria atuação dos profissionais entrevistados. O trabalho é repleto de significados, podendo instigar diversas representações de acordo com as circunstâncias sociais.

Das 291 palavras evocadas em relação ao termo indutor trabalho, temos 182 diferentes. A média das ordens médias foi de 5, em uma escala de 1 a 9. As frequências iguais ou inferiores a 3 foram desprezadas. A média das frequências foi 7.

Quadro 13 – Elementos da organização interna da representação social do *trabalho*, evocados por um grupo de assistentes sociais da rede de proteção à criança e ao adolescente em 2006

| | | ORDEM MÉDIA DE EVOCAÇÃO | | | |
|---|---|---|---|---|---|
| | | Inferior ou igual a | 5 | Superior a | 5 |
| **F R E Q U Ê N C I A** | Acima ou igual a 7 | 12 necessidade | 2,5 | | |
| | | 09 satisfação | 4 | | |
| | | 09 prazer | 4,3 | | |
| | | 08 responsabilidade | 3,2 | | |
| | | 08 compromisso | 4,7 | | |
| | | 07 realização | 4,4 | | |
| | De 4 a 6 | 05 dignidade | 3,6 | 06 crescimento | 6,1 |
| | | 04 obrigação | 3,2 | 05 horário | 6 |
| | | 04 salário | 3,5 | | |
| | | 04 dinheiro | 3,5 | | |

Fonte: Entrevistas. Pesquisa e organização dos dados: Luciano Antonio Furini.

No núcleo central dessa representação observamos um sistema central que possui o elemento *necessidade* como o de maior frequência (12) e o de menor ordem (2,5). O trabalho parece então ser representado como *necessidade* e, para realizá-lo, é preciso *compromisso e responsabilidade*. Mas, para o grupo, o trabalho é representado, também, como um *prazer*, uma *realização* e uma *satisfação*, o que pode mostrar que o trabalho confere um reconhecimento social e, consequentemente, uma recompensa pessoal. Possivelmente, podemos estabelecer que esse âmbito da representação refere-se ao trabalho como possibilidade de ascensão social, do qual os entrevistados podem fazer parte, e não do trabalho como elemento básico de reprodução social, com todos os limites conhecidos, ao qual os assistidos por esses profissionais parecem ser encaminhados.

Esse trabalho parece bastante ligado ao universo adulto representado por esse grupo, já que *responsabilidade, compromisso* e *trabalho* compõem o núcleo central da representação social de adulto para esse mesmo grupo.

O fato de o quadrante superior direito não apresentar elementos parece sugerir uma maior distância entre elementos centrais e periféricos. Isso pode ter relação com a fossilização da representação social do trabalho em âmbitos sociais mais amplos, já que trabalho é, ao mesmo tempo, polêmico e convencional.

Encontrar elementos como *dignidade* e *obrigação*, no quadrante inferior esquerdo, pode significar um contraste, no qual o grupo necessita não somente do *salário e do dinheiro*, mas também do reconhecimento social, este como que um acessório acoplado ao trabalho em forma de *dignidade*, uma espécie de moral estabelecida, mas uma moral mercadológica.

Como elementos bastante passíveis de transformação, o quadrante inferior direito abriga a evocação *crescimento*, que pode significar uma maneira de ascender profissionalmente. E o termo *horário* parece mostrar a estrutura temporal em que o trabalho é delimitado, o tempo do trabalho com hora marcada, que substituiu o tempo das tarefas.

## Representação social do Estado

Conhecer a representação social do *Estado* do grupo pesquisado se tornou importante não somente em razão do contexto da elaboração de políticas públicas, leis e projetos em que o Estado é representado, mas também pela própria função do serviço social, como âmbito profissional, que muitas vezes acaba por ser apreendido como representante do Estado.

O termo indutor Estado provocou 180 evocações diferentes, em um total de 288. A média das ordens médias foi 5, em uma escala de 1 a 9. Já a frequência média foi de 7, e desprezamos as frequências iguais ou inferiores a 3.

# 160 LUCIANO ANTONIO FURINI

Quadro 14 – Elementos da organização interna da representação social do *Estado,* evocados por um grupo de assistentes sociais da rede de proteção à criança e ao adolescente em 2006.

|  |  | ORDEM MÉDIA DE EVOCAÇÃO | | | |
|---|---|---|---|---|---|
|  |  | Inferior ou igual a | 5 | Superior a | 5 |
| F R E Q U Ê N C I A | Acima ou igual a 7 | 10 deveres | 3,4 | 12 burocracia | 5,2 |
|  |  | 10 direitos | 4,9 | 10 corrupção | 6,4 |
|  |  | 09 responsável | 2,5 | 07 política | 5,5 |
|  | De 4 a 6 | 05 organização | 4,2 | 04 educação | 5 |
|  |  | 04 ordem | 4 | 04 recursos | 5,5 |
|  |  | 04 políticas públicas | 4,7 | 04 leis | 5,5 |

Fonte: Entrevistas. Pesquisa e organização dos dados: Luciano Antonio Furini.

Considerando que o grupo pesquisado é formado por assistentes sociais, podemos notar que o significado que tal grupo atribui ao Estado passa por concepções ligadas à profissão de seus membros.

No provável núcleo central, identificamos o elemento *responsável* como o mais central. Parece tratar da responsabilidade do Estado perante questões sociais, envolvendo *deveres* e *direitos.* O Estado para esse grupo é representado como ente superior, como que a figura de um juiz que está acima das interações e interconexões sociais, porém, um juiz que, pelo poder que possui, acaba sendo responsabilizado por problemas sociais, quando não como âmbito de corrupção.

É possível que nesse núcleo central o termo *burocracia,* pertencente ao quadrante superior direito, possa ser também incluído, reforçando a imagem de Estado como juiz social.

Ainda no quadrante superior direito observamos, além do elemento *burocracia,* que elementos bastante salientes, como *política* e *corrupção,* parecem apontar para outros aspectos negativos que Estado faz evocar, que podem ter relação com a representação do brasileiro. Este, como um ser híbrido, composto por diversas culturas, carregaria o estigma da corrupção, e ao Estado e à política esse estigma se estenderia em meio à esfera pública, como apontou Jovchelovitch (2000).

Os elementos *ordem* e *organização,* presentes no quadrante inferior esquerdo, parecem implicar regras para o Estado e suas funções, como as que circundam as formas de implementar *políticas públicas*. Ademais, o elemento *ordem* (apoiado pelo elemento *organização*) parece objetivar a figura do controle social que o Estado precisa impor para alcançar o progresso. A inscrição contida na bandeira brasileira parece compor o universo representacional de Estado para esse grupo.

No quadrante inferior direito, os elementos *educação* e *leis* parecem indicar algumas atribuições que perpassam o Estado, essas como condições para um tipo de desenvolvimento social organizado. Já o termo recursos pode revelar parte da concepção da forma como o Estado implementa as *políticas públicas*, no âmbito de atuação do grupo de assistentes sociais.

A representação social do Estado, mantida por esse grupo, permite pensar o Estado como algo externo à população e, assim, necessitaria da assistência social como mediadora para articular as formas de direitos e deveres, sempre em busca do controle social, constantemente ameaçado pela corrupção.

## A constituição do *tema* "proteção integral à criança e ao adolescente" no âmbito representacional

Notamos que, em relação às representações identificadas neste capítulo, é possível realizarmos uma correlação entre representação social e tema. Se as representações sociais implicam saberes sociais, os temas, por sua vez, se relacionam às formas de ativar ou não esses saberes.

O tema pode ser apreendido como uma delimitação socioespacial na qual um paradigma ou uma opção socialmente elaborada cumpre a função de direcionar representações e práticas sociais.

De maneira muito particular, tema é objeto de investigação no âmbito da psicologia social. Moscovici deixa evidente o caráter incompleto de sua abordagem sobre o tema. Ele mostra como alguns aspectos da realidade podem ser mais relevantes de acordo com a valorização do tema:

> Em síntese, nós experienciamos muitas "regiões da realidade" ligadas a uma representação comum. Mas apenas uma entre elas adquire o *status* de uma realidade socialmente dominante, enquanto as outras parecem possuir uma realidade derivada *em relação* à realidade dominante. Tudo isso pressupõe que a

162 LUCIANO ANTONIO FURINI

relação entre o tema correspondente e os outros pode ser relevante e partilhada simultaneamente. (Moscovici, 2003, p.225, grifos do autor)

O complexo universo social constituído por uma infinidade de temas requer algum tipo de sinergia que os ative ou os desative. Para Moscovici (ibidem), "ao tornar algo temático, relevante a sua consciência, os indivíduos o transformam ao mesmo tempo em um objeto para eles próprios ou, mais precisamente, em um objeto pertencente a uma realidade escolhida entre todas as outras realidades possíveis ou anteriores". As escolhas temáticas parecem estar estritamente relacionadas ao espaço geográfico do vivido e do cotidiano dos sujeitos, mas não à determinação das escolhas por estes, e sim à própria reprodução do espaço geográfico como um *conjunto indissociável de sistemas de objetos e sistemas de ações*.[10]

No processo de constituição e ativação dos temas, novos elementos surgem nas periferias das representações sociais. A mudança do tema e no tema torna-se possível a partir da assimilação de fatores a ele relacionados que tenham coerência social. Para Moscovici, a mudança temática está relacionada à capacidade que os grupos sociais possuem em assimilar ou refutar o não familiar. É o próprio referencial possuído pelo grupo que vai permitir tornar algo familiar ou não, além de outros fatores sociais próprios do vivido social, como ética e moral, que, embora algo seja familiar, pode não ser aceito como modelo ou paradigma em razão do distanciamento de valores sociais estabelecidos. O tema parece central na própria organização da representação social para Moscovici (idem, p.226):

pode haver um referencial familiar segundo o qual tudo o que existe ou acontece possuirá um caráter não problemático. Logo que o referencial for questionado por um elemento inesperado, um acontecimento ou algum conhecimento que não comporte a marca do familiar, do não problemático, uma mudança temática é indispensável.

A proteção integral à criança e ao adolescente se mantém como paradigma de enfrentamento das questões relacionadas ao modo de cuidar do de-

---

10 M. Santos (2002, p.63): "o espaço é formado por um conjunto indissociável, solidário e também contraditório, de sistemas de objetos e sistemas de ações, não considerados isoladamente, mas como o quadro único no qual a história se dá".

senvolvimento da infância e da adolescência empobrecidas. Contudo, esse tema modelo apresenta limites que podem ser identificados ao relacionarmos a organização interna das representações sociais de termos que circundam o tema com discursos que apresentam interpretações sobre as formas como o tema é objetivado. Pensamos ser relevante essa forma de analisar o tema, já que "sem dúvida, há uma controvérsia sobre a questão de se as relações temáticas são mais semânticas ou sintáticas em seu caráter, mas ninguém contesta que elas possuem um aspecto conceitual estruturante no discurso" (idem, p.227). As relações temáticas, a nosso ver, ultrapassam os limites semânticos e sintáticos, como uma versão geográfica do estabelecimento e da transformação do tema.

No caso desta pesquisa, o pensamento social implicou uma rede social temática na qual o tema da proteção integral é quase tangível.

Os profissionais que trabalham com a perspectiva da proteção integral podem encontrar, em autores do próprio serviço social, indicações claras acerca do atrito entre as perspectivas de atendimento à criança e ao adolescente: "entende-se que falar em capacitação implica a revisão, permanente, de conceitos e valores, no sentido de, por um lado, erradicar os preceitos, normas e valores pautados na situação irregular e, por outro, garantir a consolidação da perspectiva da proteção integral" (Tôrres et al., 2006, p.113). Para esses autores, o caminho da mudança passa pela revisão dos saberes estabelecidos. Eles concluem mostrando que:

> não é suficiente instalar os mecanismos jurídicos e sociais previstos no ECA para implementarmos uma política pautada na universalização dos direitos, ampliação da cidadania e fortalecimento da democracia. É necessário e fundamental que não se reproduzam nestes mecanismos a gramática do clientelismo, burocratismo e corporativismo, assim como não é possível manter em nome da proteção à infância ações públicas de orientação higienista, moralizadora, assistencialista e repressiva, seja via Poder Executivo, seja via Poder Judiciário, seja na intervenção cotidiana dos profissionais. Portanto, no caso da implementação do ECA, forma e conteúdos caminham juntos para uma efetiva proteção integral à criança e ao adolescente. (idem, p.117)

Os temas são importantes circunstancialmente, cabe ao grupo social eleger a forma (que pode ser em rede) de lidar com os casos e a prioridade de cada um. Lembramos que os *casos* abrangem tanto ocorrências pontuais como amplas. Desse modo, de acordo com as representações sociais do grupo, e com as circunstancias sociais, os temas são ativados ou não. Subtemas passam para o primeiro plano e temas centrais tornam-se periféricos; no entanto, o tema está ali, pronto para ser acionado. É nesse sentido que a rede social temática se estabelece como forma de tornar o tema ativo, expondo e inserindo elementos relacionados ao tema. Nesse ponto, independentemente dos fatores estruturais hierárquicos burocráticos, a autonomia da rede é buscada constantemente quando a rede se estabelece.

Com relação ao tema, buscamos estabelecer até aqui um percurso que mostra as práticas, os sujeitos envolvidos e os respectivos saberes acionados. Se no Capítulo 1 analisamos as formas de proteção integral à criança e ao adolescente no município de Presidente Prudente, no Capítulo 2 buscamos mostrar aspectos importantes relativos às fases dos destinatários diretos dessa proteção integral. Já no Capítulo 3, propomos que os saberes sociais, embora possam guardar distância ou desconexão com o objeto, são utilizados, evidenciados ou eliminados.

No presente capítulo, mostramos como estão estruturados alguns saberes de um grupo de profissionais relacionados ao tema proteção integral à criança e ao adolescente. Esses saberes não revelam a verdade ou a falsidade do objeto, apenas a representação do grupo sobre o objeto. Assim, nos contentamos em identificar aspectos possíveis das relações entre essas representações sociais e algumas práticas efetivas de proteção integral, buscando, nessa identificação, os significados e os símbolos, e como estes podem influenciar nas tomadas de posição, já que "a influência das representações sobre as práticas não pode, portanto, ser vista como determinante e sim como uma forma de coerção" (Alvez-Mazzotii, 2005, p.145):

> Nunca é demais enfatizar tal especificação, uma vez que muitas pesquisas fazem, com base nas representações encontradas, inferências deterministas sobre como estas representações afetarão as práticas, sem considerar as mediações representadas por características da situação e pelas relações sociais nela estabelecidas. Além disso, mesmo quando as práticas sociais são focalizadas, elas frequentemente são investigadas através dos discursos dos atores, trabalhando-se, portanto, sobre práticas representadas e não sobre as práticas efetivas. Para superar esses problemas, a utilização de técnicas de observação é essencial. (idem, p.146)

Nossas considerações relativas às representações apresentadas são tidas em correlação com as observações de campo, a pesquisa documental, as entrevistas semiestruturadas e as entrevistas da constituição da rede social.

Ao realizarmos as observações de campo, foi possível compreender como a proteção integral ocorre nas formas de atendimento e como as políticas públicas são efetivamente executadas, apesar de os objetivos propostos serem, muitas vezes, diferentes ou mais amplos do que a efetiva execução de tais políticas. Quando observamos, por exemplo, as diretrizes para o cumprimento da LA no Projeto Alerta, as *atribuições da conveniada*, em relação ao acompanhamento do orientador da medida socioeducativa, temos o seguinte procedimento a ser realizado: "supervisionar a frequência e o aproveitamento escolar do adolescente, promovendo sua matrícula e/ ou retorno à rede de ensino, visitando ao menos quinzenalmente a unidade escolar" (Zanetti et al., 2002, p.18). Esse procedimento, em vista da alta taxa de evasão escolar apresentada nos registros do Projeto Alerta, não parece em plena execução; ademais, fatores particulares e locais mostram que mesmo quando se busca aproximar desse procedimento, os demais órgãos envolvidos não contribuem significativamente para sua efetivação.

Os saberes identificados nas representações sociais nos permitem compreender, entre outros aspectos, como os aspectos relacionados ao tema são valorizados pelo grupo, quais as justificativas construídas para certas práticas e quais ações, processos ou posturas são aceitas ou valorizadas socialmente. A partir da compreensão de como as representações sociais do grupo implicam saberes socialmente elaborados e socialmente passíveis de serem coercitivos, podemos considerar que as formas de relações públicas e as motivações que unem o grupo encerram importantes elementos de análise. Considerando o universo representacional e seu caráter estritamente social, passaremos, no próximo capítulo, a analisar uma das formas de relações sociais identificada no grupo pesquisado: a rede social. Trata-se especificamente de uma rede social centrada no tema da proteção integral à criança e ao adolescente.

# 5
## REDES SOCIAIS

Milton Santos, no capítulo 11 de sua obra *A natureza do espaço*, intitulado "Por uma geografia das redes", mostrou que as múltiplas definições de redes se enquadram em duas grandes matrizes, uma que se refere ao aspecto da realidade material, e outra, que considera também o dado social. Para ele, "podemos, grosso modo, admitir, pelo menos, três momentos na produção e na vida das redes. Um largo período pré-mecânico, um período mecânico intermediário e a fase atual" (2002, p.264).

No período atual, as redes ocorrem em meio à complexidade e multiplicidade de fatores que as influenciam e acabam por torná-las âmbitos adequados a inovações, tanto técnica e organizacional quanto socioespacial e de ação integrada e participativa. "Se compararmos as redes do passado com as atuais, a grande distinção entre elas é a respectiva parcela de espontaneidade na elaboração respectiva. Quanto mais avança a civilização material, mais se impõe o caráter deliberado na constituição de redes" (idem, p.265).

Santos, nesse texto, se refere às redes como um mediador de comunicação entre escalas e espacialidades: "as redes são um veículo de um movimento dialético que, de uma parte, ao Mundo opõe o território e o lugar; e, de outra parte, confronta o lugar ao território tomado como um todo" (idem, p.270).

Apresentando um breve histórico relativo às redes a partir do século XIX, Dias (2003) destaca os autores que pesquisaram redes de transportes, redes bancárias, redes urbanas e diversas redes de comunicações. Mostra que essa abordagem não é recente e que após um período de relativo silêncio, "a questão das redes reapareceu de outra forma, renovada pelas grandes mudanças deste final de século, renovada pelas descobertas e avanços em outros campos disciplinares e na própria Geografia [...] Trata-se, assim, de instrumento valioso para a compreensão da dinâmica territorial brasileira" (idem, p.149).

Observando os diversos tipos de fluxos abordados, percebemos que no decorrer das transformações socioespaciais os *nós* (pontos) e as *linhas* das redes – como nas redes de transportes – apresentavam certa fixidez, embora os fluxos já fossem velozes. Como os avanços tecnológicos, esses *nós* e *linhas* passam a um nível maior de complexidade, são mais voláteis e encerram funções e potencialidades de acordo com a escala que ocupam.

Essas redes, pela sua relação com o território, podem atuar como espaço geográfico entre a desterritorialização e a (re)territorialização. Daí sua capacidade de transformação socioespacial ser relevante. Para Haesbaert (2003, p.200), a rede pode se caracterizar como um *elemento* do território, como o território pode se transformar em um ponto da rede. Uma complexa relação entre escalas geográficas envolve a questão. O território, como âmbito de poder e dominação, se constitui a partir de saberes e temas espacializados. As redes sociais apresentam, juntamente com as representações sociais, as maneiras como esses saberes e temas se tornam centrais ou não.

O Quadro 15 mostra como Haesbaert (idem, p.186) apresenta o conceito de território no âmbito global. Ao especificar a noção de aglomerados de exclusão, ele destaca que "podemos afirmar que o aglomerado, mais do que um espaço 'a parte', excluído e amorfo, deve sua desordem principalmente ao fato de que nele se cruzam uma multiplicidade de redes e territórios que não permitem definições ou identidades claras". Se os aglomerados implicam desordem, "as redes e territórios pressupõem sempre um certo ordenamento – dentro ou fora da ordem hegemônica – embora imponham mais a desordem quando se confrontam redes e/ou territórios de tendências e ritmos distintos" (ibidem).

Scherer-Warren (2005, p.31), ao considerar a literatura internacional e também a nacional, em seu trabalho sobre redes sociais, destaca que, em geral, o enfoque dos autores que pesquisam redes sociais se refere ora a aspectos *relacionais*, que consideram, ou os tipos de ligações que existem entre as pessoas da rede, ou levam em conta os mecanismos *de* reciprocidade ou as trocas que vinculam essas pessoas, ora a aspectos *atributivos*, quando considera os atributos ou a natureza do relacionamento – na qual estão incluídos os grupos profissionais –, ora, ainda, direcionados ao modo de constituição das redes, como no caso das redes intencionalmente constituídas, e que "em

REDES SOCIAIS DE PROTEÇÃO INTEGRAL À CRIANÇA E AO ADOLESCENTE **169**

Quadro 15 – Modernidade (características gerais), definida a partir dos processos de territorialização e desterritorialização, incorporando os aglomerados de exclusão.

| **Desterritorialização** quantifica, massifica (na rede: desigualdade/hierarquia) extroversão, desenraizamento | | **(Re)Territorialização** qualifica, identifica, distingue (diferença/alteridade) introversão, enraizamento |
|---|---|---|
| **Aglomerado** | **Rede** | **Território** |
| massa/subclasse (deslocados e desclassificados) | indivíduo, classe | comunidade, "tribo", nação |
| a ou disfuncional | funcional e simbólica | simbólico e funcional |
| sem identidade ou identidade fluida | identidade individual e/ou global | identidades "regionais" |
| superfícies, pontos e linhas (limites difusos) | pontos e linhas (limiar/hierarquia) | superfícies (fronteiras) |
| mobilidade "de massa" | mobilidade "técnica" | estabilidade relativa |
| conjuntural estrutural | legal/ilegal, tradicional/moderno | |

Fonte: Haesbaert (2003, p.199).

geral, os enfoques relacionais e atributivos são utilizados de forma cruzada na pesquisa" (idem, p.32).

Para Scherer-Warren (idem, p.40), "as formas de sociabilidade nas redes, bem como as respectivas relações de identificações ou de assimetrias de poder, podem ser nomeadas de maneiras diversas, ou de acordo com as seguintes categorias analíticas: reciprocidade, solidariedade, estratégia e cognição". Ela conclui seu trabalho destacando que "na sociedade da informação não há como não considerar a multidimensionalidade das redes – social, espacial, temporal – sobretudo para o entendimento dos sujeitos coletivos emergentes" (idem, p.44,). Em sua pesquisa encontramos referência a uma amplitude de fatores relacionados à gênese, à consolidação, à função, ao conteúdo, à estrutura e a processos que envolvem a abordagem das redes sociais, e pensamos que ela não encerra a totalidade das variáveis possíveis. Ademais, fatores como os ligados à intencionalidade na constituição das redes permitem desdobramentos diversos.

Considerando um período mais recente, Aguiar (2006, p.9) apresenta uma lista de tipos de rede ou referências ligadas a redes que são pesquisadas ou constituídas atualmente no Brasil: redes e organizações não governamentais, redes sociais, redes e tecnologias de informação e comunicação (TIC), redes digitais e redes sociotécnicas. Esta pesquisa foi realizada a partir de informações obtidas junto à Plataforma Lattes do Conselho Nacional de Desenvolvimento Científico e Tecnológico (CNPq), sobre pesquisas de doutorandos relativas a redes sociais. Ela mostra que pesquisadores de diversas disciplinas das ciências humanas e ciências sociais aplicadas estudaram redes sociais entre 1996 e 2006.

Buscando apresentar uma síntese cronológica das abordagens relativas às redes, Aguiar (2006) também destaca que, no âmbito internacional, os estudos sobre redes sociais podem ser apresentados em quatro fases: a) entre 1930 e 1970, quando pesquisas, em geral estruturalistas e funcionalistas, em antropologia, sociologia e psicologia social, se utilizavam de análises sociométricas de organizações sociais; b) entre 1970 e 1990, quando a análise de redes sociais se torna uma especialidade de pesquisa em ciências sociais, em geral utilizando programas de computador; c) ainda na década de 1980, quando a teoria dos sistemas influencia a emergência de pesquisas multidisciplinares em meio a complexidade alcançada pela vida urbana; d) a fase atual, na qual ferramentas computacionais sofisticadas e variadas técnicas conferem novas possibilidades à análise de redes sociais. Ela também destaca que no Brasil, o trabalho de Ilse Sherer-Warrem (1993), sobre redes de movimentos sociais, precede o primeiro conjunto de pesquisas que ocorreu na segunda metade da década de 1990 e o consequente e significativo aumento a partir do ano 2000, após o impacto da internet no País (Aguiar, 2006, p.11).

Para Aguiar, tanto a organização quanto a análise de uma rede social devem considerar dois aspectos que, a seu ver, são indissociáveis. O primeiro seria a *estrutura*, em que os *nós* representam os indivíduos, os *elos* representam a união dos *nós*, os *tipos de vínculos* representam a classificação das relações entre os *nós* e os *papéis* exercidos por cada *nó* qualificam as inter-relações. O segundo seria a *dinâmica*, na qual as relações espaço-temporais devem ser levadas em conta, como processo no qual se observa, por exemplo, o *padrão* de fluxo de informação ocorrido entre os nós, o *ritmo* em que ocorrem as interconexões ou o fluxo de informação, os *graus de participação* de cada integrante da rede e os efeitos que essa participação pode proporcionar aos membros da rede e a rede como um todo (idem, p.11-4).

No geral, por meio da análise de redes sociais, podemos identificar aspetos relativos ao espaço, ao tempo e ao movimento que ocorrem em determinada escala, e quando juntamos esses aspectos específicos com outros da organização das sociedades – como os relativos à subjetividade – conseguimos representar padrões correlacionáveis, que podem permitir avançar na compreensão da complexidade atual e, consequentemente, contribuir com propostas mais condizentes, ou ao menos não tão parciais e paliativas, no que diz respeito ao enfrentamento das desigualdades sociais. Desse modo, compreender a dinâmica das relações sociais foi o que buscamos por meio da análise de redes sociais.

## A análise de redes sociais e a dinâmica social da proteção à criança e ao adolescente

Para compreendermos as relações sociais entre profissionais ligados à proteção integral à criança e ao adolescente, utilizamos a análise de redes sociais, que permite reproduzir padrões em representação gráfica para serem analisados e, assim, considerar em que medida as relações entre os profissionais envolvidos com a proteção integral permitem conhecer os vínculos em forma de rede social.

A partir da análise de redes sociais podemos tentar compreender a influência desses padrões sobre vários fenômenos sociais e políticos (Marques, 2003, p.153).

Nesta pesquisa em análise de redes sociais buscamos identificar quais as dinâmicas em que ocorrem as ações consideradas de proteção integral à criança e ao adolescente nas relações entre profissionais ligados à assistência social e, assim, apreender as formas de comunicação que permeiam tais ações. Considerando que essas ações ocorrem em meio a políticas e burocracias, a formação de redes sociais ganha novos elementos, já que é necessário considerar como alguns profissionais que ocupam posições mais centrais são mais intermediadores ou mais próximos do que outros que muitas vezes possuem condições, formação e atribuições semelhantes.

Neste trabalho a rede social foi pesquisada a partir de duas perspectivas: a primeira levou em conta a indicação de 34 entrevistados a respeito de com quem eles podiam contar para o desenvolvimento de suas atividades de proteção integral à criança e ao adolescente no município de Presidente Prudente (SP), ou seja, com quais pessoas eles efetivamente mantinham contato. Nessa perspectiva, as relações consideradas são simétricas, pois implicam certa reciprocidade. A segunda perspectiva levou em consideração a indicação de 36 entrevistados sobre quais pessoas mais atuavam no município em relação à proteção integral à criança e ao adolescente, o que não implicou uma reciprocidade entre quem citou e quem foi citado, mas apenas o reconhecimento de que tais pessoas executavam com maior expressão as ações de proteção. Esse tipo de pesquisa resultou em relações assimétricas entre duas pessoas, já que, em geral, o citado não necessariamente mantém contato com quem o citou como central nesse tipo de ação. Na primeira perspectiva, os tipos de vínculos identificados foram relacionais e atributivos. Já na segunda, identificamos vínculos simbólicos. A partir dessas perspectivas, pudemos compreender tanto aspectos da sinergia quanto das centralidades na rede social pesquisada.

## As relações sociais na sinergia da rede social

Como podemos observar na Figura 3, uma característica marcante das relações simétricas na rede pesquisada foi a ocorrência de apenas um pequeno conjunto de vínculos isolados com baixo grau de conectividade, ao contrário da maioria dos vínculos que sempre apresentaram conexões que os ligaram ao conjunto central, mostrando a existência de interação direta e indireta da grande maioria dos membros da rede.

Analisaremos a seguir a rede social temática segundo a reciprocidade dos profissionais que atuam em diferentes setores relacionados à proteção integral à criança e ao adolescente.

Consideramos nesta análise o grau (*degree*) de *conectividade*, de *proximidade* (*closeness*) e de *intermediação* (*betweenness*) presentes na rede social, de acordo com as possibilidades fornecidas pelos *softwares* Ucinet, Netdraw e Mage, de autoria de Borgatti et al. (2002).

Como mostramos anteriormente no Capítulo 1, para efeito de análise, organizamos os diversos órgãos e entidades pesquisadas em sete setores: 1) *assistência social*; 2) *educação*; 3) *saúde*; 4) *entidades privadas*; 5) *justiça*; 6) *participativos*; 7) *universidades*, os quais também serão utilizados para análise de redes sociais, segundo a inserção do profissional.

Conforme observamos na Figura 3, é possível perceber que certos profissionais estão posicionados em pontos estratégicos, e que por muitos deles são realizados contatos, o que permite destacar o grau de importância que podem vir a representar para a rede.

Considerando apenas o grau de conectividade da rede nessa perspectiva, é possível percebermos quais profissionais, em seus respectivos setores, possuem maior quantidade de contatos, conforme a Figura 4.

REDES SOCIAIS DE PROTEÇÃO INTEGRAL À CRIANÇA E AO ADOLESCENTE 173

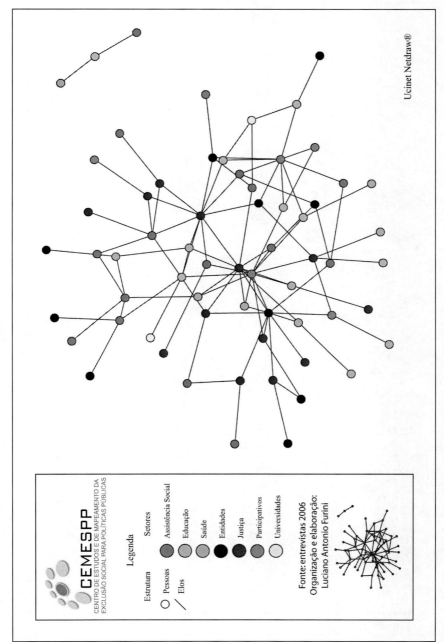

Figura 3 – Sociograma da rede de proteção à criança e ao adolescente.

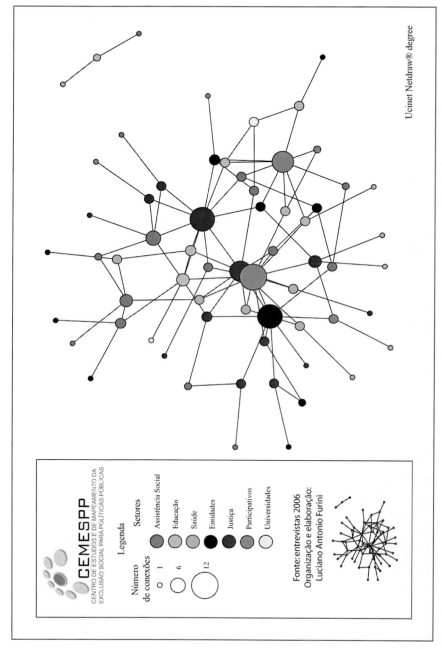

Figura 4 – Sociograma da rede: grau de conectividade.

Observamos na Figura 4 que são os profissionais dos setores *justiça, participativo* e *entidade* que apresentam maiores graus de conectividade.

No caso dos dois destaques do setor de *justiça*, trata-se de um profissional da equipe técnica do Juizado de Justiça da Infância e Juventude e outro da Promotoria de Justiça da Infância e Juventude (maior número de conexões). O alto grau de conectividade desses profissionais parece mostrar que, por um lado, a vulnerabilidade de segmentos populacionais do município é bastante significativa, existindo violação constante dos direitos estabelecidos nas leis e, consequentemente, fazendo que esses profissionais tenham amplos campos de atuação no município; por outro lado, considerando a existência de vários profissionais neste setor, e que somente dois se destacam como colaboradores mais efetivos, é possível que existam diferenciações importantes nas posturas dos profissionais, mesmo em contextos semelhantes.

Já os destaques dos dois profissionais do setor *participativo* referem-se à representação gráfica de um profissional do CT e outro do CMDCA. O CT possui cinco conselheiras e somente uma se destacou com expressividade. Parece que a maior conectividade dessa conselheira está ligada à postura política e ao tipo de atitude que ela possui, ante os casos ou ocorrências diárias, mostrando também, nesse caso, que existem diferenciações importantes para além das competências de cargos. Já a representante do CMDCA, em destaque, era presidente desse conselho no momento da entrevista, e o alto grau de conectividade apresentado por ela não implicou seu reconhecimento como pessoa de grande atuação nas ações de proteção integral à criança e ao adolescente no município, como veremos mais adiante no item relativo à centralidade das pessoas que mais atuam em tais ações, o que pode indicar que se trata de profissional que colabora com vários membros da rede, mas essa colaboração não é reconhecida como de grande importância. Nem sempre possuir cargo significa estabelecer relações de reciprocidade consideradas importantes e abrangentes na rede, o caso dos profissionais do setor da assistência social é exemplar. Dos que possuíam cargos, nenhum se destacou como pessoa com que os membros da rede social podiam contar. Aliás, a própria secretária da SMAS apresentou apenas uma conexão nos resultados das entrevistas. Uma assistente social da SMAS, no entanto, apresentou seis conexões, o que no geral indica que as informações obtidas nas entrevistas não estão limitadas ao controle burocrático hierárquico, mas relacionadas às soluções de problemas que ocorrem no dia a dia da rede.

O destaque do setor das *entidades* refere-se a uma assistente social da entidade Ladome, na qual, aliás, aplicamos um questionário para conhecermos melhor os trabalhos realizados. Ela é citada como alguém que contribui significativamente com diversos profissionais da rede. Sua atuação em órgãos participativos e a função que exerce na entidade parecem indicar a motivação dessa significativa contribuição.

No geral, a Figura 4 apresenta padrões de conectividade que permitem questionarmos sobre os motivos da baixa conectividade de profissionais do setor da assistência social, já que o setor desses profissionais ocupa posição de destaque na rede ao estar ligado oficialmente a vários projetos e programas relativos aos diretos das crianças e dos adolescentes no município. Enfim, é possível identificarmos certa sinergia, própria de redes sociais, na representação dessas conexões.

A Figura 5 mostra o grau de proximidade entre os profissionais da rede. Alguns profissionais que foram apresentados no item anterior, sobre conectividade, também estão entre os que possuem maior proximidade (menores valores) em relação aos demais membros da rede. Entre eles estão os mesmos dois profissionais do setor de justiça, um do setor participativo (CT) e o mesmo representante da entidade privada, sendo estes os que também apresentaram maior proximidade (menores valores) com os outros membros da rede social. Estar próximo da maioria implica que suas contribuições são disseminadas com mais frequência e abrangência, reforçando, no caso dos quatro profissionais citados, a influência do setor de justiça na rede, pois, tanto o ponto que representa o setor participativo (membro do CT) como o que representa a entidade (Ladome) também mantêm relações estreitas com o setor de justiça, ora acionando-a, como no caso dos encaminhamentos do CT, ora contribuindo como entidade acolhedora de crianças que tiveram seus casos levados ao Juizado de Justiça da Infância e Juventude.

Os demais pontos que indicam maior proximidade são: dois do setor da educação, dois do setor da saúde e um do setor da assistência social. Os dois pontos da educação, que representam duas assistentes sociais do SAC da Secretaria Municipal de Educação, podem indicar que os trabalhos de divulgação dos direitos e deveres relativos às crianças e aos adolescentes sig-

REDES SOCIAIS DE PROTEÇÃO INTEGRAL À CRIANÇA E AO ADOLESCENTE    177

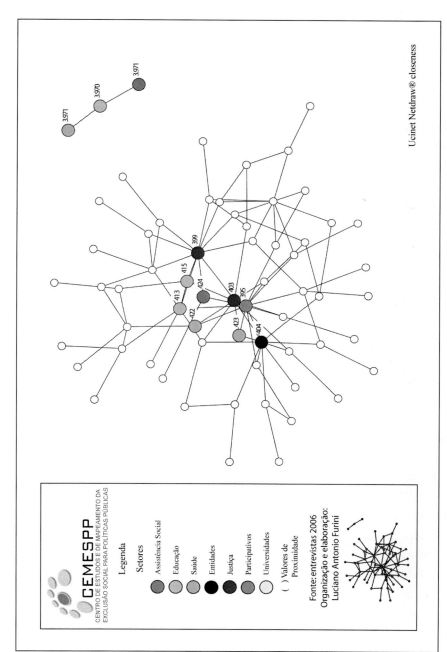

Figura 5 – Sociograma da rede: grau de proximidade.

nificam contribuição importante para a rede, em especial para os setores de justiça e participativo. Nunca é demais repetir que identificamos algumas produções técnicas, elaboradas por profissionais do SAC, que parecem representar uma forma particularmente importante de expor, na rede e também para os beneficiários, alternativas à violação de direitos, atualmente sofrida por crianças e adolescentes no município de Presidente Prudente.

Com relação ao grau de intermediação (Figura 6), cinco pontos se repetem em relação ao gráfico de conectividade: os mesmos dois do setor de justiça, os dois do setor participativo e o do setor das entidades. Além destes, surgem pontos com alto grau de intermediação (maiores valores): um outro ponto do setor de justiça, um do setor de educação – este, por sinal, repetido em relação ao gráfico relativo à proximidade – e um do setor da assistência social.

Um ponto que apresenta alto grau de intermediação pode significar que por meio do profissional, por esse ponto representado, ocorra a passagem de informações, ou seja, por meio dele as informações circulam e atingem outros profissionais da rede, tornando-os relativamente importantes para a coesão desta. Podemos notar que ainda prevalecem os profissionais do setor de justiça como representantes de instância relevante, nesse tipo de análise, mas profissionais de outros setores também desempenham tal função, indicando que os fluxos comunicacionais podem perpassar quase toda a rede, daí a importância desses mediadores. A noção de visibilidade na rede tem relação com essa intermediação. É importante notarmos que um fato ou informação pode se disseminar por toda a rede social a partir desse tipo de relação.

São os elementos *conectividade, proximidade* e *intermediação* que fazem que possamos compreender quais os profissionais que dinamizam ou não a rede social. Também é possível notarmos como as mediações e, consequentemente, as representações circulam e podem ser produzidas e modificadas, já que espaços geográficos como as redes sociais são espaços privilegiados na produção das representações sociais.

No exemplo da Figura 7, notamos que o setor de Justiça está posicionado estrategicamente na rede, por meio de seus profissionais e, como outros setores, como o participativo, não consegue, ainda, alcançar posição privilegiada ou de maior centralidade por meio de profissionais desse setor. Considerando o caráter das ações que o setor participativo deve desempe-

REDES SOCIAIS DE PROTEÇÃO INTEGRAL À CRIANÇA E AO ADOLESCENTE 179

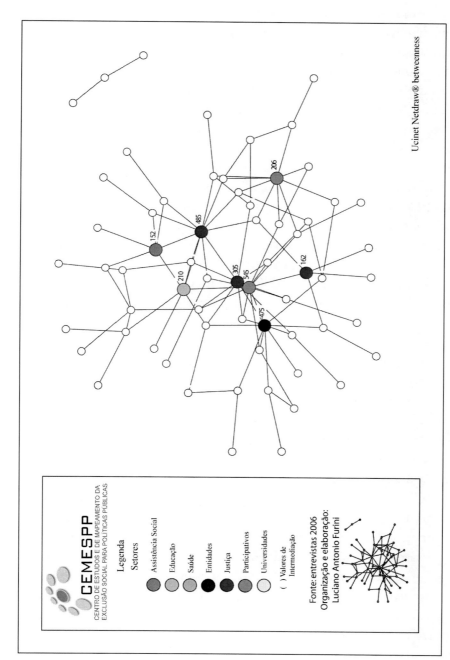

Figura 6 – Sociograma da rede: grau de intermediação.

nhar, podemos perguntar: faltam mais órgãos participativos, com outras funções na rede, ou faltam, aos existentes, profissionais que passem a agir com desenvoltura e compromisso social no enfrentamento das desigualdades sociais?

A Figura 8 mostra as *fronteiras* da rede social pesquisada, na qual consideramos as referências ao tipo de vínculo fraco (um vínculo), não como vínculo de menor importância, mas também como vínculos significativos: "vínculos fortes podem ser intensos e/ou duradouros; mas vínculos 'fracos' (eventuais e/ou informais) não significam, necessariamente, comunicação menos eficaz ou menos relevante" (Aguiar, 2006, p.14).

Parece que esses vínculos fracos também configuram possibilidades de produção de alternativa, no que diz respeito à transformação das formas de enfrentamento das desigualdades sociais. Desse modo, nesse tipo de vínculo, é possível pensarmos na existência de profissionais que ainda não tenham sido coagidos por grupos de interesses, não constituindo, ainda, relações *fossilizadas* ou comprometidas com entraves políticos e burocráticos ou de outros interesses, comuns nas redes sociais formadas por profissionais.

Na Figura 8 percebemos que todos os setores apresentam pontos de fronteira, mostrando que os profissionais representados estão ligados a outras redes sociais temáticas ou a outras áreas da sociedade.

Proporcionalmente ao total dos profissionais citados como aqueles com quem é possível contar para o desenvolvimento das atividades de proteção integral à criança e ao adolescente, o setor da educação foi o que menos apresentou pontos na fronteira, o que de modo geral pode significar que os profissionais da educação citados estão mais integrados na rede, embora, mesmo assim, não alcancem a centralidade desta, menos ainda vínculos fortes.

Na Figura 9, mostramos o sociograma da rede centrada em um dos profissionais de cada setor, porém aquele profissional que apresentou maior grau de conectividade. Desse modo, faremos uma análise quadro a quadro dos profissionais com maior grau de conectividade de cada um dos sete setores.

Na Figura 9, o quadro relativo ao profissional da *assistência social* mostra a forte ligação deste com profissionais do setor de Justiça. Embora a posição e o cargo que esse profissional possui favoreçam a relação com aquele setor, o sociograma mostra que não há integração desse profissional do setor da assistência social com profissionais de outros setores, para além de suas competências profissionais, ou, ao menos, não de forma significativa.

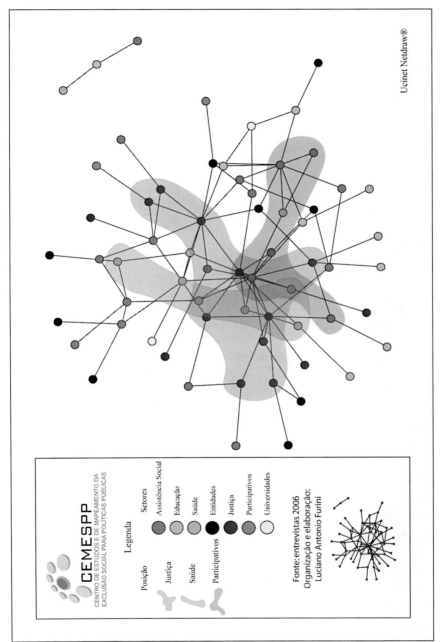

Figura 7 – Sociograma da rede: posição do setor.

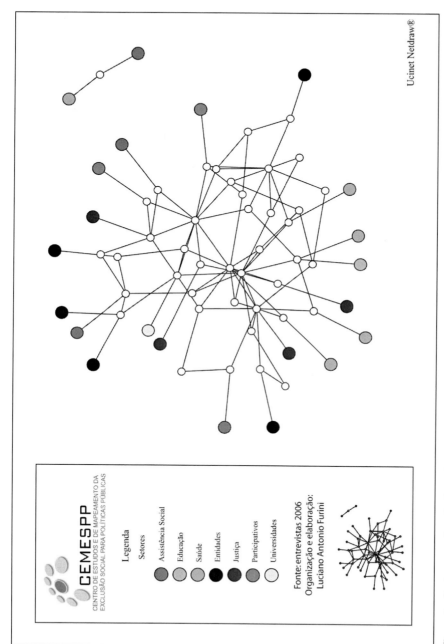

Figura 8 – Sociograma da rede: fronteiras.

REDES SOCIAIS DE PROTEÇÃO INTEGRAL À CRIANÇA E AO ADOLESCENTE 183

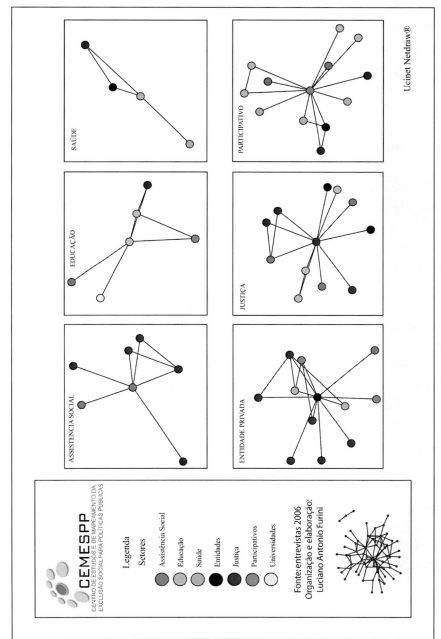

Figura 9 – Sociograma da rede centrada no profissional de maior grau de conectividade.

O sociograma relativo à *educação* mostra a ligação desse profissional com profissionais de vários setores, podendo configurar uma interação e uma abrangência variadas e importantes para a sinergia da rede. Talvez essa interação ultrapasse, até mesmo, os padrões de trabalho que competem a esse profissional.

Já o sociograma do profissional da *saúde* apresenta maior ligação com profissionais dos setores das entidades e de Justiça, e baixíssima conectividade, talvez revelando o setor com menor abrangência na rede no que se refere à atuação de profissionais nas ações de proteção integral à criança e ao adolescente.

Com forte grau de conectividade, o profissional do setor das *entidades* apresenta um sociograma no qual podemos notar sua ligação com profissionais do setor de Justiça, além de ligações com profissionais de outros setores, remetendo à interpenetração entre atendimentos governamentais e não governamentais por meio desses profissionais, das entidades privadas e dos órgãos públicos.

O sociograma do profissional do setor de *Justiça* permite observarmos relações que abrangem vários setores, exceto o da Saúde e o participativo; ele reforça a posição central do profissional, nesse caso o promotor de justiça da infância e juventude do município que, como veremos na segunda perspectiva sobre centralidade, ocupa posição privilegiada na rede social.

Encerrando os sociogramas da Figura 9, o profissional do setor *participativo* foi o que apresentou maior variedade de contatos, e com o qual, em geral, muitos profissionais da rede podem contar. Isso provavelmente se deve à postura participativa desse profissional (conselheira do CT) e à importância que o órgão ao qual está vinculado ocupa na rede. Parece evidente que os profissionais desse setor possuem potencial para dinamizar a rede social caso atinjam patamares de formação e politicidade adequados à posição que ocupam.

No geral, os profissionais do setor que denominamos como *universidades* não foram citados como pessoas com as quais os membros da rede podem contar. Essa constatação pode significar, além da própria distância em relação a profissionais das universidades, uma ausência de iniciativas das próprias universidades em participar da rede, ou ainda, que os indicadores e dados de pesquisas locais não são valorizados ao ponto de se incluir tais profissionais e suas pesquisas, até mesmo para contestá-las, nas tomadas de decisão em relação à proteção integral à criança e ao adolescente.

Nessa outra perspectiva que apresentaremos a seguir, relativa à centralidade, buscamos identificar quais profissionais eram mais centrais no município, em relação à proteção integral à criança e ao adolescente. Como mostramos anteriormente, esse procedimento levou em consideração a indicação de 36 entrevistados sobre quais pessoas mais atuavam em relação às ações de proteção.

A Figura 10 mostra a centralidade dos profissionais representados no gráfico de rede. Notamos que o promotor de justiça da infância e juventude recebeu 27 indicações e foi, assim, o profissional mais citado entre aqueles que mais atuam em relação à proteção integral à criança e ao adolescente no município. Notamos, ainda, que alguns outros profissionais, em particular dos setores de Justiça, entidades e participativo, também apresentaram certa centralidade, mas, evidentemente, ainda estão distantes da centralidade do promotor.

Tal como mostramos no Capítulo 1, a centralidade do promotor pode ser compreendida ora como uma relevante participação política sua, independentemente dos objetivos dessa participação, ora como uma indicação de que no município os direitos da criança e do adolescente são muito violados, fazendo que o promotor seja acionado direta ou indiretamente, ora, ainda, como certa coação, por se tratar de um profissional que representa padrões de justiça e ao qual é atribuído ou reconhecido um poder elevado, podendo, até mesmo, estagnar iniciativas ou inibir projetos alternativos, gerando incerteza entre as pessoas do município; quando se busca transformar essa realidade, parece se transformar em elemento limitador, favorecendo os profissionais de setores formais e poderosos, como é o caso dos que ocupam cargos em órgãos que compõem o setor que estamos chamando de *Justiça*.

Por fim, esses sociogramas possibilitam acesso a conhecimentos nem sempre apreendidos, como relações difíceis de captar sem uma representação detalhada e contextualizada. Considerando o contexto das redes sociais, os contatos formais em meio aos quais os profissionais estão inseridos também possibilitam compreender outros aspectos que influenciam nas conexões estabelecidas.

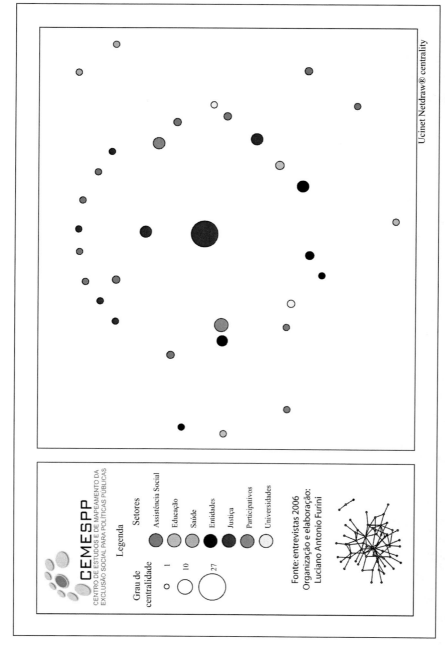

Figura 10 – Sociograma da rede: grau de centralidade.

## O contexto formal imediato da rede social e as parcerias setoriais

Na interação de uma rede social, qualquer ponto deve ter capacidade de representar todos os outros pontos da rede. Quando essa representatividade não possui tal ligação com a *totalidade*, mostra que a consolidação da rede não está completa, ou que se trata de uma área de fronteira, apontando para formas de expansão ou encolhimento da rede social.

Foi possível identificar grande intensidade de conexões e encaminhamentos na rede social temática pesquisada. Alguns locais se revelaram mais eficientes nesse atendimento. Buscamos identificar o envolvimento de um local de atendimento (entidades, núcleos e órgãos instituídos) com os demais, mas somente daqueles locais que atuavam e possuíam profissionais na assistência social. Desse modo, indagando sobre os contatos de parcerias que esses diversos locais utilizavam, pudemos conhecer o contexto institucional no qual a rede social temática se estabelecia.

Por meio de questionários, solicitamos aos responsáveis por cada um dos 38 locais de atendimento pesquisado ou departamentos em que prestava assistência social no município, que indicasse entidades, núcleos ou órgãos públicos com os quais podiam contar como parceiros para o atendimento de crianças e adolescentes.

Na Tabela 8 notamos que, em geral, as entidades privadas são as que mais foram citadas como as que se pode contar como parceiras nas atividades de proteção integral, e que o setor da assistência social foi o que mais apresentou parcerias com os demais, embora tenha sido o que mais teve questionários respondidos.

Também podemos notar que existe uma interação geral de parcerias mais específicas nos eixos entre assistência social e entidades, mostrando que as parcerias entre esses setores ocorrem com intensidade.

Ficou evidente, também, a existência de uma permeabilidade geral, na qual as ações de proteção integral mesclam iniciativas governamentais e não governamentais. No entanto, uma das reclamações mais frequentes que constatamos durante a pesquisa foi a que se referia aos limites relativos ao atendimento integrado; ou seja, em alguns casos, os profissionais não mostravam interesse em dialogar sobre atendimentos integrados e articulados, mais ainda quando essa integração implicava em aumento de atendimentos para seu setor.

Tabela 8 – Número de parcerias estabelecidas por locais de atendimento agregadas por setor, 2006.

| Indicados / Indicaram | Assistência social | Educação | Saúde | Entidades privadas | Justiça | Participativos | Universidades |
|---|---|---|---|---|---|---|---|
| Assistência social (20)* | 15 | 11 | 7 | 15 | 6 | 8 | 4 |
| Educação (2) | 1 | 4 | 2 | 4 | 1 | 5 | 2 |
| Saúde (5) | 2 | 1 | 6 | 10 | 7 | 3 | 0 |
| Entidades privadas (3) | 0 | 3 | 4 | 3 | 4 | 5 | 0 |
| Justiça (3) | 3 | 1 | 2 | 14 | 6 | 4 | 0 |
| Participativos Conselhos (5) | 6 | 3 | 5 | 10 | 9 | 5 | 0 |

Fonte: Questionários.
*Número de questionários respondidos por setor.

Encontramos, assim, tanto uma perspectiva de integração, presente em diversos profissionais participativos e interessados em uma perspectiva mais ampla, quanto uma perspectiva de fechamento, presente em diversos profissionais que criavam barreiras contra a integração, desconhecendo os possíveis benefícios que isso poderia significar para seu setor.

Buscando detalhar aspectos da Tabela 8, o Gráfico 2 destaca as parcerias do setor de Justiça estabelecidas em torno de seus atendimentos. Embora, como mostramos anteriormente, as parcerias com entidades sejam predominantes, podemos notar que a maioria dos setores apresenta formas de conexões com a Justiça.

Gráfico 2 – Justiça: intensidade de contatos formais entre setores, 2006.

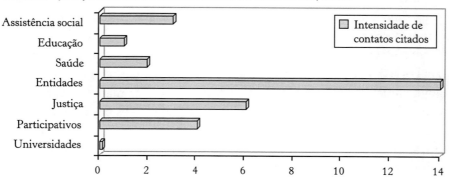

Fonte: Questionários.

Outra tentativa de compreender as formas de contato entre os locais de atendimento à proteção integral à criança e ao adolescente voltou-se para os contatos formalizados entre eles. Para identificarmos ainda que parcialmente esses contatos, pesquisamos os ofícios emitidos pela SMAS no ano de 2006 e seus destinatários (Tabela 9).

Tabela 9 – Setores destinatários de ofícios emitidos pela Secretaria Municipal de Assistência Social, 2006.

| Assistência social | Educação | Saúde | Entidades privadas | Justiça | Participativos Conselhos | Universidades | Outros |
|---|---|---|---|---|---|---|---|
| 39* | 15 | 10 | 25 | 102 | 49 | 4 | 131 |

Total 375 oficios

Fonte: Secretaria Municipal de Assistência Social.
* Em geral, a esfera de governo estadual.

Podemos notar que, no caso da Secretaria Municipal de Assistência Social, os trâmites burocráticos se concentram mais fortemente no setor de Justiça e participativos, reforçando que as parcerias com os outros setores não ocorrem por vias burocráticas e guardam, assim, certa correspondência com iniciativas dos profissionais envolvidos. Essa constatação permite identificar potencialidades de autonomia a partir da rede social.

## Redes sociais: entre o controle e a autonomia

Estudando a influência da informação e da comunicação como instrumentos de mobilização em movimentos sociais locais, Marteleto (2001, p.80) conclui que:

à formação das redes de movimentos sociais corresponde a criação de *redes de conhecimentos* que alimentam e dão sentido informacional às visões estratégicas de ação e de direção dos agentes. Os conhecimentos se constituem como matérias informacionais, que, pelas suas qualidades imateriais, articulam entre si o que foi notado (observado) ou experimentado pelos agentes nas suas práticas, dentro do ambiente da sociedade em que essas redes se movimentam. (grifos do autor)

A contribuição de Marteleto (idem, p.79) é crucial ao apresentar parte da relação entre redes e saberes e ao evidenciar a organização de nível superior que é característica em redes sociais com tendência à autonomia: "a influência de uma pessoa sobre outras pode ser grande, mas a autonomia da rede em que ela atua é incomparavelmente mais forte". Embora tenhamos restrições quanto à caracterização de redes sociais como autônomas – pensamos que em razão dos conflitos característicos das sociedades e da acumulação de poder só existe *tendência à autonomia* –, a configuração mais ampla surgida na interface da rede é mesmo elemento central quanto ao enfrentamento do tema e quanto à influência deste nos agentes das redes sociais.

Na rede social que pesquisamos, percebemos alguns casos em que, embora o agente esteja cercado por regras hierárquicas, suas inserção e atuação na rede social ultrapassam esses limites e buscam adequar-se ao todo da rede. Isso caracteriza a potencialidade de tendência à autonomia na rede social temática de proteção integral à criança e ao adolescente no município de Presidente Prudente.

As redes sociais não são apenas funcionais e estruturais. Elas implicam significados complexos por não possuírem fronteiras fixas e em razão da interpenetração de temas em meio a ambientes que abrigam simultaneamente hierarquia, tradição e recentes avanços tecnológicos.

No caso da rede social temática que pesquisamos, identificamos *hierarquia* nos ordenamentos governamentais em relação ao planejamento e execução de políticas públicas; *tradição* nas formas de poder exercido por políticos vencedores e nas representações sociais relativas aos empobrecidos; e os *recentes avanços tecnológicos* na perspectiva da rede *on-line* que, a despeito das diversas tentativas, não é objetivada, mas configura-se como *caminhar constante* da construção de uma rede social temática em relação à proteção integral da criança e do adolescente. Esses fatores sugerem que *os meios* para se atingir um objetivo podem se tornar *o fim* e, assim, a luta por proteger integralmente à criança e ao adolescente por meio das redes sociais com tendência à autonomia passa a ser a infindável luta para se construir tal rede no âmbito tecnológico. A maior incoerência dessa postura é que as redes sociais com tendência à autonomia, em razão desse ambiente que apresentamos, vão necessitar de ações e enfrentamentos nos três âmbitos.

No âmbito da tradição, observamos que falta muito a percorrer, pois até os mais aguerridos contestadores não conseguem suportar a pressão dos grupos de interesse locais. Em relação à hierarquia, não se trata de buscar bani-la, mas de conhecer os trâmites gerais para que as ações não esbarrem em limites jurídicos ou programáticos. Já em relação à tecnologia, em geral usada para dinamizar as trocas de informações e melhorar a construção, implementação e execução de políticas públicas, cabe ressaltar que sua viabilidade está diretamente relacionada à capacidade que a maioria dos técnicos, que realizam a manutenção de bancos de dados, possui em relação à técnica adotada. Se a capacidade nessa área não for condizente com o grau exigido, é mais viável buscar outras formas de conexão que, mesmo não sendo tão velozes, são mais passíveis de ser mantidas em funcionamento.

A essa altura é possível estabelecermos uma diferenciação importante entre redes sociais como fenômeno e redes sociais como teoria. Como fenômeno, a rede social varia em complexidade de acordo com sua historicidade. A espacialidade das *redes sociais* é dinâmica e sujeita a contingência. Desse modo, o fenômeno redes sociais gera espacialidades complexas, o que implica um campo diferenciado para contribuições teóricas. O campo relacionado às redes sociais permanece em aberto e ao mesmo tempo possibilita abordagens relevantes desde que estas apresentem delimitações específicas. As metodologias variam bastante em razão da gama de temas envolvidos e da possibilidade de abordagem por meio de diversas disciplinas. Mas alguns aspectos são comuns às diversas abordagens, como o caráter dinâmico e multiescalar, a conectividade temática e a configuração de uma organização de nível superior.

De acordo com a ideia de *eficácia das redes* de Deroy-Pineau (1994, p.24), "o conceito de rede tem, em termos gerais, uma dupla aplicação [...] Para o pesquisador a ideia de redes tem a utilização estática. Para os grupos estudados, a utilização dinâmica" (Marteleto, 2001, p.71). Contudo, quando consideramos as redes sociais vinculadas aos temas, podemos identificar estabilidade na instabilidade e vice-versa.

## Redes sociais temáticas

Na abordagem geográfica, rede social é conceito que capta os fluxos socioespaciais de forma abrangente e detalhada. No período atual, o espaço geográfico permite a organização em rede e um sistema fundamentado em redes. Desse modo, a fluidez e a complexidade remetem a conceitos que permitam apreender o dinamismo e a velocidade das transformações.

Essas considerações buscam mostrar que as redes sociais são dinâmicas socioespaciais da mediação e do convívio. É nosso objetivo apreender tanto a produção do espaço pelas redes quanto as influências da formação socioespacial nas redes, particularmente no período atual em que o padrão centralizador do Estado brasileiro deixou marcas profundas na máquina burocrática, o que influencia a organização das redes sociais.

Região, território, lugar, escala e redes sociais são conceitos geográficos que estão em estreita sintonia, permitindo uma aproximação do conhecimento do espaço geográfico. Em sua dinâmica característica, as redes sociais envolvem uma série de vínculos que podem variar de acordo com a intensidade, duração e contextualização, desencadeando eventos em períodos nos quais objetos, fluxos, pessoas e instituições são articulados ora com ênfase individual, ora com ênfase social, mas sempre em uma relação que envolve relevante tendência à hierarquia ou à autonomia.

Uma possível caracterização de uma rede social de proteção integral à criança e ao adolescente, territorializada no espaço urbano de Presidente Prudente, é o que apresentamos neste capítulo. O ECA, ao eleger a proteção integral à criança e ao adolescente como central e estabelecer o dever da sociedade em geral em fomentar essa proteção, vai ao encontro da caracterização de redes sociais como elemento dinâmico passível de atingir a ampla abrangência do tema.

As redes sociais emergem de organizações sociais nas quais os seres humanos se unem para sustentar a vida social, material e afetiva, entre outras. Esses laços sociais se dão com diferentes intensidades de acordo com o contexto e a estrutura interna da sociedade. No campo da psicanálise, Speck (199?, p.24) utilizou um léxico que estabelece algumas formas de relações sociais, o qual nos permite um primeiro contato com tipos mais específicos de relações sociais, tais como:

a) *Matriz social,* como a totalidade dos contatos e contextos sociais do indivíduo;

b) *Nexo,* como as relações humanas relativamente duráveis que se traduzem em contato visual e tangível, como as ocorridas no núcleo familiar, nas relações profissionais, entre amigos, vizinhos e comerciantes, altamente representados no espaço e no tempo. Trata-se de um contato primário, mas também de caminho para o contato secundário mais profundo;

c) *Vínculo*, como laços ou ligação entre pessoas. Os vínculos entre os membros de um nexo são os laços mais carregados de afetividade entre todas as relações humanas;

d) *Grupos*, como relações humanas com vínculos mais ou menos estabelecidos, formalmente ou tradicionalmente;

e) *Clã*, como interface entre o nexo e o grupo. Vínculo mais íntimo que nos grupos e menos que nas famílias. Oscila facilmente entre o nexo e o grupo (exemplo: uma reunião de professores de diferentes disciplinas);

f) *Plexo*, como sendo o indivíduo ou pequeno nexo que representa o centro focal (o núcleo) das relações de um grupo, de um clã ou de uma rede;

g) E *Rede*, que seria o vasto domínio das relações de um indivíduo ou de um plexo em sua representação espaçotemporal. Tratam-se de relações entre indivíduos, entre os quais alguns (plexos) são conhecidos por grande quantidade de membros da rede, outros não são mais que um nó entre membros.

Speck (199?) formula esse léxico trabalhando com terapia em rede. Ele tipifica algumas formas de contato no contexto do lugar e do vivido, âmbitos intrínsecos às redes sociais. Essa tipificação permite-nos adentrar o universo das redes sociais, mais especificamente na sua parte em que o ser humano é o âmbito de centralidade. As redes sociais abarcam outros elementos constitutivos que abrangem dimensões variadas, entre elas as estruturais e simbólicas.

Em geral, as redes sociais se relacionam com outras redes em escalas superiores e inferiores, o que lhes confere níveis de influência de acordo com sua gênese, tema e abrangência, daí podermos falar em polimorfia das redes. As redes podem atuar em micro, meso ou macroterritórios, ou ainda articulando-se em escalas diversas, porém sendo influenciadas ao transpor escalas. A rede social relacionada aos direitos da criança e do adolescente pode ter como central na escala do corpo, ações efetivas de proteção por meio de intervenção direta; na escala do bairro, acompanhamento dos resultados ou ausência de trabalhos de atendimento de acordo com o perfil da população; na escala municipal, articulação geral dos órgãos e entidades relacionados ao tema; na escala estadual, participação e interação com os diversos programas e projetos regionais; na escala nacional, contribuição para o aperfeiçoamento geral das diretrizes relacionadas ao tema; na escala global, o acesso ao conhecimento sistematizado das nuanças gerais que envolvem a temática. Significação, amplitude, resultados, tema e grau de influência, correspondentes à rede social, vão variar conforme o processo e capacidade de transpor escalas.

Uma rede social que não *salta escalas*, ao modo proposto por Smith (2000), pode se tornar nociva em uma escala, embora realize serviços importantes de atendimento e participação em outras. Se, por exemplo, a rede social de proteção aos direitos da criança e do adolescente não acessar os conhecimentos sistematizados na escala global, para confrontá-los com suas ações locais, poderá desenvolver atividades não adequadas às conquistas alcançadas. Esse é o caso da Convenção sobre os Direitos da Criança, que prevê que a "criança deve crescer no seio da família, em um ambiente de felicidade, amor e compreensão" (Brasil, ECA, 2005, p.60). Desconhecer essa diretriz pode implicar projetos que privilegiem a internação das crianças e dos adolescentes em detrimento da primazia da família. No entanto, tal diretriz já está incluída na proposta do Suas.

Com relação à gênese das redes sociais temáticas, destacamos que tais redes podem surgir de modo ascendente, ao se objetivarem nas conexões das escalas de menor amplitude, por meio de agentes, instituições e objetos, de forma aleatória ou induzida; ou descendente, ao serem implementadas em meio aos fluxos hierárquicos dos setores público e privado. Podemos dizer que existe uma latência constante na gênese e do desaparecimento das redes e que estas percorrem períodos, gerando eventos de acordo com suas particularidades, ou seja, sua dimensionalidade é variável.

A rede feminina de combate ao câncer de Presidente Prudente é um exemplo de gênese ascendente que dá visibilidade ao tema. Familiares de vítimas da doença e outras pessoas que com elas se sensibilizam passam a promover ações preventivas.

Algumas características necessárias para o surgimento e a manutenção da rede são: a) existência de um âmbito de confiança; b) ocorrência de conexões e densidade de vínculos que permita que estas sejam realimentados; c) acessibilidade participativa e aleatória à rede, de modo que a gestão autônoma permita aceitar ou rejeitar casos, pessoas, objetos e técnicas, cuja lógica seja a do autoritarismo; d) a existência de um conjunto de iniciativas governamentais ou não governamentais que interajam de acordo com a relevância do tema.

Como mostramos anteriormente, quanto à noção de *tema* nas redes sociais, nos inspiramos em Moscovici (2003, p.224) que, ao trabalhar com representações sociais, estabelece que "em síntese, a noção de tema indica que a possibilidade efetiva de sentido vai sempre além daquilo que foi concretizado pelos indivíduos, ou realizado pelas instituições".

Embora no âmbito da psicologia social a dimensão que o tema ocupa seja diferente, nossa utilização é bastante próxima desse autor, pois relaciona o tema à centralidade que os fenômenos ocupam em nosso campo de consciência e, por consequência, nas relações sociais. O surgimento do tema decorre do conflito social. Em geral, o tema se constitui e consolida ao penetrar o universo emocional, representacional e espacial das pessoas e grupos.

O tema torna-se âmbito autógeno aos participantes e componentes das redes – objetos, pessoas, conjunto de equipamentos e instituições. Possibilita-se, desse modo, a constituição da rede na qual a abrangência se dará na proporção da relevância e da influência do tema. Esses elementos produzem âmbitos e associações que permitem a comunicação temática.

Em Blanes et al. (1995), a rede social em microterritório – relacionada ao *tema* da gestão participativa dos serviços de proteção e desenvolvimento integral à criança, ao adulto, à família e à comunidade – está tipificada em cinco itens: 1) *Rede Social Espontânea, que* envolve o núcleo familiar ampliado, grupos de vizinhança, clubes e igrejas, entre outros; 2) *Redes Sociocomunitárias,* nas quais ocorre a solidariedade do compromisso e da responsabilidade compartilhada; 3) *Redes Sociais Movimentalistas,* que *oxigenam* todas as demais redes nascidas nas comunidades e/ou sociedade; 4) *Rede Privada,* na qual o mercado é o agente principal; 5) *Redes Setoriais Públicas*, que abrangem as ações do Estado no tocante a obrigações e deveres, nas quais, no caso brasileiro, ocorre uma organização burocrática e pouco eficaz. São ações que envolvem educação, saúde, habitação, assistência social, entre outros.

De acordo com o tema especificado, articulam-se espaços diversos. Conhecer o universo em que o tema se articula é central para se pesquisar redes sociais, pois os temas periféricos ao tema central – como no caso da assistência social para com a proteção integral da criança e do adolescente – são, em muitos casos, antigas matrizes nas quais as redes ocorreram.

No que se refere à abrangência, a rede vai até onde os vínculos ou a conectividade enfraquecem. O tema perde a centralidade e se torna opaco. O grau de completude diminui e a dispersão supera a concentração em relação ao tema. Nesse ponto, a interligação entre redes se torna evidente, surge uma área de fronteiras inter-redes. Nesse âmbito, os elos externos são mais evidentes que os internos. O grau de complexidade das redes é proporcional à amplitude, dispersão, durabilidade, quantidade, qualidade e tendência desses elos, em que o grau de multiplicidade de contatos socioespaciais é central.

De acordo com a área de influência e a escala, a abrangência pode variar de forma intensiva – áreas menores são influenciadas quase que completamente – e extensiva – em que o modo de influência é esparso. A rede social de proteção integral à criança e ao adolescente possui abrangência intensiva na escala municipal no que se refere aos atendimentos direcionados nos projetos para criança e adolescente, mas extensiva no que se refere à infância e juventude.

O que a rede social temática retém? Em razão da sua dinâmica, a rede se enraíza na fluidez, ou seja, se fixa no movimento dinâmico que envolve o tema. Nesse movimento, ocorrem inclusões e exclusões para que o captado permaneça em adequação ao tema. O enredar ocorre entre a busca planejada e a insurgência espontânea. Nas redes sociais, o desencadeamento e a manifestação da transformação, que estão latentes, vão depender de fatores representacionais e espaciais concomitantes ao tema.

Após sua configuração, como rede social, as ações estão potencializadas. A demanda está dada, podendo superar ou não a capacidade da rede, forçando-a a adaptações. O grau de tendência à autonomia varia e as redes sociais podem configurar uma entidade social com possibilidade de autonomia, cuja existência varia de acordo com a historicidade e espacialidade inerentes a estes.

A rede social de proteção aos direitos da criança e do adolescente de Presidente Prudente geralmente retém em sua trama a demanda dos filhos dos empobrecidos para *protegê-los*, mas pode também estar atuando – e sem se dar conta disso – para *proteger* a sociedade de suas possíveis ações, ou seja, se proteger deles. A proteção à criança e ao adolescente ganha então novo significado, remetendo a indagações que ultrapassam o âmbito comum da representação dos direitos da criança e do adolescente. Se a proteção é integral, por que, em geral, as crianças e os adolescentes enriquecidos não possuem ficha na assistência social? Problemas como indisciplina escolar, uso e tráfico de drogas, agressão, abuso sexual e outros não ocorrem em escolas particulares? E se ocorrem, não devem ser atendidos pelos assistentes sociais públicos?

A lógica de segregar os filhos no clube, no shopping, na escola particular e no condomínio fechado também não é prejudicial, fazendo a criança desenvolver-se, porém com uma lógica do individualismo implícita? Para se consolidar, a rede social temática deve reter, para além de sua competência e abrangência burocratizada, o questionamento. E assim, estar em constante reflexão sobre sua atuação.

Nem tudo, porém, o que a rede social temática não retém é prejudicial. As redes sociais possuem a capacidade de ignorar ou assimilar os fluxos que a perpassam. Propomos chamar de grau de ignoto o processo em que se realiza essa capacidade. Esse processo permite agir e planejar ações, nas quais a comunicabilidade apreendida realimenta as conexões. Se para a solução dos pequenos problemas administrativos são despendidos muitos esforços, isso pode inviabilizar ações mais importantes e assim gerar desgastes excessivos, comprometendo o entusiasmo dos que compõem a rede.

Ao conectar e desconectar fluxos, forma-se uma estrutura reticular, e nos vácuos desta se cristalizam símbolos e latências que serão acionados de acordo com a importância do tema no período e a importância do período no tema.

O que não é retido é então essencial para as redes sociais, pois permite sua sobrevivência. *Saber ignorar* é um saber central nas redes sociais, pois a compatibilidade temática implica gestão específica, embora articulada.

A rede de proteção integral à criança e ao adolescente do município não deveria reter somente fatos no limite das violências econômica, cultural e política. Ela pode, sim, ultrapassar esse limite e reter as vicissitudes que envolvem a questão da infância e, desse modo, adentrar diretamente as matrizes da questão da criança e do adolescente.

As redes sociais passam a constituir elementos importantes a serem analisados a partir de matrizes discursivas, pois "a rede é antes de tudo um ambiente de comunicação e troca, que se dá em vários níveis" (Marteleto, 2001, p.75). As redes sociais com tendência à autonomia podem inserir novos significados no âmbito da luta pelo poder, e assim desarticular a eliminação de saberes que está presente na acumulação de poder por meio da coerção do discurso dominante, o discurso considerado competente.

A rede social torna-se mediadora, ao correlacionar segmentos afins que possuam diferencialidades intertemáticas. A rede implementa complementaridades, levando os segmentos a uma significação comum. Ao realizar associações complexas, ela desarticula estados de morbidez social buscando níveis de afetação temáticos. Encontros e desencontros vão ocorrer com certo grau de autonomia e aleatoriedade, pois a tendência à auto-organização está colocada. Percebemos que a referência à *tendência* é mais adequada em razão do caráter dinâmico das redes sociais, conforme constatamos ao identificarmos *vetores autônomos*, provindo de técnicos com postura participativa de ímpeto intersetorial; e ao identificarmos *vetores controlados*, provindos da lógica burocrática que, em geral, envolve as políticas públicas.

As redes sociais temáticas se articulam com as representações sociais. As pessoas que compõem a rede geram representações sociais que simbolizam os grupos ao qual pertencem. Grande parte de suas ações ocorre de acordo com o resultado da interação entre representações e práticas sociais, ou seja, após observarem os resultados dessa interação vão ter *boas razões* para continuarem ou não agindo de acordo com as representações sociais. Estar conectado, inserido, incluído, participando ou comunicando em uma rede depende, em grande parte, das representações sociais geradas. Uma rede social se consolida de acordo com as representações sociais produzidas por grupos afins. Não existirão redes sociais temáticas se não houverem temas comuns representados.

As redes sociais, sendo espaços mediadores, implicam conectividade, e esta ocorre de acordo com a articulação de *elementos estruturais*, corpo, objetos e equipamentos, hierarquias; *elementos representacionais*, pensamento social, saberes sociais, mediadores sociais, memória social; e *elementos processuais*, ações sociais, práticas sociais, ritmos variáveis. Porém, são os elementos representacionais que mais possibilitam apreender as possibilidades de tendência à autonomia da rede social temática.

Os locais frequentados por pessoas e grupos são mediadores sociais e locais relevantes na produção de representações sociais. Os locais públicos são mediadores bastante significativos – escolas, parques, ruas, instituições, comunidades, entre outros, além dos meios de comunicação social – estes últimos são, em geral, mediadores unidirecionais.

O grau de inserção nesses mediadores, juntamente com a capacidade de interação destes e nestes, vai revelar parte da não comunicação. A não comunicação pode ser identificada em vários segmentos populacionais e sua ocorrência pode estar associada à falta de ações de enfrentamento das problemáticas sociais.

Se os campos representacionais forem compatíveis quanto à centralidade do tema, a possibilidade de ocorrência de uma rede social com tendência à autonomia pode ser relevante. Existe desse modo uma relação de dependência entre redes sociais e representações sociais. As matrizes sociais advindas da memória coletiva passam por concepções próprias aos grupos culturais, políticos, econômicos, profissionais, comunitários e familiares do período e assim configuram os campos representacionais por grupos de pessoas ou grupo de grupos sociais.

Assim, no caso estudado, a representação social de infância possui elementos centrais, consolidados há mais tempo, relativos ao símbolo infância nessa sociedade, e elementos centrais que aparentemente constituem centralidade há menos tempo. Os vetores, que propõem a proteção integral à criança e ao adolescente, não se instalariam nunca se a proposta não encontrasse assimilação na representação social de infância, logo, a ação em prol da proteção integral à criança e ao adolescente é constitutiva da representação social de infância, e quando essa combinação ocorre, a possibilidade de formar redes sociais temáticas é grande. Porém, deve-se tomar cuidado com a abordagem das redes sociais, por causa dos limites e possibilidades intrínsecos.

## Redes sociais: limites

Ao pesquisar redes sociais, instituições e atores políticos no governo da cidade de São Paulo, Marques (2003, p.153) apresenta o aporte analítico das redes sociais e destaca que as redes podem implicar possibilidades, mas também constrangimento:

> A análise das redes sociais parte do princípio de que inúmeros fenômenos sociais e políticos podem ser analisados à luz dos padrões de relação entre indivíduos, grupos e organizações presentes em uma dada esfera da sociedade (e

do Estado). Esses padrões constituem redes de diferentes tipos de vínculo em constante transformação, que se apresentam para os atores sociais tanto como constrangimento quanto como possibilidade, induzindo o comportamento dos atores e suas estratégias, e informando os seus projetos e visões sobre o setor e a sociedade.

Como em todos os âmbitos sociais, as redes sociais apresentam relações sociais com graus oscilantes de conflitos, em que a possibilidade de surgirem aspectos negativos é constante.

Um primeiro aspecto negativo que pode surgir é a tendência à explosão e centralidade temática em meio aos diversos temas relevantes. Um tema pode ser de tal forma exposto, publicado e trabalhado que acaba por interferir de forma negativa em outras redes sociais temáticas. O controle dessa explosão temática é tarefa difícil, contudo, as acomodações e conciliações são possíveis.

Os resíduos de redes ou de outras formas de relações sociais que definharam configuram outra limitação e revelam o segundo aspecto negativo. Sendo compostas de diversos segmentos, as redes sociais, ao definharem, fazem que o todo se volte às partes. Se essas partes não se encaixam em novos temas ou configuram novas redes, elas podem estagnar-se, configurando-se obstáculos, como foi o caso da lógica que envolvia o tema do Código de Menores,[1] a tutela, característica da época, que ainda pode ser observada em alguns procedimentos atuais.

Chamamos de reforço de falha um terceiro aspecto negativo em que a rede social pode se envolver. Embora atue com ímpeto alternativo, ela pode apoiar-se em bases do contrato social, o qual já está em crise e pode representar interesses antagônicos.

Por fim, o quarto aspecto negativo é o que diz respeito à escala. Em razão das limitações implícitas, as redes podem agir em escalas temporais e espaciais não adequadas, o que compromete todo o ímpeto alternativo.

Todas essas limitações podem ser superadas pela própria dinâmica que as redes sociais possuem, quando estas dão visibilidade ao tema e propiciam meios de transformação, já que superar dificuldades é uma das motivações

---

1 Estabelecido em 12 de outubro de 1927, pelo Decreto Lei nº 17.943, o Código de Menores consolidou a lei de assistência e proteção a menores.

centrais da organização em rede, e tal organização possibilita o que nenhuma das partes conseguiria sozinha. Contudo, sempre constituem limitações, como percebemos quando identificamos alguns vetores das medidas socioeducativas do ECA que, embora aparentem proteção à criança e ao adolescente, parecem constituir barreiras à proteção integral.

## Redes sociais: possibilidades

Uma possibilidade importante que as redes sociais propiciam pela sua configuração é a da visibilidade. O sentido que conferimos ao termo visibilidade é o da exposição na rede, tanto de um fato relativo à rede quanto de uma diretriz relativa ao tema da rede. A visibilidade parece fazer emergir um aspecto subjetivo que transforma algo exposto em objeto de reflexão contextualizada, ou seja, ela parece fornecer elementos para a representação permitindo uma espécie de leitura em rede. Desse modo, além da exposição pública do tema, proporcionada pela rede social, temos a exposição interna ou internalizada em meio às conexões da rede social. Se, por exemplo, um caso de omissão de denúncia de violação de direitos ocorre, e é exposto, essa postura irresponsável não suporta a visibilidade que a torna questionável. Ao proporcionar visibilidade, a rede confere caracterização social ao fato social, segundo as representações sociais produzidas.

No caso de violação de direitos, a visibilidade do fato exige um posicionamento, no qual o profissional, ou outro membro da rede, denuncia ou encaminha o caso, fazendo-o *existir* para a rede, a partir de sua existência na rede. Os encaminhamentos são quase que auto-organizados, e terão uma resposta, mesmo que insatisfatória. Em contrapartida, se não há visibilidade da ocorrência, a violação de direitos não é caracterizada formalmente; logo, não existirá para a rede social.

Em se tratando de redes de abrangência restrita, nas quais não existam ações preventivas, mas somente curativas, a ausência de visibilidade pode dar a entender que tal violação não ocorra no município, ou que os tipos de atendimentos existentes conseguem abranger todos os tipos de violações. A visibilidade parece ser a *matéria-prima* da sinergia da rede e, nesse caso, constitui simultaneamente, e de forma muito particular, *os sistemas de objetos e sistemas de ações* (Santos, 2002, p.63).

Desse modo, a visibilidade contribui para transformar o fato social – do âmbito do acontecer – em objeto social, no sentido do que é apreendido – do âmbito do saber. Nesse sentido, podemos relacionar essa exposição e apreensão do fato social como que parte de uma estrutura do pensamento social.

A partir da promulgação do ECA, em 1990, que regulamenta o artigo 227 da Constituição Federal do Brasil, de 1988, o tema das redes de proteção integral à criança e ao adolescente ganha maior relevância. Esse tema implica um problema social que pode ser enfrentado na sinergia da rede. É justamente o caráter da simultaneidade presente na sinergia, quando da interface das conexões, que permite a luta por meio das redes sociais. Quando constituída, a rede social pode transformar âmbitos controlados em âmbitos com tendência à autonomia, projetando o tema no âmbito social por meio de relações orientadas por diferentes valores.

Sendo a rede um âmbito complexo, a gestão desta torna-se um desafio constante. Ao envolver diferentes segmentos sociais, suscita diferentes alternativas. O respeito às diversas contribuições relacionadas às possíveis alternativas é central para as redes sociais, passando a configurar uma questão epistemológica para além das questões políticas. A ameaça de inclusão de lógicas opressoras em razão da participação de grupos com tendências ao autoritarismo pode ser diluída na dinâmica das redes por causa da visibilidade e da abertura inerentes a ela. Isso pode ser identificado quando ocorrem conflitos entre pessoas do grupo da rede social temática com grupos de interesse local.

A análise de redes sociais nos revela ainda que a setorização da atuação social por tema só ganha relevância de ação eficaz se estiver conectada a outros temas afins, formando uma rede social ampla. É o caráter mutante das redes que se evidencia nesse momento. Ao não atingir a amplitude necessária, as redes se transformam continuamente, como foi o caso da rede pesquisada, quando, a partir do ECA, surge o CT e o CMDCA, que dinamizam as ações. Tais transformações, no entanto, enfrentam barreiras locais, como foi o caso da implantação do CMDCA, que enfrentou oposição de alguns governantes locais e do CT, o qual recentemente foi objeto de conflito, pela tentativa de diminuição no salário dos conselheiros por parte de um grupo político local.

As redes sociais são construções sociais que podem fomentar a tão almejada participação social ampla, como alternativa, articulando segmentos

REDES SOCIAIS DE PROTEÇÃO INTEGRAL À CRIANÇA E AO ADOLESCENTE **203**

isolados. A perspectiva das redes sociais aponta para a quebra da lógica hierárquica, pois fomenta espaços de esperança, ao converter fluxos hierárquicos e lógicas tradicionais em lugares alternativos potenciais, como foi o caso da implantação do CT. Mesmo provindo administrativamente do governo, o CT implicou uma luta de diversos setores para sua consolidação, e, depois de constituído, objetivou muitas formas alternativas de inserção social de segmentos inseridos precariamente na sociedade. Importante notar que, embora o CT represente uma instância alternativa[2] ao até então limitado modo de atender casos de violação de direitos relativos à criança e ao adolescente, são as lutas e articulações locais dos profissionais que consolidam ou não essa transformação.

O exame da constituição e fragmentação das redes sociais é, portanto, um aprofundamento necessário na discussão sobre a sociedade brasileira, mas não pensamos que isso venha a colaborar com a formação da cidadania ou da democracia. Para nós, cidadania e democracia não devem constituir-se em *fins* ou objetivos a serem conquistados; considerar esses *meios* como *fins* implica uma inversão compatível com discursos aliciadores. Pensamos, sim, que, ao evidenciar os aspectos propostos, podemos contribuir justamente para se destituir as escoras das formas de exploração que se assentam nesse tipo de discurso.

O tipo de atitude priorizada ou mais comum a partir da rede, no que se refere ao modo como a rede se posiciona ante os atendimentos, revela aspectos da matriz em torno da qual a rede interage. Uma ação muito comum em relação à temática no município é a dos *atendimentos curativos*, ou seja, em geral os contatos são implementados por demanda surgida das tradicionais e limitadas formas de atenção dada à temática, e não com base em interações que consideram outros valores e conduzam a *atendimentos preventivos*. A rede atual não busca se adaptar com a velocidade adequada exigida pela complexidade atual. Capta apenas o que as velhas *malhas* permitem no *mar* da *des-proteção* social e não busca *águas profundas* para agir. Porém, mesmo com esses limites, observamos a existência de vínculos, ações e uniões que apontam para a superação das estruturas hierárquicas e tradicionais. Em geral, essa contratendência se efetiva em nexos construídos por profissio-

---

2 Ao caracterizar os CTs, Tôrres et al. (2006, p.111) destacam que "a tensão política está criada estruturalmente pela própria natureza do conselho".

nais que politicamente conseguem se desvencilhar dos grupos de interesses locais, ou ao menos manter posição diferenciada.

Alguns resultados obtidos apontam que o município de Presidente Prudente ainda não apresenta uma organização em redes sociais com tendência à autonomia em relação ao tema proteção integral à criança e ao adolescente. Alguns aspectos indicam a ocorrência de um retardamento na constituição de uma rede social com tendência à autonomia nessa temática. Um exemplo desses aspectos é o caso do CMDCA que, pela pobreza política[3] de parte dos representantes, e pela ausência de formação específica para atuar, ainda não se libertou da dependência dos poderes Executivo e Judiciário. Isso ocorre em outros segmentos e é necessário que seja superado.

Marques (2003) destaca que a perspectiva de análise de redes sociais foi muito pouco explorada no Brasil, embora já seja extensa a literatura internacional. Conhecer os padrões de relações socioespaciais é uma das possibilidades dessa análise, que permite a identificação das ações e tendências de ações, no âmbito das políticas públicas, além de indicar seus possíveis fomentadores. A importância de se compreender tais padrões remete ao modo como às redes sociais influenciam a vida cotidiana. "Em um sentido mais amplo, as redes estruturam a vida cotidiana. Essa compreensão do mundo social compõe uma ontologia relacional do social. Levar em conta essa forma de estruturação do social constitui um primeiro patamar de integração da análise de redes sociais à análise" (idem, p.153).

Para que esse mundo social seja compreendido é que podemos analisá-lo por meio de parcialidades integrativas como as redes sociais temáticas, como uma das formas de apreensão do espaço geográfico.

## O espaço geográfico reticulado

O espaço geográfico da rede social possui uma dinâmica que constantemente sofre variações que afetam sua organização interna e sua abrangência externa, para manter ou transformar a realidade na qual a rede está inserida. No caso da rede social pesquisada, destacam-se as variações desencadeadas

---

3 Como mostramos anteriormente, Demo (2003, p.9) propõe considerar a pobreza política: "o centro mais renitente da pobreza é seu núcleo político de exclusão social, para além da carência material".

pelo governo – notadamente, nesse caso, por ter suas estruturas utilizadas por pessoas que também podem conferir novos usos e funções aos equipamentos e normas governamentais, chegando, até mesmo, a voltar-se contra o próprio governo – realizadas ao buscar controlar e direcionar as ações, a partir de diretrizes reguladas em escalas de origem em que grupos poderosos tentam preservar seus interesses.

Essas intervenções são características de sociedades cuja tendência à acumulação e concentração das riquezas cria aparatos governamentais que, em geral, se concentram em combater algumas consequências das desigualdades e dos processos sociais excludentes, e não as matrizes da própria desigualdade e exclusão social, além de não proporcionar instâncias participativas para que busquem soluções mais eficazes.

Muitas vezes, os limites dos enfrentamentos das questões sociais estão na forma e não no conteúdo ou na estrutura e vice-versa. Essas são algumas possibilidades que este trabalho permitiu identificar quanto às formas de intervenção relativas ao tema apresentado.

A noção de espaço geográfico reticulado foi apontada por Santos (2002, p.262) como intrinsecamente ligada à ação humana. Ela nos remete prioritariamente ao caráter iminente das mudanças do período atual. A partir da pesquisa com redes sociais temáticas compreendemos como essa noção pode ser apreendida tanto a partir da historicidade da ação humana como espaço geográfico quanto a partir da espacialidade das ações humanas como períodos sociais. Tendências, potencialidades e âmbitos de transformação esbarram em vazios existenciais em que a idealização do vivido é tida como realidade. Assim, embora possam existir intencionalidades e ações de procedência lícita, o vácuo deixado pelas representações sociais, no que diz respeito ao padrão a ser alcançado, não permite eficiência em razão do alto grau de desigualdade social da sociedade brasileira.

É certo que "a existência das redes é inseparável da questão do poder" (idem, p.270), e que, de certa maneira, a integração presente na rede social temática pode ser uma forma de concentração de poder. Esse poder está presente nas formas de relação entre redes e territórios, que não são simples. Propomos que, para os territórios, o poder cumpre função com objetivos de ocupação e controle – quanto maior o controle, maior o poder ou vice-versa –, já para as redes, cumpre função de conexão e inclusão – quanto maior o grau de conexão, maior o poder.

Da rede analisada, destacamos duas formas centrais de poder. A primeira, relativa ao poder profissional individual em que o cargo e o período a que se dedica ao tema são centrais; a segunda, relativa ao poder profissional intersetorial em que a posição na rede e o âmbito profissional ao qual pertence são centrais. Podemos observar que o poder exercido nas redes sociais pode se objetivar como territórios assistidos, por exemplo, mostrando que constituir redes é conquistar espaço.

Na rede social pesquisada, o poder também se *cristaliza* de acordo com a relevância social da ocorrência, demanda, ou com as estratégias de enfrentamento das ocorrências. Um caso de estupro cometido contra criança ou adolescente, ao *chegar à rede,* potencializa ações de enfrentamento. Já as ações potencializam projetos, núcleos, cargos, setores, leis e vice-versa.

A rede social, diferentemente do lugar, não é hegemonizante ou hegemonizada – em relação a outras redes. Sua característica é de natureza diferenciada, como espaço reticulado por temas. Se uma rede fosse hegemonizada, ela não seria mais a mesma rede. A rede social temática implica sobreposição e abrangência, concomitantes a outras redes. As ações de uma rede social, como a solidariedade, podem coexistir com as ações de outra rede social, como a assistência, porém em instâncias diferenciadas, cuja pessoa instituída se insere concomitantemente. No entanto, as alterações sofridas no âmbito temático, em razão da mudanças paradigmáticas, vão gerar refuncionalizações, fracionamento, ou até a extinção da rede. A relevância temática é, então, elemento unificador, característico do espaço geográfico reticulado.

Se novos elos ou canais são incluídos na rede, ou velhos são excluídos, isso implica um movimento adaptativo da rede, que refuncionaliza, requalifica ou ainda ressignifica objetos e ações.

Quando um núcleo de assistência social muda de nome ou reforma sua estrutura de atendimento para que esteja de acordo com novas normas, trata-se de um movimento espacializado particular que readaptou um equipamento público ou privado e, consequentemente, influenciará os profissionais (*nós*) e os vínculos (*elos*) a ele relacionados.

A alta velocidade e grande quantidade de alterações de nomenclatura e funções na área da assistência social sugerem intencionalidades que vão ao encontro da adaptação às conquistas ou da readaptação ao tradicional. A ineficaz atuação da Febem desencadeou a busca por transformações para que essa fundação pudesse permanecer como possibilidade de encaminha-

REDES SOCIAIS DE PROTEÇÃO INTEGRAL À CRIANÇA E AO ADOLESCENTE   207

mento para os atendidos por profissionais da rede; agora, como Fundação Casa, ganha potencialidade de mudanças para permanecer entre as opções de atendimento. Nesse caso, podemos dizer que o tema *proteção* influenciou a mudança da nomenclatura e a forma de atendimento? Somente no futuro saberemos.

Na geografia das redes, as ações e os objetos do passado são excluídos, ativados ou refuncionalizados de acordo com o tema. A particularidade da função das ações e dos objetos na rede é que, nesta, a multifuncionalidade tem o *lócus* deliberativo nos temas sociais.

Como mostramos anteriormente, Santos (idem, p.265), analisando redes técnicas, mostra que o caráter deliberado na constituição das redes é característico do período atual, e ainda, "com os recentes progressos da ciência e da tecnologia e com as novas possibilidades abertas à informação, a montagem das redes supõe uma antevisão das funções que poderão exercer e isso tanto inclui a sua forma material, como as suas regras de gestão".

Na rede social temática, as deliberações implicam aportes vinculados aos extratos fossilizados de antigas redes ou pontos de ação social:

> O processo social está sempre deixando heranças que acabam constituindo uma condição para as novas etapas. Uma plantação, um porto, uma estrada mas também a densidade ou a distribuição da população, participam dessa categoria de prático-inerte, a prática depositada nas coisas, tornada condição para novas práticas. (idem, p.140)

Santos (idem) classificou como rugosidades "ao que fica do passado como forma, espaço construído, paisagem, o que resta do processo de supressão, acumulação superposição, com que as coisas se substituem e acumulam em todos os lugares". Pensamos que tais formações espaciais a que Santos (1985) chamou de *inércia dinâmica do espaço* conferem níveis de empoderamento aos *herdeiros* que as dominam. Heranças de aparatos jurídicos – como dos juizados do antigo código de menores[4] –, militares, políticos ou

---

4 Freitas et al. (2006, p.24) mostram como as autoridades judiciárias não somente se ocupavam em cuidar das questões judiciais, mas também em "suprir as deficiências da falta de políticas públicas adequadas. Desta forma, o juiz possuía amplos poderes e não ficava limitado apenas à aplicação da lei, mas também tinha poderes ilimitados e absolutos de intervenção sobre a criança e sua família".

filantrópicos ainda permitem acumulação de poder e interferem nas redes sociais.

Desse modo, optamos por não considerar as redes sociais como sinônimo de desenvolvimento, isentas de relações de poder, como parece apontar Schlithler (2004).[5] Considerando as heranças do passado e as deliberações do presente, percebemos que as tendências das redes sociais, em direção à autonomia ou ao controle, são também influenciadas pelo contexto da produção do espaço geográfico em diversas escalas. Nesse sentido é que é possível observarmos certa estabilidade na instabilidade das redes, considerando também suas relações com os lugares, já que "o mundo, porém, é apenas um conjunto de possibilidades, cuja efetivação depende das oportunidades oferecidas pelos lugares" (M. Santos, 2002, p.337), ou seja, embora em certo âmbito espacial ocorram variações que tendem à instabilidade, em outros, essas instabilidade formam padrões de possibilidades. Isso tanto para a produção de mercadorias quanto para a produção da assistência social. Observamos que, embora seja possível uma transformação dos atendimentos e uma revalorização da infância e da adolescência de forma plena, as oportunidades oferecidas esbarram também em limites estruturais.

É assim que os membros do CMDCA não conseguem extrapolar suas atribuições e gerar âmbitos de autonomia, no que se refere aos "outros" problemas da infância e adolescência no município. Retida nas normas e heranças do passado, a possibilidade de transformação é canalizada por vetores tradicionais. Esse limite nos parece mais ligado à pobreza política dos profissionais, que acabam esbarrando em obstáculos que poderiam ser facilmente superados, caso as formas de capacitação e participação daqueles estivessem ligadas à politicidade, mas esta como uma riqueza política que não se deixa ser usada por ditames de grupos de interesses.

Ao observarmos a Portaria nº 01/2007 de 2 de janeiro de 2007, do juiz de direito da Vara da Infância e da Juventude da Comarca de Presidente Prudente, notamos a citação de artigos do ECA para o *importante* estabelecimento de normas e atribuições relativas ao "ingresso de *menores* em espetá-

---

5 Apoiado pela Fundação Inter-Americana, um órgão independente do governo dos Estados Unidos da América, o trabalho de Schlithler (idem, p.19) considera as redes sociais como "um tipo novo de organização, diferente das entidades e dos movimentos sociais. Criadas para mobilizar e desencadear ações conjuntas com objetivo de provocar transformações na sociedade".

culos e divertimentos públicos em geral" (grifo nosso). Destacamos que as normas contidas nessa portaria, com detalhes específicos quanto aos locais a serem frequentados por crianças e adolescentes, mostram grande interesse da Justiça em aspectos dos direitos que regulamentam as atividades existentes e não em aspectos que efetivem os direitos relativos a "informação, cultura, lazer, esportes, diversões, espetáculos e produtos e serviços que respeitem sua condição peculiar de pessoa em desenvolvimento" (Brasil, ECA, 2005, p.22). Embora os direitos impliquem oferta de áreas, equipamentos, serviços, acesso, entre outros, é o estabelecimento de regras para os eventos existentes que ganha centralidade. Não obstante as competências da Justiça, a forma parcial da atuação da autoridade judicial em relação ao ECA não implica ampla atuação na efetivação dos direitos. Segundo nossa tese, é necessário atentar para a diferença entre utilizar as leis como um livro de consultas para atender determinados interesses, ou como *pré-projetos* a serem realmente executados e reavaliados constantemente. Essa forma de proceder implica considerar as particularidades da produção do espaço geográfico em diversos aspectos, como aqueles que se referem às redes sociais.

## As possibilidades de ação e de conhecimento a partir do espaço geográfico reticulado

Como relações espaciais, a dinâmica das redes implica graus de reciprocidade. A reciprocidade é indispensável ao modo de organização da rede social. Não estamos tratando de uma reciprocidade de enfoque individual em que a privacidade é central, mas sim social, em que o tema é que norteia as interações. Baixo, médio ou alto, o grau de reciprocidade indica que existem canais ou vetores abertos de forma bipolar, possibilitando conexões espacializadas. Porém, o alto grau de reciprocidade na rede social temática não significa necessariamente que estejam ocorrendo intensas transformações em direção aos objetivos do tema. Pode ser que antigas conexões apresentem alto grau de reciprocidade, mas que as possibilidades de transformações estejam fossilizadas na rotina e nos costumes, ainda mais quando estamos tratando de relações sociais que ocorrem em meio a hierarquias. Como mostramos em relação aos laços fracos, Granovetter (1973) já destacava que os laços sociais fortes podem fazer que questões pessoais se sobreponham a questões de eficiência, podendo tornar a possibilidade de inovação cada vez menor.

As conexões da rede social revelam, então, a amplitude da rede, enquanto o grau de reciprocidade aponta para a intensidade das relações e para as possibilidades de mudanças para atingir os objetivos contidos no tema.

Nas redes sociais temáticas, os agentes conectados possuem atributos que os situam e os mantêm em determinada posição. Perfil político, amizade, profissão, cargo ou função, tempo de serviço e aptidão para trabalhos coletivos ou participativos são qualidades que o sujeito vincula na rede e que ganham diferentes proporções, de acordo com as combinações que configuram.

De certo modo, o caráter deliberado das redes ao qual se refere Santos (2002, p.264) pode ser também identificado nas redes sociais temáticas, quando estas impõem mudanças socioespaciais de forma mais acelerada que outras formas de organização social, porque a própria constituição como rede implica predisposição a mudanças. Porém, mesmo a organização em rede pode cumprir funções conservadoras quando a rede é tolhida por outras instâncias. A influência política partidária na rede pesquisada padroniza algumas deliberações de instâncias participativas, como no caso do CMDCA, que apresenta laços de dependência à SMAS, sendo esta coordenada por representante da direção política vencedora das últimas eleições no município de Presidente Prudente.

Por que a organização em rede encontra tanto apoio nas iniciativas privada e pública? Embora não cheguemos a resolver a questão, identificamos algumas aproximações.

*Parceria* é o termo ou palavra-chave que envolve os interesses ao redor da organização em rede, permitindo correlacionar o que dificilmente se relacionaria em patamares das desigualdades sociais, como ocorre constantemente com fundações e empresas que financiam projetos sociais. Parceiros na atuação pontual, mas distantes socialmente. Uma ampla e profunda análise das intencionalidades das parcerias se faz necessária para conhecer os reais motivos que os diferentes agentes possuem.

No âmbito da assistência social, é comum se pensar em organização intencional de redes sociais como uma *prótese social* que substitui as carências que, em geral, surgem nas redes espontâneas; além disso, muitas vezes, se procura estabelecer igualdade social com hora e local marcados. O saber

REDES SOCIAIS DE PROTEÇÃO INTEGRAL À CRIANÇA E AO ADOLESCENTE **211**

contido na organização em rede não a torna imune às tendências do mercado. Porém, ainda perguntamos: até que ponto se podem controlar os desígnios da rede, se algum parceiro a usa para interesse próprio? Se a rede é tão vulnerável a ações externas, isso possibilitaria direcioná-la também para objetivos sociais importantes.

A organização em rede permite várias formas de inserção aos participantes em razão dos objetivos temáticos. Mesmo quando tais objetivos não compareçam claramente no tema da rede, eles estão no cerne das deliberações. É preciso identificá-los.

Os setores da sociedade, e em especial o da assistência social, são objetos de constante avaliação, tanto científica quanto do senso comum. As redes sociais surgem como opção inovadora que permite refuncionalizar antigas normas de intervenção social e dar credibilidade aos projetos e pessoas nelas inseridos. Paralelamente, as redes sociais encerram espaços potenciais de transformações que podem ser articulados por diferentes grupos de interesses, inserindo ora direta, ora indiretamente representantes em sua constituição. Esses espaços potenciais são âmbitos de poder, dos quais também surgem deliberações transformadoras e alternativas. As empresas privadas, em sintonia com a estratégia neoliberal,[6] vislumbram essa potencialidade e tentam ocupar ao máximo esses âmbitos, por meio de recursos e representantes. Têm-se, assim, interesses estratégicos de ocupação de espaços de transformação, juntamente com a busca de retorno simbólico em razão do patrocínio. Ocupar esses espaços potenciais pode ser estratégico também para inibir iniciativas ou controlá-las.

As resistências são comuns na expansão das redes. Em Presidente Prudente, chegou-se ao ponto de um confronto entre duas iniciativas de implantação de rede. Ao realizar o primeiro fórum no município em 2006, os representantes da Rede Social São Paulo propunham a criação de uma rede social de proteção à criança e ao adolescente com nomenclatura e propostas específicas, o que foi prontamente recusado por representantes da Rede Criança Prudente que participavam do evento. Os encaminhamentos

---

6 Para Montaño (2003, p.225), uma forma de retirar do Estado as conquistas trabalhistas sem criar um processo de convulsão social implicava também "legitimar o esvaziamento dos *direitos sociais* e particularmente o recorte das *políticas sociais*", para tanto "fomenta-se, a partir de parcerias, o crescimento (e a imagem de 'passagem compensatória') da atividade do chamado "terceiro setor", essa miscelânea de indivíduos, empresas, ONG's" (grifos do autor).

foram, então, no sentido de parceria entre ambas e não de sobreposição ou descaracterização que incluía a mudança da nomenclatura local.

Observamos nesta pesquisa uma importante diferença na formação e gênese das redes sociais quanto ao ímpeto participativo de seus membros. Podemos separar esse ímpeto em duas tendências: a primeira, como uma *vontade* de participar da rede social gerada a partir da participação social (na esfera pública) em subtemas ligados ao tema principal da rede, que em um segundo momento pode levar a ligação direta com a rede, caso da rede social temática; a segunda, como uma *vontade* de participar constituída por projetos direcionados, talvez mais ligados à carreira profissional e interesses externos, cuja implantação não implicou experiências significativas em relação à função da rede e também em relação à necessidade de união e articulação, caso da Rede Criança Prudente e da Rede Social São Paulo. No entanto, mesmo na rede social temática é possível encontrar restrições quanto à motivação que culminou com a *vontade* de participação.

A Rede Social São Paulo é patrocinada diretamente por diversas empresas brasileiras, algumas por meio de suas respectivas fundações, e várias fazem parte do comitê gestor de tal rede juntamente com a Secretaria Estadual de Assistência e Desenvolvimento Social (SP).

Não retomaremos as críticas direcionadas aos riscos relativos à permeabilidade do Estado ante o mercado, feitas por Marques (2003) e Montaño (2003), e sim vislumbraremos apenas parte do interesse estratégico que pode estar associado à organização em rede.

Diante dos diversos tipos de interesses, que podem estar na formação das redes sociais, podemos considerar que organizar em rede implica um movimento de conexão que tanto pode ser impulsionado externamente quanto pode surgir a partir de necessidades internas aos âmbitos que o tema abrange.

É possível que as redes sociais temáticas impliquem uma postura dos membros cuja vontade surgiu na participação, assim, implicam um resultado de nível superior, no sentido de auto-organizar.

Essas atribuições do espaço geográfico trazem à tona quatro formas de abordagem que podem contribuir na compreensão da realidade social, por meio da geografia das redes: a estabilidade na instabilidade; o elo entre escalas; o elo entre setores; as formas plurais.

A primeira forma de abordagem, a *estabilidade na instabilidade*, implica considerarmos um componente da dinâmica conectiva, que ativa locais da rede ou ocupa novos locais de forma fluída. De acordo com o tema e os casos surgidos na rede, ela se movimenta e ativa áreas, *pontos* ou *linhas* de contato. Dessa forma, a rede se movimenta ativando com maior ou menor intensidade suas partes ou suas áreas de influência.

É a escala geográfica que nos permite diferenciar e delimitar a rede social temática, pois, em se tratando de âmbitos do espaço geográfico, a escala geográfica permite estabelecer correlações importantes, como no caso do conceito de região:

> Assim, por exemplo, se afirmarmos que há uma escala regional, não podemos defini-la simplesmente pela delimitação física, cartográfica, de um espaço passível de ser matematicamente medido. Para diferenciarmos a interpretação geográfica da simples descrição cartográfica, devemos conceber um "conteúdo", um caráter minimamente conceitual (e não puramente descritivo) a esta escala – inserir, como veremos adiante, o caráter da dinâmica (política, econômica, cultural) que a região envolve, o que exclui a definição de limites estanques para a escala regional e nos obriga a entender sua interação com outras escalas. (Haesbaert, 2002, p.104)

Guardadas as especificidades do conceito de região, no que diz respeito à constituição e delimitação das regiões, podemos pensar a rede social temática como uma forma particular de comunicação ente escalas, que também está presente, embora de outras formas, em conceitos geográficos como território e lugar. Nesta pesquisa, consideramos três aspectos centrais na delimitação do campo de análise como escala de abrangência da rede social temática: a) *o tema*, que circunscreve os grupos sociais e os locais inseridos na escala, além de implicar influência de matrizes de diversas escalas; b) *a dimensão política específica do município*, que circunscreve saberes particulares, pois grande parte dos profissionais, dos projetos, dos núcleos e das entidades sofrem influência dessa característica local; c) *o dinamismo da historicidade do espaço geográfico*, que possibilita reconhecer que a dinâmica espaçotemporal não assegura recortes fixos ou fixados, mas flutuações espaciais analisáveis.

Desse modo, embora consigamos delimitar esses âmbitos de análise, o aspecto relacional entre espaço e tempo, ao qual se referiu Haesbaert (idem, ibidem), nos obriga a deixar em aberto espaços e tempos de potencial ocupação das redes sociais temáticas, ou seja, essa característica pode conferir novos significados e tendências para as redes e, até mesmo, permitir identificar no futuro elementos, processos e outras particularidades não compreendidas quando da pesquisa atual.

Retomando as quatro formas de abordagem, na segunda forma, do *elo entre escalas,* as redes possuem uma identidade global. Não necessitam de intermediações para se tornarem globais. O global está potencializado em todas as redes de forma mais ou menos evidente, pois a essência da rede são as correlações das formas estruturais. As escalas são transpostas com maior facilidade em razão da menor carga burocrática implicada não na execução das atribuições dos agentes, mas na formação e manutenção da rede.

A terceira forma, o *elo setorial*, implica que a burocracia que envolve os diversos setores da sociedade é de grande monta no Brasil. Nem sempre as articulações são bem aceitas, ainda mais quando estas esbarram em perda de poder ou acréscimo de trabalho aos seus participantes, apesar dos benefícios alcançados, como a otimização dos atendimentos.

As redes suplantam os limites, embora com certas dificuldades. Em geral, são as necessidades que abrem as portas para conexões. A partir do momento que um hospital necessita do apoio da assistência social, ele também deverá responder aos *apelos* desta. No caso das redes sociais, os canais abertos implicam bipolaridade, potencial ou efetiva, dos profissionais envolvidos.

Observe-se, assim, que a geografia das redes sociais apresenta muitos elementos de união. Metodologicamente, o ímpeto é de união, e consiste, mesmo por meio de análise, uma forma utópica de busca, pois, mesmo desmembrando os elementos, se assenta especialmente sobre formas de união. Porém, distanciando-se da questão metodológica, nem sempre união implica enfrentamento eficiente das questões sociais.

A quarta e última forma, as *formas plurais*, não encerram uma superposição de funções em determinada área, mas as diversas configurações que os objetos e ações sociais apresentam a partir de certo âmbito de mediação social, que nesse caso pode ser a rede social.

Os movimentos contra-hegemônicos esbarram também nas fragmentações causadas pelos movimentos hegemônicos. As redes podem reunir elementos dispersos; no entanto, as formas *redes* também são usadas hegemonicamente para desestabilizar, dividir e dominar, como em diversas redes técnicas.

O ímpeto de união ou de divisão de uma abordagem está na atitude. Nas redes sociais temáticas é possível uma grande maioria de atitudes de união ante o risco de colapso contido nas formas desiguais de reprodução humana. Para Boaventura de Souza Santos (2006, p.85), "a comunicação e a cumplicidade epistemológica assenta na ideia de que não há só uma forma de conhecimento, mas várias, e de que é preciso optar pela que favorece a criação de imagens desestabilizadoras e de atitudes de inconformismo perante elas". Consideramos que os saberes contidos na análise das redes sociais temáticas podem evidenciar imagens desestabilizadoras, como aquelas que simbolizam a realidade excludente de muitas redes intencionalmente constituídas, ou gerar atitudes de inconformismo perante tais imagens, como ocorre a partir do momento em que são expostas as formas de coação internas ou externas.

Além de dominarem as redes técnicas, os segmentos do capital parecem querer dominar as redes sociais para assim também dominarem um âmbito de gestação de saberes que pode conduzir a transformações profundas. O modo de organização em rede pode ser valorizado como um espaço potencial de transformações importantes, e seu controle já é objeto de disputa.

Seria a geografia das redes uma forma de conhecimento e emancipação, dentro do paradigma da modernidade ocidental? A resposta é afirmativa se o procedimento científico que envolve a questão não caracterizar um *manual de desenvolvimento social* e sim um procedimento que, mesmo não sendo neutro, consiga explicar as tendências que as redes podem apresentar em vários níveis e setores. O risco dos *livros de receitas* que propõem organização em rede é o menosprezo da dinâmica espacial, considerando a autonomia como a realização plena das vontades dos organizadores.

Há nas redes algo mais que extrapola a solidariedade mecânica. Existe, sim, uma solidariedade autêntica que é cultivada quando as barreiras do controle hegemônico são expostas por meio da visibilidade das intenções e das experiências libertadoras.

Na formação das redes sociais, como sinônimo de *desenvolvimento social*, o capital, ou os grupos de interesses, deixa seu *rosto* como imagem símbolo da solidariedade. Esse comércio da solidariedade acaba por fragilizar a ética característica desse tipo de organização.

Para além desses limites, a forma rede de intervenção social encontra uma chave para fugir dos entraves da manipulação, a partir da leitura reflexiva das circunstâncias que fomentaram a rede. Em geral, a manipulação ocorre onde a potencialidade de rede com tendência à autonomia já está colocada. O resultado muitas vezes é que especuladores descobrem essas potencialidades e esses *paraísos de investimento social* e os tornam adequados aos interesses do mercado.

Uma outra forma de manipulação que pode ser identificada na organização em rede é relativa ao protagonismo. Em geral, os dominantes fogem do protagonismo de um passado em que as bases e a evolução das desigualdades sociais foram estabelecidas; apresentam, assim, uma espécie de ingerência da gênese dos problemas. Mas buscam freneticamente – até mesmo por meio da participação em redes sociais – aparecer como protagonistas do presente, enquanto momento de progresso, gerenciando a solução da crise. Isso explica em parte a fugacidade de um passado de exploração em um dos principais representantes da manutenção da tradição, por meio da *modernização*, da mídia e suas formas altamente descartáveis ou descartadas de escrever o passado, o presente e o futuro, segundo interesses econômicos socializados.

Assim, concluímos que a reconstrução da sociabilidade passa pela reescrita do social a partir da exposição e da desestabilização dos saberes excludentes espacializados.

# Conclusão

Esta pesquisa desenvolveu-se no âmbito de questões polêmicas, como as relativas às efetivas contribuições da assistência social no enfrentamento das desigualdades sociais, com as quais procuramos contribuir. Confrontamos as abordagens que defendem a assistência social como um tipo de enfrentamento que pode produzir alternativas capazes de gerar equidade e ajudar a evitar processos sociais excludentes, em geral ligadas ao serviço social, com os resultados da pesquisa relacionados à lentidão, à ineficácia e à baixa abrangência da assistência social. Nossa conclusão é que seus limites levam a considerar ações assistenciais menos como enfrentamento das desigualdades sociais e mais como uma forma de acirramento dessas desigualdades.

No contexto das políticas públicas de assistência social, identificamos a ocorrência de relações nem sempre esperadas, como conexões fortes entre profissionais de setores que não são parceiros formalizados.

A rede social pesquisada neste trabalho apresentou características que nos permitiram compreender parte do processo de constituição e manutenção do grupo social formado por profissionais ligados ao tema da proteção integral à criança e ao adolescente. No grupo pesquisado, composto por profissionais ligados ao tema, muitos pensam contribuir com a proteção integral de crianças e adolescentes no município de Presidente Prudente (SP).

Foi possível compreender aspectos importantes da rede social, a partir do objeto redes sociais temáticas. Para tanto, lançamos mão da Análise de Redes Sociais e da Teoria das Representações Sociais da psicologia social, articuladas no âmbito da abordagem geográfica. A rede social temática pôde ser apreendida em três níveis: objetivo, no qual os contatos e as relações interpessoais foram apresentadas, a partir da rede social; subjetivo, em que as representações sociais produzidas constituíram saberes, ou indicaram a potencialidade de contrassaberes; interativo, no qual os níveis objetivo e subjetivo foram relacionados, a partir da particularidade do tema espacializado.

Pesquisamos o objeto deste trabalho a partir de cinco enfoques: o primeiro tratou da constituição do tema, seus objetivos e seu efetivo resultado e abrangência, observados nas ações consideradas de proteção integral à criança e ao adolescente; o segundo buscou se aproximar de aspectos da ontologia da infância e de aspectos da adolescência, como fases orientadas para o futuro; o terceiro se deteve nas formas de sobrevalorização, desvalorização ou eliminação de saberes; o quarto tratou das teorias do senso comum existentes nas representações sociais dos profissionais pesquisados; e o quinto se deteve na forma como a organização em redes sociais se reproduz, como espaço geográfico reticulado.

A partir do *primeiro enfoque,* concluímos que o *escudo* da proteção integral à criança e ao adolescente no município está, em grande parte, voltado contra aqueles que parece proteger. As políticas públicas de proteção integral à criança e ao adolescente destinam-se, muitas vezes, a proteger a sociedade da ameaça que crianças e adolescentes empobrecidos podem se tornar. Em geral, se constrói uma estrutura em torno dos direitos da criança e do adolescente, porém, essa estrutura imponente é ostentada pela mídia, mas ainda não parece cumprir a função que aparenta ter, com algumas exceções.

Fundamentamos tal conclusão nas seguintes constatações: 1) o *aparato* identificado em torno da proteção à criança e ao adolescente não garante proteção integral; 2) em alguns casos, sequer trata-se de uma forma de proteção, embora isso não se refira a uma opção da rede social como um todo, e sim ao modo como são propostas e estabelecidas as políticas públicas; 3) a grande influência de procedimentos e utilização de profissionais do setor de justiça revela a permanência de resquícios de um passado repleto de concepções nada acolhedoras e de atendimentos precários a crianças e adolescentes empobrecidos, que não os considera como sujeitos; 4) a rotina da execução de projetos sociais, por sua vez, revela que não são efetivamente realizados, ou que, quando se realizam, não levam em conta, adequadamente, as avaliações de resultados quanto ao desempenho que alcançam;

5) a base empírica e discursiva que remete ao que parece ser o objetivo central em relação às ações de proteção integral à criança e ao adolescente se revela comprometida com grupos de interesse, pois apresenta limites *tangíveis* ao se deter nas formas de inserir o *filho do pobre* no mercado de trabalho, em geral, deixando-o distante de inserções que possibilitem mais opções de realização pessoal e profissional, como o acesso à formação universitária. As medidas socioeducativas apresentadas no Capítulo 1, por exemplo, priorizam o caráter pessoal da infração cometida por crianças e adolescentes que, geralmente, residem em áreas em que os efeitos perversos das desigualdades sociais e dos processos sociais excludentes são características marcantes, deixando o caráter social da infração encoberto.

A partir desse enfoque, problematizamos a coerência dessa forma de agir. Protegendo a sociedade não se estaria protegendo também a criança e o adolescente passível de cometer infrações, independente da culpabilização pessoal? Nossos resultados apontam para uma resposta negativa, pois, na sociedade brasileira, embora existam muitas leis igualitárias, grande parte não é aplicada ou oscila de acordo com o poder posicional e econômico dos interessados em aplicá-las, ou efetivá-las.

Assim, chegamos a nossa primeira proposta, que se refere à necessidade de se modificar as justificativas com base nas quais os responsáveis pela elaboração, implantação e execução de políticas públicas criam boas razões para agir, passando da alegação *"para que eles não* [...] fiquem nas ruas, cometam crimes, virem bandidos"* para outra: *"para que eles sim* [...] conquistem o acesso aos equipamentos e serviços e posição, superando os limites em torno da situação socioeconômica que enfrentam". A própria forma de convencimento que se utiliza na primeira justificativa baseia-se na concepção da criança e do adolescente como ameaças.

Ainda a partir desse primeiro enfoque, podemos concluir que o espaço geográfico pode ser analisado por meio dos padrões de unidades ocorridos na dispersão, como é o caso do padrão de unidade contido na rede social temática, mas que está disperso em diversos setores que aparentemente não teriam muitos elementos de ligação e de correlação. A proteção integral pôde ser analisada como tema territorializado, no qual representações sociais e espacialidades caracterizam a formação das redes sociais.

A partir do segundo enfoque, tratamos da infância e da adolescência como *fases do protótipo do ser social*. Concluímos que os saberes relativos à fase infantil representam-na como fases inferiores, o que justificaria a descaracterização da criança e também do adolescente como sujeitos sociais.

Observamos que a orientação para o futuro acaba por descaracterizar a infância e a adolescência de várias maneiras. A ausência de vivência própria da infância e da adolescência, em razão do cerceamento imposto por adultos, pode levar a uma limitação do viver em sociedade. Os projetos para crianças e adolescentes centram-se nas condições e nos objetivos econômicos e não nas particularidades das respectivas fases. Representações, ações e objetos sociais que apresentam perspectivas da criança e do adolescente, apenas em comparação com o adulto, ainda são identificados. A perspectiva futurista de *ser em desenvolvimento* cria um universo de ausências na infância e na adolescência.

Ao conferir valor aos saberes próprios das fases infantil e adolescente não estaríamos correndo o risco de incentivar certo caos? O contexto de vivência e os saberes dos grupos, minorias e demais segmentos populacionais, precisam ser respeitados para que ocorra sociabilidade. Não são poucos os exemplos que mostram que a eliminação de saberes está na gênese da forma de dominação que precede conflitos caóticos e muitas vezes infindáveis.

Nossa segunda proposta se refere à necessidade de mudar a perspectiva de direcionamento de projetos e programas. Em vez de eleger a criança e o adolescente como destinatários de programas e projetos, ainda mais quando se priorizam apenas crianças e adolescentes empobrecidos como destinatários das políticas públicas, priorizar as fases infantil e adolescente.

A concepção das fases infantil e adolescente, como âmbitos de ausências ou de presenças desencaixadas, pode contribuir para compreendermos como os saberes considerados *superiores* (nesse caso, o saber da fase adulta) não permitem que outros saberes considerados *inferiores* (nesse caso, o saber das fases da infância e da adolescência) contribuam na produção do espaço geográfico como sujeitos, e sim como sujeitados. Concluímos que a ausência de vivência plena da fase infantil e adolescente pode gerar uma fase adulta menos crítica e mais omissa quanto ao enfrentamento das desigualdades sociais.

A partir do terceiro enfoque, concluímos que as ignorâncias podem ser apreendidas também como saberes que foram modificados por outros saberes dominantes, como formas de conhecimento que alimentam omissões. Desse modo, uma das formas de gerar riqueza política pode ser transformar

REDES SOCIAIS DE PROTEÇÃO INTEGRAL À CRIANÇA E AO ADOLESCENTE   **221**

certas certezas (.) em questões (?), por exemplo, questionando afirmações como esta: *a criança e o adolescente são protegidos nesta sociedade!*

Algumas formas de controle revelam sobrevalorização, desvalorização ou eliminação de saberes, e muitas construções teóricas são utilizadas para sustentar sistemas excludentes. As fragmentações ocorridas na sociedade atual não podem ser enfrentadas a partir de generalizações que, quando impostas, não dão conta da complexidade das questões sociais. As representações sociais, como aquelas identificadas no grupo pesquisado, apresentam muitos elementos que indicam a presença de conflito entre saberes. O processo comunicativo é transformado em meio de manipulação, quando os saberes são descontextualizados e usados como parâmetros de referência dos grupos de interesses.

Questionar os modos de valorização dos saberes não configura uma forma de lançar dúvida especulativa sobre saberes que realmente trazem benefícios à busca de equidade? Só se pode manter a possibilidade de resolução dos *problemas* se as *soluções* também forem refletidas, como possível problema, ou seja, questionar se elas não produzirão novo problema social. É necessário valorizar e promover o debate sobre os conhecimentos envolvidos nos temas, se possível, até mesmo, lutar para desarticular temas antes de simplesmente incorporá-los.

Nossa terceira proposta está relacionada com a capacidade de estabelecer correlações entre as formas de uso dos saberes, pois identificar as possibilidades de espacializações contidas nas formas de sobrevalorização, desvalorização ou eliminação de saberes é vislumbrar a raiz do entendimento de processos no espaço geográfico, como territorializações, hegemonização de lugares, refuncionalizações produtivas regionais e prismas das paisagens.

A partir do quarto enfoque, chegamos às teorias do senso comum contidas nas representações sociais que permitem pensarmos em saberes como âmbitos influenciados e influenciáveis. A matriz temática é produzida por (e produz) representações sociais e essa inter-relação confere particularidade à produção do espaço geográfico.

Nesta pesquisa, concluímos que as representações sociais permitem compreendermos aspectos das mudanças socioespaciais. O tema da proteção integral à criança e ao adolescente diz respeito a um saber espacializado, no qual os núcleos e as ações assistenciais são objetivados. Os equipamentos sociais de assistência e suas funções são estabelecidos e readequados de acordo com as novas configurações desse tema. Muitas deliberações relativas à proteção à criança e ao adolescente apresentam relações com as representações sociais produzidas.

Como a compreensão da função das representações sociais no espaço geográfico ajuda no enfrentamento das questões sociais? Ela permite apreender aspectos da dinâmica da reprodução espacial, favorecendo a elaboração de parâmetros para as avaliações e reflexões sobre a eficiência e a eficácia das políticas públicas. Assim, chegamos a nossa quarta proposta, de que as políticas públicas devem considerar as representações sociais dos beneficiários, executores e elaboradores no contexto social como um todo, caso se queira escapar das artimanhas dos processos sociais excludentes, pois nem sempre o que é representado como prioridade para uns o é para outros. Esse procedimento permite, até mesmo, dar visibilidade à não existência de neutralidade nas diversas fases das políticas públicas. Os saberes e seus defensores sempre estarão sujeitos à crítica.

A espacialização das subjetividades e a subjetividade das espacializações não podem ser diretamente apreendidas, mas a existência de inter-relações pode ser observada ao se correlacionar representações sociais com espacialidades de temas específicos.

A partir do quinto e último enfoque, foi possível concluirmos que as redes sociais são fenômenos de *auto-organização* que guardam potencialidades de superação e de formulação de alternativas, ao permitir a circulação de informações em diferentes sentidos, proporcionando uma reciprocidade que pode ultrapassar o controle do contexto. As redes sociais ocorrem segundo temas espacializados constituídos material e subjetivamente, como forma específica de espaço.

Pudemos compreender essas relações observando a dinâmica das redes sociais. É o tema que confere sentido à rede social, sem ele não haveria boas razões para os profissionais envolvidos agirem. As redes sociais permitem a visibilidade de ações contrárias aos objetivos do tema e, assim, a influência do tema pode ser observada. O tema prevalece ao se impor, como modelo central, ou ao expulsar elementos estranhos à rede social. Equipamentos públicos são utilizados e redefinidos pelas redes sociais a partir do tema. Redes sociais são autógenas e, mesmo quando impulsionadas externamente, só se mantêm como rede social se houver elementos subjetivos e objetivos que permitam que a reprodução das diretrizes temáticas não seja afetada ao ponto de suprimir a sinergia e a função, constituintes da rede.

As redes sociais não seriam pseudofenômenos inventados pelos pesquisadores? Não! Elas estão objetivadas, como precisa e observável forma de relação socioespacial, e podem ser percebidas pelos sentidos ou pela consciência. Desse modo, sugerimos a análise de redes sociais temáticas sempre que se buscar compreender aspectos da complexidade atual e as potencialidades de transformação socioespacial, por meio de experiências e representações sociais contidas nos grupos sociais (quinta proposta).

A análise das redes sociais permite a apreensão de uma característica geográfica importante: os *contornos* da *fluidez* dinâmica da organização em redes, possibilitando identificar padrões, nos quais reciprocidade, escala e tema delimitam as fronteiras e também os campos de análise. Como ultrapassar barreiras atuais criadas por formas hierárquicas burocráticas e controladas de relações? As redes sociais surgidas nesses ambientes podem estar entre as respostas.

Assim evidenciamos nossa opção por propostas que vão ao encontro da desconstrução, tanto da certeza em torno da forma de transformação social quanto da certeza em torno dos saberes propostos por discursos considerados de maior competência.

Concluímos que ocorrem muitas ações consideradas como de *proteção* à criança e ao adolescente no município, mas que o que se concebe como proteção integral encerra reducionismos que não permitem o que em geral é divulgado, como realização estabelecida, ou pretendida, pela assistência social, ou seja, atender e criar possibilidades para tornar os assistidos sujeitos de direito.

Ante os tipos de processos sociais excludentes presentes nas organizações sociais atuais e a dificuldade de se combatê-los, resta a grande questão: qual é a artimanha que consegue transformar as tendências à participação e à equidade, conquistadas por meio de lutas sociais, em entraves que parecem formar barreiras sociais contra a superação das desigualdades sociais? É necessário conhecer os saberes espacializados para compreender a redefinição dos sentidos e significados. Se nessas redefinições as forças podem efetivar-se como fraquezas, as conquistas, como derrotas, e as soluções, como problemas, e vice-versa, compreendê-las é algo imprescindível.

Se as instâncias de caráter participativo forem impulsionadas a se estabelecerem efetivamente como instâncias participativas que ultrapassem os limites políticos e econômicos, a chance de mudar o quadro de omissões, quanto ao enfrentamento das causas das desigualdades sociais, começará a ganhar forças.

Em Presidente Prudente (SP), constatamos a existência de uma rede de assistência à criança e ao adolescente, caracterizada como hierárquica, burocrática e formal, representada como rede de proteção integral pelos profissionais que a integram. Contudo, identificamos outras relações entre esses profissionais que rompem tais características, constituindo uma rede social temática. A forma como, em geral, se representa a proteção, somada ao impacto da contingência na qual está inserida, faz que a rede não atinja a autonomia, mas que tenha potencialidade de autonomia, emergente ou não.

A rede social pesquisada se estabelece a partir de aspectos profissionais, mas também a partir da qualidade política das relações entre esses profissionais. Se nos perguntarem se é possível intervir para conferir autonomia à rede social, podemos afirmar que uma importante forma de intervir seria evitar a intervenção de grupos de interesses, porque constatamos que tais grupos retocam e reeditam conquistas sociais segundo motivações não direcionadas à equidade social.

Também constatamos que não são as ações assistenciais que motivam a união em rede social, mas a visibilidade propiciada a partir da propagação do tema. Em seguida, a busca por conexões para resolver questões sociais torna-se mais comum e, de certa maneira, exigida.

Com base em tais constatações, chegamos a duas conclusões: 1) por não se caracterizar por fechamento, as redes sociais temáticas possuem potencialidade de transitar por várias escalas, a partir das características do tema; 2) as redes sociais temáticas são caracteristicamente geográficas e permitem compreender um evento no qual a objetivação das representações sociais, como espaço geográfico, agrega pessoas por temas espacializados, segundo a historicidade implícita. Desse modo, temos a rede social como âmbito do espaço geográfico em que há reconstituição constante. As redes sociais não constituem uma alternativa, mas um modo de *caminhar juntos* que pode vir a se tornar âmbito de geração de alternativa. No caso dos profissionais pesquisados, notamos que esse *caminhar juntos* ocorre em alguns tipos de relações, sempre sob influências contingentes, tal como as advindas do particular modo de atuação do serviço social.

Elemento central na rede social pesquisada, o serviço social parece conceber a pobreza como ausência de direitos. Isso faz que o modo de intervenção seja o da atuação dos profissionais para atingir esses direitos. Em geral, saberes e práticas como essas permeiam o universo pesquisado. Como mostramos neste trabalho, vários são os saberes a ser considerados. Não se pode, atualmente, continuar a legitimar saberes que fragmentam ainda mais as questões sociais.

Estamos diante de um modo de entender as relações socioespaciais, a partir das relações em rede, mesmo entre pessoas de âmbitos altamente controlados. Mostramos que, mesmo nesses âmbitos, é possível ocorrer formas diferenciadas de enfrentamento das questões sociais, em que se pode notar a superação dos limites impostos. Se assim não o fosse, muitas contribuições criteriosas não teriam ocorrido, exemplo disso é o período da ditadura no Brasil, no qual, mesmo sob forte controle, surgiram diversas formas de enfrentamento a partir da união de esforços contidos em movimentos com temas ou motivações aparentemente distantes.

Essa ênfase nas potencialidades contidas nos interstícios dos âmbitos controlados permite escaparmos do conformismo que acaba por constituir um entrave ao não identificar outros tipos de possibilidades de superação, ou de construção de condições para tal, na sociedade atual, que não sejam os já consagrados e significantes movimentos sociais. No caso estudado, as possibilidades também estão no caráter mediador dos profissionais da rede social, não necessariamente no sentido proposto pelo serviço social, mas na mediação entre o mundo real e o mundo ideal, desconstruindo certezas.

Deixamos aberta uma questão, cuja resposta apenas introduzimos: a capacidade de produzir espaços alternativos se estabelece a partir de que tipo de relações sociais?

Propomos uma educação social em que as pessoas, além de compreenderem os valores da equidade, da participação, da ética, entre outros, se insiram em instâncias participativas direcionadas ao estabelecimento da equidade social. É preciso rever relações sociais que produzem desigualdades sociais por meio de âmbitos nos quais ocorra visibilidade dos processos envolvidos, sob risco de maior corrosão e obscurecimento das instâncias participativas.

Enfim, pensamos em espaços objetivados e espaços subjetivados como processos característicos das redes sociais, os quais, ao serem relacionados aos sistemas de objetos e sistemas de ações, contribuem para identificar a particularidade da reprodução do espaço geográfico como redes sociais temáticas. Conhecer a constituição do objeto e do sujeito como movimentos concomitantes e simultâneos do espaço geográfico permite compreender o movimento que transmuta espaços representados em espaços vividos e vice-versa, e assim possibilita a identificação de contrassaberes, que convertam espaços humanos em espaços humanizantes, já que identificar a distância entre o representado e o vivido parece ser central para a compreensão do mundo atual.

# Referências bibliográficas

ABREU, D. S. *Formação histórica de uma cidade pioneira paulista*: Presidente Prudente. FFCL Presidente Prudente: [s. n.], 1972.

ABRIC, J.-C. O estudo experimental das representações sociais. In: JODELET, D. (Org.) *As representações sociais*. Trad. Lílian Ulup. Rio de Janeiro: Eduerj, 2001.

AGUIAR, S. *Redes sociais e tecnologias digitais de informação e comunicação*. Relatório final de pesquisa 2006. Disponível em: <http://www.nupef.org.br/pub_redessociais.htm>. Acesso em: 27 ago. 2007.

ALTHUSSER L. A ideologia e os aparelhos ideológicos de Estado (notas para uma investigação). In: ZIZEK, S. (Org.) *Um mapa da ideologia*. Rio de Janeiro: Contraponto, 1996. p.105-42.

ALVEZ-MAZZOTTI, A. J. Representações sociais e educação: a qualidade da pesquisa como meta política. In: OLIVEIRA D. J.; CAMPOS. P. H. F. *Representações sociais – uma teoria sem fronteiras*. Rio de Janeiro: Museu da República, 2005. p.141-50. (Col. Memória Social).

ARANTES, O. et al. *A cidade do pensamento único*: desmanchando consensos. Petrópolis: Vozes, 2000.

ASSOCIAÇÃO CEARENSE DO MINISTÉRIO PÚBLICO. Peças Processuais. Ações Civis Públicas.**Error! Hyperlink reference not valid.**P. Disponível em: <http://acmp-ce.org.br/pecas.php>. Acesso em: 28 ago. 2007.

BACKX, S. O serviço social na educação. In: REZENDE, I.; CAVALCANTI, L. F. (Orgs.) *Serviço social e políticas sociais*. Rio de Janeiro: Editora UFRJ, 2006. p.121-37.

BALAKRISHNAN, G. (Org.) *Um mapa da questão nacional*. Rio de Janeiro: Contraponto, 2000.

BENKO, G. *Economia, espaço e globalização na aurora do século XXI*. São Paulo: Hucitec, 1996.

BETTELHEIM, B. *A psicanálise dos contos de fadas*. Rio de Janeiro: Paz e Terra, 1980.

BLANES, D. N. et al. *Gestão municipal dos serviços de atenção à criança e ao adolescente*. 2.ed. rev. e ampl. São Paulo: IEE/PUC-SP, 1995. (Série Programas e Serviços de Assistência Social).

BORGATTI, S. P. et al. *UCINET 6 for Windows: Software for social Network Analysis*. Manual do Programa, 2000.

BORGATTI, S. P. et al. *UCINET 6 for Windows: software for social network analysis:* User's guide. Analytic Technologies, (2002) 2005.

BOURDIEU P. Esboço de uma teoria da prática. In: ORTIZ, R. (Org.) *Pierre Bourdieu*. São Paulo: Ática, 1994.

_____. *Pierre Bourdieu entrevistado por Maria Andréa Loyola*. Rio de Janeiro: EdUERJ, 2002. (Pensamento Contemporâneo, 1).

BOURDIEU, P.; EAGLETON, T. A doxa e a vida cotidiana: uma entrevista. In: ZIZEK, S. (Org.) *Um mapa da ideologia*. Rio de Janeiro: Contraponto, 1996. p.265-78.

BRASIL. Constituição. *Constituição da República Federativa do Brasil*: promulgada em 5 de outubro de 1988. Rio de Janeiro: Degrau Cultural, [199?].

BRASIL. ECA. Estatuto da Criança e do Adolescente/Secretaria Especial dos Direitos Humanos; Ministério da Educação, Assessoria de Comunicação Social. Brasília: MEC, ACS, 2005.

BRASIL. LOAS. Lei Orgânica da Assistência Social. Brasília MPAS, Secretaria de Estado de Assistência Social, 1999.

BRASIL. LDB. Lei de Diretrizes e Bases da Educação Nacional. Disponível em: <http://www.planalto.gov.br/ccivil_03/leis/l9394.htm> Acesso em: 13 ago. 2007a.

BRASIL. MDS. Ministério do Desenvolvimento Social e Combate a Fome. Disponível em: <http://www.mds.gov.br/suas/guia_creas> Acesso em: 30 out. 2007b.

BRASIL. MS. Trabalho infantil: diretrizes para atenção integral à saúde de crianças e adolescentes economicamente ativos. Brasília: MS, 2005.

BRASIL. PNAS. Política Nacional de Assistência Social /Ministério do Desenvolvimento Social e Combate a Fome / Conselho Nacional de Assistência Social. Versão Oficial. São Paulo: Cortez, 2004. (encarte Rev. *Serviço Social & Sociedade* n.80).

CARLOS, A. F. A. (Org.) *Ensaios de geografia contemporânea*. Milton Santos: obra revisada. São Paulo: Hucitec, 1996a.

_____. *O lugar no/do mundo*. São Paulo: Hucitec, 1996b.

CATTANI, D. (Org.) *A outra economia*. Porto Alegre: Veraz Editores, 2003.

CAVALCANTI, L. F.; ZUCCO, L. P. Política de saúde e serviço social. In: REZENDE, I.; CAVALCANTI, L. F. (Org.) *Serviço social e políticas sociais*. Rio de Janeiro: Editora UFRJ, 2006.

CENSO. 2000. IBGE Cidades, Banco de dados agregados. Disponível em: <http://www.ibge.gov.br/cidadesat/defalt.php>. Acesso em: 16 ago. 2006.

CHAUÍ, M. S. *Cultura e democracia*: o discurso competente e outras falas. 10.ed. São Paulo: Cortez, 2003.

CHOSSUDOVSKY, M. *A globalização da pobreza*: impactos das reformas do FMI e do Banco Mundial. São Paulo: Moderna, 1999.

COSTA, A. B. *Exclusões sociais*. Lisboa: Gradiva, 2001.

CUNHA, E. P.; CUNHA, E. S. M. Políticas públicas sociais. In. CARVALHO, A. et al. *Políticas públicas*. Belo Horizonte: UFMG, 2002.

DEMO, P. *Pobreza da pobreza*. Petrópolis: Vozes, 2003.

DEROY-PINEAU, F. *Reseaux sociaux*: bibliographie commentée. Montréal: Université de Montréal, 1994. Mimeo.

DIAS, L. C. Redes: emergência e organização. In: CASTRO, I. E. et al. (Orgs.) *Geografia conceitos e temas*. 6.ed. Rio de Janeiro: Bertrand Brasil, 2003. p.141-62.

_____. *Redes, sociedades e territórios*. Santa Cruz do Sul: Edunisc, 2005.

DOWBOR, L. *A reprodução social*. Ed. rev. e atual. Petrópolis: Vozes, 2003.

EAGLETON T. A ideologia e suas vicissitudes no marxismo ocidental. In: ZIZEK, S. (Org.) *Um mapa da ideologia*. Rio de Janeiro: Contraponto, 1996. p.179-226.

ESCOREL, S. *Vidas ao léu*: trajetórias de exclusão social. Rio de Janeiro: Fiocruz, 1999.

FALEIROS, V. P. *Verso e reverso da proteção integral*. Brasília: UnB, 200?. Mimeo.

FANTE, C. A. Z. *Fenômeno bullying*: como prevenir a violência nas escolas e educar para paz. 2.ed. rev. Campinas: Verus, 2005.

FAUSTO NETO, A. M. Q.; QUIROGA, C. Juventude urbana pobre: manifestações públicas e leituras sociais. In: PEREIRA, C. A. M. et al (Orgs.) *Linguagens da violência*. Rio de Janeiro: Rocco, 2000.

FREITAS, D. C. et al. *Reconhecimento de paternidade:* Estudo de caso de uma proposta interventiva desenvolvida pela Promotoria de Justiça da Infância e Juventude de Presidente Prudente. Monografia *Lato Sensu* (Serviço Social) – Políticas Sociais e Processos de Gestão. Faculdades Integradas Antônio Eufrásio de Toledo, 2006.

FURINI, L. A. *Modernidade, vulnerabilidade e população de rua em Presidente Prudente (SP)*. Presidente Prudente, 2003. 193f. Dissertação (Mestrado em Geografia) – Faculdade de Ciência e Tecnologia, Universidade Estadual Paulista Júlio de Mesquita Filho.

GONÇALVES, V. L. C. *Política e assistência social*: desafios do gestor: um estudo na Região de Presidente Prudente. Londrina, 2003, 145f. Dissertação (Mestrado) – Faculdade de Serviço Social e Política Social, Universidade Estadual de Londrina.

GRANEMANN, S. Políticas sociais e serviço social. In: REZENDE, I.; CAVALCANTI, L. F. (Orgs.) *Serviço social e políticas sociais.* Rio de Janeiro: Editora UFRJ, 2006.

GRANOVETTER, M. S. The strenght of weak ties. *American Journal of Sociology*, v.78, n.6, p.1360-80, 1973.

GUARESCHI, P. A. Relações comunitária relações de dominação. In: CAMPOS, R. H. F. (Org.) *Psicologia social comunitária*: da solidariedade à autonomia. Petrópolis: Vozes, 1996.

_____. "Sem dinheiro não há salvação": ancorando o bem e o mal entre neopentecostais. In: GUARESCHI, P.; JOVCHELOVITCH, S. (Orgs.) *Textos em representações sociais*. 6.ed. Petrópolis: Vozes, 2000. p.191-225.

_____. Pressupostos psicossociais da exclusão: competitividade e culpabilização. In: SAWAIA, B. (Org.) *As artimanhas da exclusão*: análise psicossocial e ética da desigualdade social. 2.ed. Petrópolis: Vozes, 2001. p.141-56.

GUARESCHI, P. A.; JOVCHELOVITCH, S. (Orgs.) *Textos em representações sociais*. 6.ed. Petrópolis: Vozes, 2000.

GUIMARÃES, R. B. Atores políticos, representação social e produção da escala geográfica. In: MELO, J. G. (Org.) *Espiral do espaço*. Presidente Prudente: [s. n.], 2003.

HAESBAERT, R. *Territórios alternativos*. Niterói: EdUFF; São Paulo: Contexto, 2002.

_____. Desterritorialização: entre as redes e os aglomerados de exclusão. In: CASTRO, I. E. et al. (Orgs.) *Geografia conceitos e temas*. 6.ed. Rio de Janeiro: Bertrand Brasil, 2003. p.165-205.

JANUZZI, P. M. Considerações sobre o uso, mau uso, e abuso dos indicadores sociais na formulação e avaliação de políticas públicas municipais. *Revista de Administração Pública*, Rio de Janeiro, v.36, n.1, p.51-72, jan./fev. 2002.

JOVCHELOVITCH, S. *Representações sociais e esfera pública*: a construção simbólica dos espaços públicos no Brasil. Petrópolis: Vozes, 2000.

KOZEL, S. As representações no geográfico. In: MENDONÇA, F; KOZEL, S. (Orgs.) *Elementos de epistemologia da geografia contemporânea*. Curitiba: Ed. da UFPR, 2002. p.215-32.

LEFEBVRE, H. *La presencia y la ausencia*: contribucion a la teoria de las representaciones. México: Fondo de Cultura Económica, 1983.

LEITE, J. F. *A Alta Sorocabana e o espaço polarizado de Presidente Prudente*. FFCL Presidente Prudente: s. n., 1972.

MACHADO, J. L. A. Portal Planeta Educação. A Semana – Editorial. Os Meninos Perdidos, os morros da droga e a lei da selva. Disponível em: <http://www.planetaeducacao.com.br/novo/artigo.asp?artigo=516>. Acesso em: 23 jan. 2008.

MARQUES, E. C. *Redes sociais, instituições e atores políticos no governo da cidade de São Paulo*. São Paulo: Annablume; Fapesp, 2003.

MARTELETO, M. R. Análise de redes sociais – aplicação nos estudos de transferência de informação. *Rev. Ciência e Informação*, Brasília, v.30, n.1, p.71-81, jan./abr. 2001.

MARTINS, J. S. *O poder do atraso*: ensaios de Sociologia da História Lenta. 2.ed. São Paulo: Hucitec, 1994.

_____. *Exclusão social e a nova desigualdade*. São Paulo: Paulus, 1997. (Col. Temas de Atualidade).

REDES SOCIAIS DE PROTEÇÃO INTEGRAL À CRIANÇA E AO ADOLESCENTE 231

MEIHY, J. C. S. B. *Manual de história oral*. 3.ed. São Paulo: Loyola, 2000.

MENIN, M. S. S. *Representações sociais de lei, crime e injustiça em adolescentes*. Presidente Prudente, 2000. 415f. Tese (Livre-Docência) – Faculdade de Ciências e Tecnologia, Universidade Estadual Paulista Júlio de Mesquita Filho.

MESTRINER, M. L. *Assistência e seguridade social*: oposições e aproximações. São Paulo, 1992, 264f. Dissertação (Mestrado) – Faculdade de Serviço Social, Pontifícia Universidade Católica.

MOLINER, P. Les méthodes de répérage et d'identification du noyau des représentations sociales. In: GUIMELLI C. (Ed.) *Structures et transformations des représentations sociales*. Neuchâtel: Delachaux et Niestlé, 1994. p.199-232.

MONTAÑO, C. *Terceiro setor e questão social*: crítica ao padrão emergente de intervenção social. 2.ed. São Paulo: Cortez, 2003.

MORAES, A. C. R. *Ideologias geográficas*: espaço, cultura e política no Brasil. 3.ed. São Paulo: Hucitec, 1996.

MORAES, M. (Org.) *História oral*. Rio de Janeiro: Diadorim/Finep, 1994.

MOREIRA, M. R. *Nem soldados, nem inocentes:* jovens e tráfico de drogas no município do Rio de Janeiro. Rio de Janeiro, 2000. Dissertação (Mestrado) – Fundação Oswaldo Cruz, Escola Nacional de Saúde Pública. Disponível em: <http://portalteses.cict.fiocruz.br/transf.php>. Acesso em: 23 jan. 2008.

MOSCOVICI, S. *Representações sociais*: investigações em psicologia social. Trad. Pedrinho A. Guareschi. 3.ed. Petrópolis: Vozes, 2003.

NASCIUTTI, J. C. R. A instituição como via de acesso à comunidade. In: CAMPOS, R. H. F. *Psicologia social comunitária*: da solidariedade à autonomia. 10.ed. Petrópolis: Vozes, 2005.

NEGRELLOS L. M. G.; CALVI, G. *Por que eu não estou na escola?*: a exploração da criança e do adolescente no trabalho/FIA. Petrópolis: Autores e Agentes Associados, 1997. (Garantia de direitos/FIA, 5).

PACHECO C. A.; PATARRA, N. *Dinâmica demográfica regional e as novas questões populacionais no Brasil*. Campinas: Editora da Unicamp, 2000.

POSTMAN, N. *O desaparecimento da infância*. Rio de Janeiro: Graphia, 1999.

QUIROGA, A. *Introducción al análisis de datos reticulares*: prácticas con UCINET6 y NetDraw1. Versión 1. 2003. Mimeo.

REDE SOCIAL SÃO PAULO. *Boletim Nº 5, ano II, Notícias da Rede*. Rede Social São Paulo fortalece as redes locais e incentiva o protagonismo dos Conselhos Municipais dos Direitos da Criança e do Adolescente [mensagem pessoal]. Mensagem recebida por luanfugeo@hotmail.com em: jun. 2007.

REZENDE, I. Serviço social: sua especificidade como profissão prática-interventiva. In: REZENDE, I.; CAVALCANTI, L. F. (Orgs.) *Serviço social e políticas sociais*. Rio de Janeiro: Editora UFRJ, 2006.

REZENDE, I.; CAVALCANTI, L. F. (Orgs.) *Serviço social e políticas sociais*. Rio de Janeiro: Editora UFRJ, 2006.

SÁ, C. P. *Núcleo central das representações sociais*. Petrópolis: Vozes, 1996.

232 LUCIANO ANTONIO FURINI

_____. *A construção do objeto de pesquisa em representações sociais*. Rio de Janeiro: Eduerj, 1998.

SANTOS, B. S. A emergência do fascismo societal. In: OLIVEIRA, F. de; PAOLI, M. C. (Orgs.) *Os sentidos da democracia*: políticas do dissenso e hegemonia global. Petrópolis; Rio de Janeiro: Vozes, 1999. p.83-129.

_____. *Produzir para viver*. Rio de Janeiro: Civilização Brasileira, 2002.

_____. *Um discurso sobre as ciências*. São Paulo: Cortez, 2003a.

_____. *Pela mão de Alice*: o social e o político na pós-modernidade. 9.ed. São Paulo: Cortez, 2003b.

_____. *Reconhecer para libertar*: os caminhos do cosmopolitismo cultural. Rio de Janeiro: Civilização Brasileira, 2003. (Col. Reinventar a emancipação social: para novos manifestos).

_____. *A gramática do tempo*: para uma nova cultura política. São Paulo: Cortez, 2006c. (Col. Para um novo senso comum, v.4).

SANTOS, M. *Pobreza urbana*. São Paulo: Hucitec, 1978. (Estudos Urbanos).

_____. *Espaço e método*. São Paulo: Nobel, 1985.

_____. *Metamorfoses do espaço habitado*. 3.ed. São Paulo: Hucitec, 1994.

_____. *A natureza do espaço*: técnica e tempo, razão e emoção. São Paulo: Edusp, 2002. (Col. Milton Santos, 1).

SAWAIA, B. B. (Org.) *As artimanhas da exclusão*: análise psicossocial e ética da desigualdade social. Petrópolis: Vozes, 2001. (Col. Psicologia Social).

SCHERER-WARREN, I. *Redes de movimentos sociais*. São Paulo: Loyola, 1993. p.13-25 e 111-123.

_____. Redes sociais: trajetórias e fronteiras. In: DIAS, L. C.; SILVEIRA, R. L. L. (Orgs.) *Redes, sociedades e territórios*. Santa Cruz do Sul: Edunisc, 2005.

SCHLITHLER, C. R. B. *Redes de desenvolvimento comunitário*: iniciativas para a transformação social. São Paulo: Global; Instituto para o Desenvolvimento de Investimento Social (IDIS), 2004. (Col. Investimento Social).

SCHONS, S. M. *Assistência social, entre a ordem e a "des-ordem"*: mistificação dos direitos sociais e da cidadania: São Paulo: Cortez, 1999.

SÊDA, E. *XYZ do Conselho Tutelar*. São Paulo: Imesp/Condeca, 1997.

SILVA, M. *Territórios conservadores de poder no centro-sul do Paraná*. Presidente Prudente, 2005. 252f. Tese (Doutorado em Geografia) – Faculdade de Ciências e Tecnologia, Universidade Estadual Paulista.

SINGER, P. *Dinâmica populacional e desenvolvimento*. São Paulo: Sebrap, 1980.

SMITH, N. Contornos de uma política espacializada: veículos dos sem-teto e produção da escala geográfica. In: ARANTES, A. *O espaço da diferença*. Campinas: Papirus, 2000. p.132-59.

SOUZA, F. V. F. A política de assistência social: começando o debate. In: REZENDE, I.; CAVALCANTI, L. F. (Orgs.) *Serviço social e políticas sociais*. Rio de Janeiro: Editora UFRJ, 2006.

REDES SOCIAIS DE PROTEÇÃO INTEGRAL À CRIANÇA E AO ADOLESCENTE    **233**

SOUZA, M. L. *O território*: sobre espaço e poder, autonomia e desenvolvimento. In: CASTRO, I. E. et al. (Orgs.) *Geografia conceitos e temas*. 6.ed. Rio de Janeiro: Bertrand Brasil, 2003. p.77-116.

SPECK, R. V. La intervención de rede social: las terapias de red, teoría y desarrolo. In: ELKAÏM, M. et al. *Las prácticas de la terapia de red*. Barcelona: Gedisa, 199?.

SPOSITO M. E. B. "A produção do espaço urbano" em dez anos do GAsPERR: reflexão individual sobre uma trajetória coletiva. In: SPOSITO E. S. (Org.) *Produção do espaço e redefinições regionais*. Presidente Prudente: Unesp/ FCT/ GAsPERR, 2005.

SPOSITO, E. S. *Contribuição à metodologia do ensino do pensamento geográfico*. Presidente Prudente, 2000a. 214f. Tese (Livre-Docência) – Faculdade de Ciências e Tecnologia, Universidade Estadual Paulista Júlio de Mesquita Filho.

_____. (Coord.) *Sistema de Informações Geográficas Intersetoriais*. Projeto Políticas Públicas/Fapesp/Unesp. Presidente Prudente: Faculdade de Ciências e Tecnologia, Laboratório de Geografia Humana (LAGHU), 2000b.

TEIXEIRA, M. L. T. O futuro do Brasil não merece cadeia. *Rev. Serviço Social & Sociedade*, São Paulo, ano XXV, n.77, mar. 2004.

TOREZAN, S. A B. Educação não formal com adolescentes em liberdade assistida. *Rev. Serviço Social & Sociedade*, São Paulo, ano XXV, n.78, jul. 2004.

TÔRRES, C. et al. Política da infância e juventude: Estatuto da Criança e do Adolescente. In: REZENDE, I.; CAVALCANTI, L. F. (Orgs.) *Serviço social e políticas sociais*. Rio de Janeiro: Editora UFRJ, 2006. p.101-20.

VERGÈS, P. *Ensemble de programmes permettant l'analyse des évocations*: manuel Version 2.00. Aix-en-Provence, Laboratoire Méditerranéen de Sociologie, 2000. (mise à jour dans 2003).

WAGNER, W. Descrição, explicação e método na pesquisa das representações sociais. In: GUARESCHI, P.; JOVCHELOVITCH, S. (Orgs.) *Textos em representações sociais*. 6.ed. Petrópolis: Vozes, 2000. p.149-86.

ZANETTI, R. M. et al. *Liberdade assistida – construindo novos caminhos*. São Paulo: Imprensa Oficial do Estado, 2002.

ZIZEK, S. O espectro da ideologia. In: _____. (Org.) *Um mapa da ideologia*. Rio de Janeiro: Contraponto, 1996a. p.7-38.

_____. Como Marx inventou o sintoma? In: _____. (Org.) *Um mapa da ideologia*. Rio de Janeiro: Contraponto, 1996b. p.297-331.

# ANEXO

REDES SOCIAIS DE PROTEÇÃO INTEGRAL À CRIANÇA E AO ADOLESCENTE 237

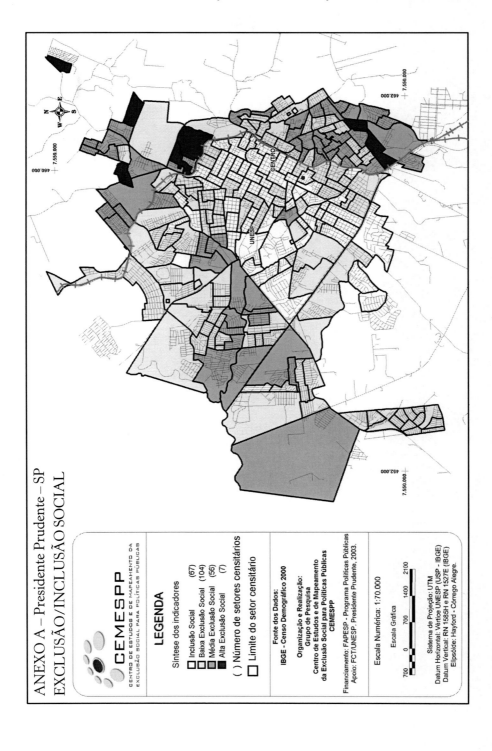

SOBRE O LIVRO
*Formato*: 16 x 23 cm
*Mancha*: 27,5 x 49,0 paicas
*Tipologia*: Horley Old Style 11/15
*1ª edição*: 2011

EQUIPE DE REALIZAÇÃO

*Coordenação Geral*
Marcos Keith Takahashi